신학이나 신앙은 종종 외골수에 빠지기 십상이다. 자신이 믿고 알고 경험한 것을 절대시하고 다른 것을 무시하거나 배척할 수 있다. 특히 어느 한 교리에 고착되면 그렇다. 이 책에서 다루는 원죄와 타락의 문제에서도 다르지 않다. 사실 구약성경은 교리를 정리하지 않고, 생생한 이야기로 서술한다. 이야기를 통해서 독자들이 깨우치기를 기다린다. 그것이 세월이 가면서 점차 이러저러한 차이를 보이는 교리로 정리되어 분리되고 서로 첨예하게 대립하기까지 이르렀다. 물론 이런 다양한 관점들은 성경이 말하지 않는 본문의 빈자리를 메워가는 과정이다. 그러므로 올바른 신앙의 균형을 잡기 위해서는 성경에서 출발해서 여러 입장이 왜 생겨나고 저마다 어떤 특징이 있는지 통합적으로 볼 수 있어야 한다. 그런 뜻에서 이 책은 원죄와 타락의 문제에 초점을 맞추어 다양한 입장의 교단 배경을 가진 학자들이 서로 논증하고 대화한다는 뜻에서 흥미를 끈다. 이 책에 실린 신학적 대화를 꼼꼼히 읽어나간다면 분명히 한층 균형 잡힌 시각에 이르게 될 것이다.

김정훈   부산장신대학교 구약학 교수

이 책은 원죄와 타락 내러티브에 대한 다섯 가지 견해를 대변하는 사람이 각자 자기 소견을 말하고 다른 네 가지 입장에 대해 질문하고 비평하는 책이다. 아우구스티누스-개혁교회 입장, 세련된 개혁주의 입장, 웨슬리언 입장, 동방 정교회 입장, 그리고 2차 바티칸 공의회 이후의 가톨릭 입장. 이 다섯 가지 입장의 공통점은 "완전한 의로움에 있던 아담과 하와가 죄를 범해 죄가 세상에 들어왔고 세상의 모든 관계를 오염시켰다"는 원죄와 타락설이다. 그런데 이 원죄와 타락 교리의 세부 면에서는 서로 다르다. 원죄가 "죄책"까지 포함하는가? 죄인이 된 인간은 자신의 구원을 위해 어떤 기여도 할 것이 없는가? 진화론적 인류기원 설명과 이 원죄와 타락 교설을 어떻게 상관시킬 수 있는가? 이 질문들에 대한 다섯 가지 주장들과 그 근거들이 이 책의 핵심내용이다. 모든 각각의 입장이 한편으로는 우리의 영적·지적 갈증을 해결해주는 듯하다가, 또 다른 한편 지적 갈증을 심화시킨다. 성실한 독자가 이 책을 다 읽고 난 후에도 완전히 원죄와 타락 문제에 대한 해답을 찾았다거나, 창세기의 인류기원 내러티브와 진화론적 설명을 조화시킬 방법을 찾았다는 안도감에 달하지 못한다. 그럼에도 불구하고 세 가지 이유로 이 책은 의식 있는 그리스도인들과 목회자들에게 일독을 권고할 만한 가치가 있다. 첫째, 기독교 신학과 신앙의 다양성에 주는 안도감이다. 다른 사람들의 의견은 내 의견의 빈틈을 메워준다. 진리는 절대적이지만 진리 인식은 상대적이고 불완전하기 때문에 이런 토론과 논쟁은 부정적인 현상이 아니라 좋은 일이다. 기독교가 절대적 진리라고 하더라도 그 이해는 불완전하기에 우리는 우리 형제자매들의 다른 의견에 귀를 열어두어야 한다. 둘째, 세계 교회사에서 오랫동안 온축된 다양한 신앙전통을 보면서 부정적으로 놀라기보다는 좋은 의미로 놀랄 수 있기 때문이다. 이 책은 세부적인 면에서 서로 달라도 미워하지 말고 존중하고 배울 수 있는 상상력을 불러일으킨다. 셋째, 원죄설과 타락 교리는 인간을 멸시 천대하도록 만드는 교리가 아니라, 인간의 존엄과 위엄, 아름다움을 역추적해서 음미하도록 도와준다. 하나님이 원래 의도하셨던 인간은 그리스도의 형상에 도달할 때까지 자라간다(롬 8:29). 이 다섯 가지 주장 모두가 인간의 존엄을 옹호할 영적 패기를 불러일으키는 데 유익하기에 다섯 입장의 토론은 우리를 성장시켜준다.

김회권　숭실대학교 기독교학과 교수

한국의 대부분 목회자와 교인들은 "원죄와 타락"에 관해 무덤덤해질 정도로 많이 들었다. 이에 대한 고정된 생각이 마음과 머리에 박혀있다. 하지만 한 번쯤 조용히 근본부터 흔들어 놓을 필요는 있다. 무엇이 원죄일까? 정말 성경은 원죄에 관해 말하는가? 원죄가 있다면 어떻게 후손에게 전가 되는가? 타락은 도대체 어디서 추락했다는 말인가? 조금만 시간을 내어 생각하기 시작한다면 우리가 알고 있는 것보다 모르는 게 훨씬 많을 것이다. 이에 관한 전문학자들도 자기의 신학적 전통에 따라 이해의 폭과 결이 다르다. 여기 기독교 신앙의 중심 교리의 하나인 "원죄와 타락"에 관한 다섯가지 서로 다른 전통의 이해와 해석을 한 자리에 모았다. 전통적인 아우구스티누스-개혁신학적 관점, 온건한 중도적 개혁신학적 관점, 인간의 자유의지를 강조하는 웨슬리언 관점, 동방 정교회의 신학적 관점, 수정된 가톨릭교회의 관점이 서로 주거니 받거니 하며 치열하게 그러나 신사적으로 자신들의 견해를 밝힌다. 독자는 자기 편과 다른 편을 정해놓고 우호적으로 적대적으로 읽을 것이 아니라 각 진영의 성경 해석 방법과 논리 전개에 흠뻑 빠져 그들을 이해하려는 "생각의 연습"이 필요하리라. 열린 마음과 치밀한 이성으로 자세히 읽고 난 후에 "원죄와 타락"이라는 주제가 내가 알고 있던 좁은 신학적 시야를 상당히 넓혀주게 되는지 알게 될 것이다. 독서는 서로를 알아가는 사랑의 과정이 되기를 바란다. 흥미진진하고 때론 기발하고, 생각을 자극하고 서로 다름의 의미를 떠올리게 하고 서로 다른 억양을 가졌지만 하나의 우주적 교회의 구성원이라는 의식을 갖게 한다.

류호준 백석대학교 신학대학원 은퇴 교수

인간의 원죄는 무엇인가? 인간의 타락은 무엇인가? 오늘 우리는 어디에 서 있는가? "원죄와 타락"은 기독교의 정체성이 담긴 중요한 유산이자 교리다. 실로 원죄와 타락은 중요하고 어려운 교리 가운데 하나다. 그러나 이 고양된 사상들이 어느 순간 이해 불가능하고 힘을 잃은 기호로 전락해 버린 측면이 있다. 인간의 깊은 곳을 예리하게 성찰하고 조명하는 교리가, 오히려 인간의 깊은 이해를 막아버린다. 이 책은 각각의 신학적인 관점을 대표하는 학자들의 원죄와 타락 교리에 관한 진지한 대화와 연결의 산물이다. 다섯 저자들은 원죄와 타락 교리를 그들의 고유한 관점에서 주의 깊게 해석하고 오늘의 삶의 자리를 의식하며 입체적으로 조명한다. 저자들은 성서적 전승의 통찰을 다양한 신학적 역사적 컨텍스트 안에서 고유하게 재해석하며 상이한 관점을 서로 수준 높게 접맥시킨다. 이 책은 원죄와 타락에 대한 역사적 이해와 오늘의 재해석에 관심이 있는 이들에게 유용한 관점을 제공할 것이다.

전 철 한신대학교 신학대학원 원장, 조직신학

"원죄와 타락"은 "이신칭의"(以信稱義) 교리와 짝을 이루면서 야웨 하나님의 위대한 구원사를 그 안에 축소시켜 바라보게 만들 정도로 중대한 교리이자 필수적인 신학 주제로 자리매김해 왔다. 초기 교회 시대 이래로 여러 지역에서 활약한 다수의 교부들(아우구스티누스도 그중 한 사람이다!)과 16세기 종교개혁가들이 그러했고, 오늘날 다양한 교파들에 속한 많은 교회들도 마찬가지다. 하지만 원죄와 타락에 관한 주제는 구약성경과 신약성경을 전체적으로 조망하는 것에서부터 출발해야 하는 주해적 사안이기도 하다. 본서는 우선 원죄와 타락에 대한 다양한 관점들 및 그 관점들을 대변하는 이들 사이에 오고 간 신학적이면서도 때로는 주해적인 대화들을 소개한다. 이는 원죄와 타락에 관해 우리가 몸 담고 있는 여러 교파의 이해와 입장이 각각 무엇인지를 객관적으로 살필 수 있는 자기성찰의 기회를 제공한다. 또한 본서는 원죄와 타락에 관한 다양한 관점들에 대한 이해를 바탕으로 그 상이함과 차이가 초래하는 문제적 상황을 어떻게 직시해야 하는지 대안적 시각에 대해서도 고민하도록 우리를 이끈다. 원죄와 타락에 관한 주제만큼 교회 설교 강단에서 자주 선포되는 메시지도 없다. 그렇다면 그것에 대한 총체적 이해와 인식이 필요하리라. 교리와 주해적 사안을 새롭게 배우고 연구하는 일에는 학자들과 사역자들 혹은 목회자들과 신학도들의 구별이 있을 수 없다. 야웨 하나님의 말씀을 신실하게 주해하고 신학을 정련하고자 하는 청지기와 같은 목회자들과 신학생들에게 공히 정독을 추천한다.

주현규 백석대학교 신학대학원 구약학 교수

원죄와 타락의 교리는 창세기 3장의 해석에서 연유된다. 그런데 원죄와 타락이라는 단어는 창세기 3장은 물론, 성경 어디에도 나오지 않는다. 이러한 전통적인 원죄와 타락 교리는 5세기 서방 기독교의 신학자인 아우구스티누스의 주장에서 비롯된 것이다. 그는 원죄가 성교(性交)를 통해서 대대로 전달된다고 보았다(유전적 원죄설). 그러나 오늘날 대다수의 현대 신학자들은 이런 주장을 그대로 계승하지는 않는다. 이 책은 이와 관련하여 다섯 명의 기독교 사상가들이 각자의 다섯 가지 관점(아우구스티누스-개혁주의 관점, 온건한 개혁주의 관점, 웨슬리주의 관점, 동방 정교회 관점, 재개념화된 로마 가톨릭 관점)을 상세히 소개한다. 이어서이 다섯 명의 저자들은 다른 네 명의 입장을 검토하고 자신의 입장에서 또 다른 답변을 한다. 이 책은 다섯 명의 탁월한 신학자들이 펼치는 고급스러운 세미나의 현장을 생중계하는 것 같다. 이 자리에 초대된 사람들은 기독교 신학에서 중요한 주제인 원죄와 타락에 대한 많은 오해가 풀리고, 좀 더 명확해지는 경험을 하게 될 것이다.

차준희 　한세대학교 구약학 교수, 한국구약학연구소 소장, 한국구약학회 회장 역임

나는 몇몇 입장에 대해서는 강력히 공감하고 다른 입장에 대해서는 강력히 반대한다. 하지만 다양한 관점을 제시하는 책은 그런 방식으로 구성된다. 이 책은 개혁주의 관점부터 동방 정교회의 관점 그리고 그 너머의 관점에 이르기까지 다양한 스펙트럼의 입장들을 제공하는데, 다섯 명의 저자들 각각은 강력하고 잘 쓰인 논문들을 제공한다. 이 책은 원죄 교리에 관한 현재의 논쟁에 대한 탁월한 개관 역할을 할 것이다.

케네스 키슬리 　사우스이스턴 침례 신학교 L. 러스 부시 신앙과 문화 센터 시니어 신학 교수 겸 이사

나는 저자들이 다른 각도에서 원죄와 타락의 신비를 탐구하고 설명하는 이 논의가 매혹적이라고 생각한다. 대화자들은 자기 말만 하고 자리를 떠나는 것이 아니라 서로에게 말한다. 다양한 관점을 제시하는 책은 바로 이런 식으로 쓰여야 한다. 이 책은 관대하면서도 비판적인 논의를 제시하면서 독자로 하여금 개인적으로 응답하게 하는 모델을 제시한다.

매트 젠슨 바이올라 대학교 토레이 아너스 연구소 부교수

대개 다양한 관점을 제시하는 책들은 특히 어려운 신학적 아이디어나 교의들에 대한 우리의 접근법들에 대한 좀 더 낫거나 미흡한 제시를 분류하는 데 도움이 된다. 하지만 우리는 흔히 하나의 진리가 교회의 역동적인 신학 전통의 보편성에서 나오고 그것을 반영하는, 설득력이 있는 많은 설명과 강조점들을 지닌다는 것을 발견한다. 다섯 명의 기고자들은 죄악되고, 연약하고 유한한 인간의 상태를 이해하고, 세 번째 천년기에 신학적 탐구와 조사에 힘을 불어넣기 위해 이용할 수 있는 풍성한 자원이 교회 안에 있음을 우리에게 상기시켜준다.

아모스 용 풀러 신학교 신학 및 선교 교수이자 신학 학장 및 문화간 연구 학장

왜 좋은 사람이 끔찍한 짓을 하는가? 셜록 홈즈가 왓슨에게 "런던의 가장 천하고 비열한 골목이 명랑하고 아름다운 시골 지역보다 더 무서운 죄의 기록을 제공하는 것은 아니라네"라고 한 말은 뭔가 정곡을 찌른다. 이 책에는 인간의 영원한 곤경에 대한 다섯 가지 신학적 설명과 아담의 타락 이야기와 그 결과를 해석하는 다섯 가지 방식이 제시되어 있다. 저자들 각자가 네 명의 다른 저자들에게 제시하는 답변들은 핵심적인 요점뿐만 아니라 각각의 장점들과 약점들을 파악하는 데도 특히 유용하다.

케빈 J. 밴후저 트리니티 복음주의 신학교 조직신학 연구 교수

원죄와 원죄책—그리고 그것들과 더불어 모든 사람이 저주받을 운명으로 태어 난다는, 교회사에서 많은 사람이 지녔던 확신—이라는, 서로 연결된 이 아이디 어들(그리고 그것들에 뒤따르는 다른 아이디어들)은 복잡성, 주해상의 결론, 이 세대 를 위한 신학상의 소동을 일으켰다. 그것은 좋은 일이다. 이것은 가급적 다양한 사상가들이 회의실에 모여 진지하게 생각해볼 가치가 있는 주제다. 스텀프와 마이스터는 각각의 관점을 대표하는 학자들을 주의 깊게 선정해서 우리 모두 에게 멋진 기여를 했으며, 이 책에 제공된 논의의 수준은 오랫동안 시민의 대화 를 위한 길을 닦을 것이다. 이 책은 수업 시간에 토론할 수 있는 멋진 책이지만 수업을 제 시간에 끝내리라고는 기대하지 말라!

스캇 맥나이트   노던 신학교 신약학 교수

우리는 모두 원죄 교리를 믿지만, 아무도 그것이 실제로 무엇을 의미하는지 모른다. 원래 개발된 원죄 교리는 신학적 유물이 되었다. 요즘에 유행하는 설교에 서 원죄 교리는 악이라는 모호한 개념을 나타내기 위한 가주어로 사용된다. 그 것이 무엇을 의미하는지 아무도 모르는 것으로 보이는데, 모두 그것은 경험적 으로 확인할 수 있는 유일한 기독교 교리라고 말한다. 이제 이 우스꽝스러운 상 황을 종식시켜야 한다. 이 논문집은 이런 상황에서 우리에게 필요한 것을 제공 한다. 우리는 오해를 풀고 향후 원죄 교리와 진지하게 대화할 수 있는 뛰어난 자료를 제공하는 명확한 제안들을 제시받았다. 평화주의적인 자세로 쓰인 이 책에 추가적인 숙고를 요청하는, 구체적이고 경쟁하는 선택지들이 제시되어 있다.

윌리엄 J. 에이브러햄   댈러스주 남감리교 대학교 웨슬리 아우틀러 석좌 교수,

대학교 저명 교육 교수(2021년 사망)

ORIGINAL SIN AND THE FALL

Five Views

Hans Madueme / Oliver Crisp / Joel B. Green /
Andrew Louth / Tatha Wiley

edited by
J. B. Stump
and
Chad Meister

Originally published by InterVarsity Press as *Original Sin and the Fall*
edited by J. B. Stump and Chad Meister.
©2020 by James B. Stump and Chad V. Meister.
Translated and printed by permission of InterVarsity Press,
P.O. Box 1400, Downers Grove, IL 60515, USA. www.ivpress.com.
License arranged through rMaeng2, Seoul, Republic of Korea.

This Korean edition © 2023 by Holy Wave Plus Publishing Company, Seoul, Republic of Korea

원죄와 타락에 관한 논쟁

죄의 기원과 확산에 대한 5가지 관점

한스 마두에미 / 올리버 크리스프 /
조엘 B. 그린 / 앤드루 라우스 / 타사 와일리 지음

J. B. 스텀프 / 채드 마이스터 편집

노동래 옮김

▶차례◀

▶ 서론
◣ J. B. 스텀프 / 채드 마이스터

기독교 역사의 대부분의 기간 동안 신학자들은 하나님이 선하고 자애로운 목적으로 세상―도덕적으로 선한 인간의 공동체를 포함한다―을 창조하셨다는 데 거의 보편적으로 동의했다. 하나님의 이 계획이 중대하게 방해를 받았고 회복이 요구되었다는 데도 거의 보편적으로 합의가 이뤄져왔다. 이 방해를 가리키기 위해 보편적으로 사용되는 용어가 **타락**이고 그것의 원천을 가리키기 위해 사용되는 용어가 **원죄**다. 그러나 인류에 대한 하나님의 계획에 관한 이러한 기본적인 동의 외에는 과거부터 현재까지 많은 논란이 존재해왔다. 본서는 원죄와 타락이라는 중요한 두 가지 개념을 조사하고 오늘날 기독교 신학에 존재하는 그 개념들에 대한 다양한 해석을 탐구한다. 이런 해석들을 제시하기 전에 배경을 간략하게 살펴보면 유익할 것이다.

교리들의 배경

서구 기독교의 역사에서 전통적인 타락 **교리**의 발전된 형태는 5세기의 아우구스티누스로 거슬러 올라갈 수 있다. 그것은 아담이 흙으로부터 새롭게 창조되었고 하와는 아담의 갈비로 창조되었다는 아이디어에 뿌리를 두고 있다. 죄가 없는 상태로 그리고 하나님의 형상으로 창조된 그들은 창조 후 어느 정도 시간이 흐른 뒤 그들을 위해 창조된 정원인 에덴동산에서 하나님께 불순종했다. 이 불순종 행위 때문에 그들은 완벽한 상태에서 "떨어졌고" 선하고 완벽한 세상에 죄와 악을 들여왔다. 인간의 최초의 죄의 행동인 이 불순종 행위(금지된 나무 열매를 먹은 것)—원죄—가 인류 전체에 비극적인 신체적, 사회적, 그리고 영적 결과인 타락을 가져왔다. 이 죄와 그것이 초래한 하나님의 저주가 괴로움과 고통과 (신체적 및 영적) 죽음의 기원이며, 선하시고 자애로우시고 전능하신 하나님이 창조하신 세상에서 어떻게 이 악이 발생할 수 있었는지를 설명한다.

아우구스티누스 이전의 신학자들도 **원죄**와 **타락**이라는 용어를 사용했지만, 그가 초기의 어설픈 이 아이디어들을 취해서 완전히 발달된 교리로 발전시켰다. 그 교리들은 성경에 등장하는 몇 가지 핵심 구절, 특히 창세기의 앞부분에 근거한다.

창세기 창조 기사의 3장에서 야웨 하나님이 아담에게 금지된 나무의 열매를 먹었는지 질문하신다. 아담은 자기가 열매를 먹었음을 인정하고 하와가 자기를 꼬드겼다고 비난한다. 이어서 하와는 뱀이 유혹해서 자기가 그 유혹에 넘어갔다고 뱀을 비난한다. 그런 행동들에 대응해서 하나님은 아담과 하와와 뱀을 저주하신다.

> 네가 네 아내의 말을 듣고 내가 네게 '먹지 말라' 한 나무의 열매를 먹었은
> 즉, 땅은 너로 말미암아 저주를 받고 너는 네 평생에 수고하여야 그 소산
> 을 먹으리라. 땅이 네게 가시덤불과 엉겅퀴를 낼 것이라. 네가 먹을 것은
> 밭의 채소인즉 네가 흙으로 돌아갈 때까지 얼굴에 땀을 흘려야 먹을 것을
> 먹으리니 네가 그것에서 취함을 입었음이라. 너는 흙이니 흙으로 돌아갈
> 것이니라(창 3:17-19).

그 텍스트는 이어서 다음과 같은 선언을 덧붙인다.

> 여호와 하나님이 이르시되 "보라, 이 사람이 선악을 아는 일에 우리 중 하
> 나 같이 되었으니 그가 그의 손을 들어 생명나무 열매도 따 먹고 영생할까
> 하노라" 하시고 여호와 하나님이 에덴동산에서 그를 내보내어 그의 근원
> 이 된 땅을 갈게 하시니라. 이같이 하나님이 그 사람을 쫓아내시고 에덴동
> 산 동쪽에 그룹들과 두루 도는 불 칼을 두어 생명나무의 길을 지키게 하시
> 니라(창 3:22-24).

놀랍게도 **타락**이라는 단어는 이 텍스트의 어느 곳에서도 나오지 않는
다. **원죄**라는 단어도 등장하지 않는다. 이 용어들은 성경의 어느 곳에서
도 발견되지 않는다. 훗날 원죄와 타락 교리들을 가리키는 데 사용되었
던 용어들이, 삼위일체 교리 같은 중요한 많은 기독교 교리처럼, 성경에
서 명시적으로 발견되지는 않지만 그 교리들을 긍정하는 사람들은 성

경의 텍스트가 그것들을 가리킨다고 주장한다.

이 두 교리는 여러 이유로 시간의 검증을 견뎌냈다. 그중 하나는 그 교리들이 해석상으로 명료해 보인다는 것이다. 그 교리들은 그 이야기에 들어맞는 것처럼 보인다. 아담과 하와는 선하게, 심지어 매우 선하게 창조되었다. 하지만 그들은 야웨께 불순종했다. 따라서 그들은 동산에서 쫓겨났고 고통과 죽음이 따를 것이라는 말을 듣게 되었다. 이 내러티브가 신약성경에 기록된 바울의 몇몇 진술—"한 사람으로 말미암아 죄가 세상에 들어오고", "한 범죄로 많은 사람이 정죄에 이른 것 같이"(롬 5:12, 18); "아담 안에서 모든 사람이 죽은 것 같이"(고전 15:22); "피조물이 허무한 데 굴복하는 것은"(롬 8:20)—과 연결되면 전통적인 원죄와 타락 교리로 쉽게 이어질 수 있다.

이 교리들이 오래 존속한 또 다른 이유는 그 교리들이 악의 기원과 보편성을 설명할 수 있는 것처럼 보이기 때문이다. 그 교리들은 얼핏 보기에는 적어도 어떻게 하나님이 창조하신 세상이 괴로움과 고통으로 가득 찰 수 있는지에 대한 설명과 한 두 사람의 죄가 어떻게 우주 전체에 퍼질 수 있는지를 설명하기 위한 메커니즘을 제공하는 것처럼 보인다. 이 교리들은 참으로 강력하다.

이 교리들이 수백 년 동안 서방 교회의 기독교 사상에서 널리 수용되었지만, 그 교리들에 관한 우려들도 제기되어왔다. 예컨대 아우구스티누스는 그 사안들에 관한 그의 발전된 견해에서 원죄가 성교를 통해 대대로 전달된다고 보았다. 그가 보기에 이 일이 일어나는 방식은 정욕(concupiscence)—사악한 육체적 욕구, 특히 성욕을 가리키는 신학 용어다—에 기인한다. 아우구스티누스는 아담이 타락한 후 모든 성행위는 결혼의 테두리 안에서조차 정욕을 수반한다고 믿었다. 아기가 만들어질 때 바로 이 사악한 사건을 통해 원죄가 아버지에게서 자녀에게 전달된다. 아우구스티누스는 원죄가 인간의 사악한 본성과 그것의 죄책도 전달한다는 입장을 유지했다. 그의 설명에 따르면 아이들은 하나님 앞에서 죄악되고 죄책을 지닌 상태로 태어난다. 그들은 세례를 받고 세례 성사를 통해 거듭나지 않는 한 천국에 들어가지 못할 것이다. 가톨릭과 개신교의 대다수 현대 신학자들은 아기들이 하나님 앞에서 죄에 대한 책임이 있는(그리고 따라서 처벌을 받을 수 있는) 상태로 태어난다는 것을 부인한다. 따라서 원죄와 타락에 관한 전통적인 관점의 몇몇 측면들은 역사의 유물이 되었다.

타락과 원죄는 과학 이론이 아니지만, 그것들은 우리가 과학을 통해 세상에 관해 배운 내용들로부터 고립되어서 존재하지 않는다. 어떤 과학이 우리에게 인간의 기원, 원래의 모집단 규모, 인간 전의 역사에서 죽음과 악의 존재, 그리고 관련 이슈들에 관해 알려줄 수 있는지에 대해 그리스도인들의 의견이 나누어진다. 이 과학적 주장들은 신학 교리들의 전통적인 관점에 무시될 수 없는 도전들을 제기한다.

성경 자체에 대한 해석상의 도전도 있다. 우리가 창조 기사를 어떻게 해석해야 하는가? 어떤 선택지들이 있는가? 다음과 같은 두 가지 선택지만 존재한다고 생각하기 쉽다. (1) 그 사건들이 시공간에서 실제로 일어났다는 문자적 해석(실제로 말하는 뱀, 문자적으로 하루 24시간으로 이루어진 날들의 7일에 걸친 창조 등), 그리고 (2) 그 기사는 꾸며낸 이야기이고 실제 역사에서 일어나지 않았다는 신화적 해석. 그 기사가 때때로 이 두 가지 방식으로 제시되기도 하지만 그것은 이처럼 과도하게 단순화된 이분법이 나타내는 것보다는 훨씬 많은 뉘앙스를 담고 있다. 그리고 창조 내러티브를 해석하는 데 사용된 주해 원칙들은 확실히 거기서 도출한 교리들에 영향을 줄 것이다.

이러한 전통적인 원죄와 타락 교리들이 서방 기독교에는 영향력이 있었지만 동방 기독교에는 영향력이 없었다. 아우구스티누스는 라틴어를 사용한 서방 교회의 신학자였고 그의 저서들은 14세기까지는 동방 교회에서 사용되었던 그리스어로 번역되지 않았다. 따라서 아우구스티누스의 저서들과 아이디어들은 그가 사망하고나서 수 세기 후까지 동방 교회의 그리스도인들에게 널리 보급되지 않았으며 그들의 신학을 구성하지 않았다. 사실 동방 정교회에서 그가 중대한 영향을 끼친 적이 없었다.

앞서 말한 바와 같이 원죄와 타락 교리는 기독교 역사에서 줄곧 큰 영향을 끼쳐왔지만 많은 요인이 성실한 해석자들을 다른 방향으로 이끌었고 많은 기독교 평신도, 목회자, 교회 지도자 그리고 심지어 학자들도 이 중요한 교리들에 관한 다른 관점들을 알지 못했다. 본서의 편집자인 우리는 이 상황을 시정하기 위해 다섯 명의 선도적인 기독교 사상가들을 선정해서 원죄와 타락에 관한 그들의 관점을 설명하고 방어하게 했다.

관점들의 요약

이 "논쟁" 시리즈 책들의 일반적인 형식은 많은 독자에게 익숙할 것이다. 본서에서 기고자들은 먼저 자신의 관점을 제시하는 원래의 논문을 제출해 달라는 요청을 받았다. 그 작업이 끝난 후 수집된 논문들은 모든 기고자에게 배부되었고, 기고자 각자는 다른 기고자들의 원래 논문에 반응하는 글을 썼다. 우리는 이 형식이 이 입장들을 공정하게 제시하고 그 입장들에 대해 정직한 비판을 가한다고 생각한다. 우리는 이 대목에서 본서에 제시된 입장들의 간략한 요약을 제시한다.

커버넌트 칼리지 신학 조교수인 한스 마두에미가 쓴 첫 번째 논문은 아우구스티누스-개혁주의 관점을 제시한다. 이 관점은 에덴동산 이야기에 대한 문자적 이해 및 인간이 최초로 죄를 짓기 전에는 동물의 죽음이 없었다는 주장을 포함한 전통적인 원죄와 타락 교리에 가장 가깝다. 마두에미는 우리가 아담을 (단지 대표만이 아니라) 생물학적 의미에서 전체 인류의 머리로 이해해야 하며 그의 최초의 죄가 이후의 모든 사람이 도덕적으로 부패하고 하나님 앞에서 죄책이 있는 상태로 태어나도록 정죄한다고 주장한다.

마두에미가 이 이야기에 도전하는 과학적 발견들을 모르는 것은 아니다. 하지만 그는 과학은 항상 잠정적이며, 인간의 기원이라는 주제에 관한 과학의 발견은 전통적인 이 관점을 포기하거나 재구성하기에 충분한 이유를 제공할 만큼 충분히 안전하지 않다고 주장한다. 그는 이 관점만이 복음과 인간의 상태에 대한 우리의 이해를 일리가 있게 만든다고 믿는다. 그는 또한 죄와 고통이 없는 미래의 종말에 대한 우리의 희망의 타당성과 합리성은 우리가 그 시절로 돌아갈 수 있는 그런 기간이 과거에 실제로 존재했다는 데 의존한다고 주장한다.

두 번째 관점은 세인트앤드루스 대학교의 분석신학 교수인 올리버 크리스프에게서 나온다. 그는 뚜렷한 개혁주의 관점에서 그 교리들에 접근하지만 자기의 접근법을 "온건한 개혁주의"의 원죄 교리라고 부른다. 그는 자기의 관점이 개혁주의 전통과 일치한다고 주장하지만 좀 더 전통적인 해석에서 떠날 필요가 있음을 인정한다. 특히 원죄와 최초의 죄책이 종종 일괄적으로 다뤄지지만, 크리스프는 그것들이 분리되어왔고 분리되어야 한다고 지적한다. 그는 우리가 타락한 인간으로서 원죄를 물려받으며 그것이 죽음과 하나님으로부터의 분리로 이어진다는 주장을 받아들인다. 그러나 그는 우리가 최초의 죄책을 물려받는다는 주장을 부인한다. 우리는 우리가 실제로 저지르는 죄(우리는 불가피하게 죄를 짓게 되어있다)에 대해서만 유죄다. 크리스프는 이 미묘한 차이는 개혁주의 전통 안에서 소수파로서 옹호될 수 있으며, 이 견해가 기독교 신학의 다른 가닥들과 좀 더 일치하는 방향으로 재접근할 수 있는 가능성을 지니고 있다고 주장한다. 크리스프는 최소주의 원죄와 타락 교리를 모색하는데, 그 관점은 아담과 하와에 관한 특정한 관점이나 인류 일원설(모든 인간이 최초의 부부의 자손이라는 견해)에 의존하지 않으며, 따라서 과학이 인류의 기원에 관해 말하는 내용과의 갈등을 제거한다. 실제로 최초의 부부가 있었든 아니면 "아담과 하와"가 단지 가주어(placeholder)이고 우리가 그 관계에 따라 그들의 자손이라고 말할 뿐이든 간에 우리 조상들의 선택이 우리에게 영향을 주고 우리를 구속하지만, 우리가 그들의 행동에 책임이 있거나 그것에 대해 비난을 받지는 않는다.

　세 번째 기고자는 풀러 신학교 고등 신학연구센터의 신학 해석 교수이자 부학장인 조엘 그린이다. 그는 원죄와 타락에 대한 웨슬리주의 관점을 제시하고 방어한다. 이 관점은 존 웨슬리에게서 유래했는데 그에게 있어서 원죄 교리는 그의 성경 및 복음 이해에 필수적이었다. 웨슬리는 모든 인간의 사악함과 부패를 긍정했지만, 이미 하나님의 선행 은총이 모든 사람 안에서 역사하고 있기 때문에 자유 의지도 인정했다. 웨슬리는 창세기 3장을 타락 내러티브로 이해했지만, 그의 견해에서 이후의 인간들이 아담과 하와의 행동 때문에 죄책이 있는 것은 아니었다. 오히려 웨슬리에게 있어서 죄는 모든 사람이 아담의 죄에 연루됨으로써 획득하는 질병이다. 하나님은 죄인의 재판관이라기보다 환자의 의사다.

그린은 이어서 창세기 3장에 관한 초기 주석가들의 다양한 사상을 보여준다. 그는 관련 신약성경 구절들, 특히 야고보서와 바울 서신의 구절들도 다룬다. 이 구절들에서 그는 전통적인 원죄 교리가 명백하지 않음을 발견한다. 예컨대 로마서 5장에서 바울의 관심은 원죄를 보여주는 것이 아니라 유대인들과 이방인들 모두 죄를 짓기 때문에 공통적인 토대 위에 있음을 보여주는 것이었다. 바울은 아담을 모든 사람에게 전해지는 죄의 원천으로 보기보다 모든 사람이 따르는 일종의 패턴으로 본다. 그린은 과학의 최근 발견들에 관해 웨슬리의 정신을 따르며, 단순히 성경의 증언을 일축하기보다는 전통적인 해석에 대해 어느 정도 재고하는 것을 허용한다. 그린은 진화 이야기와 일치하며 죄의 보편적인 성격을 증언하는 원죄 교리를 발견한다.

네 번째 논문에서는 더럼 대학교 신학 및 종교 학과의 교부 및 비잔틴 연구 명예 교수인 앤드루 라우스가 동방 정교회의 관점을 제시한다. 라우스는 우선 원죄 개념이 라틴어를 사용하는 서방 교회에서 발전한 신학 개념이기 때문에 동방 교회의 사고와는 어울리지 않는다고 지적한다. 동방 정교회 사상가들은 일반적으로 타락 개념은 긍정하지만, 타락은 원죄와 구분된다. 동방 정교회의 이해에서는 서방 교회 전통에서 기본으로 여겨지는 타락-구속이라는 신학적 이야기 대신 창조-신화(deification) 이야기가 좀 더 전형적이다. 그러한 이동으로 인해 동방 교회 신학에서는 타락의 결과를 전통적인 서방 교회 신학에서 좀 더 전형적인 죄책으로 보는 것이 아니라 죽음으로 본다.

정교회 신학자들은 세상이 경험한 무질서의 원천으로서 조상의 죄 개념을 여전히 긍정한다. 질서가 없어진 세상은 단순히 하나님 앞에서 죄책이 있는 상태인 것만이 아니라 사태를 올바로 바로잡는 것이 관련되어 있음을 의미한다. 우주 자체가 영향을 받았고, 시정을 요구하며, 우주에서 인간의 역할이 회복될 필요가 있는데, 이는 우리가 "신성한 성품에 참여"하게 되는(벤후 1:4) **테오시스**(theosis, 신화)에서 절정에 이른다.

마지막 논문에서 세인트토마스 대학교와 세인트캐서린 칼리지에서 신학과 신약성경을 가르치는 타샤 와일리는 원죄 교리가 오늘날 우리에게 계속 적실성이 있지만, 현대 과학에 비추어 개념이 재정립될 필요가 있다고 주장한다. 전통적인 교리는 하늘에서 완전하게 형성되어 전해진 것이 아니라 인간의 설명이며, 따라서 그것이 형성된 인지적 맥락에 의해 제한되고 구속된다. 오늘날 과학의 발견들 때문에 우리의 맥락이 바뀐 것처럼 그 맥락이 변하면 우리의 설명들이 변할 필요가 있다. 와일리는 성경 자체가 넓은 범위의 죄 개념들을 담고 있는데 그것은 성경의 저자들이 글을 썼을 당시의 변하는 맥락을 반영한 것이라는 것과 성경은 완전히 발전된 원죄 교리를 담고 있지 않다는 것을 보여준다. 그녀는 주요 신학 전통들에 나타난 원죄 개념의 변화도 추적하고 그것이 정태적인 개념이 아니었음을 보여준다. 이렇게 보면 성경의 창조 기사와 진화의 과학적인 설명은 경쟁하는 설명들이 아니라 다른 평면에 속한 진리들이다.

와일리는 버나드 로너건의 사상에 의존해서 현대의 원죄 개념에서는 죄가 "적절하게 사랑하지 못한 것"으로 이해될 필요가 있다고 주장한다. 이 사악한 상태는 참되지 않은 삶이며, 하나님은 지적·도덕적·종교적 전환을 통해 그것을 교정하신다. 이 전환들은 개인적으로만 전개되는 것이 아니라 인류에 대해 집단적이다. 종으로서의 우리는 예수가 전하신 하나님의 나라를 구현할 때 좀 더 진정하게 인간이 된다.

본서의 기고자들은 서로에게 자기의 입장을 설득하지 않는데, 이 점은 다양한 관점을 소개하는 책에서 전형적인 방식이다. 그러나 그들 사이의 대화는 각각의 입장의 장점과 약점 및 이 교리들과 씨름하는 것이 중요함을 우리에게 보여준다. 원죄와 타락에 관해 당신이 어떤 입장을 취하든, 우리는 다섯 명의 기고자들이 당신의 유익한 대화 상대가 되기를 희망한다. 그들은 확실히 우리 편집자들의 유익한 대화 상대였다.

1

원죄와 타락에 관한 관점들

1장
아우구스티누스-개혁주의 관점
한스 마두에미

한때 타락 교리는 사실상 정경의 지위를 구가했다. 아우구스티누스의 이 교리는 현대 문화와 사상의 발전에서 매우 중요한 역할을 했다. 예컨대 17세기 자연 철학자들은 대체로 최초의 불순종이 인간을 도덕적으로 타락했을 뿐만 아니라 **인지적으로 손상된** 상태가 되게 했다고 믿었다. 이런 신학적 가정들은 인간이 자연의 내부 작용을 헤아릴 수 있는 능력에 대한 의심을 고취했고 이에 따라 그들은 하나님의 창조세계를 직접 탐구하게 되었으며 거기서 경험 과학이 발생했다.[1] 초기 현대 의학에서 의사들의 치유 사역은 타락으로 야기된 고통을 줄여주는 것이라고 생각되었다.[2] 기술의 개척자들도 자기들이 아담의 범죄 후 인간이 상실한 영광을 회복한다고 보았다.[3] 이 대본이 서구 사상의 다른 분야에서

1_ Peter Harrison, *The Fall of Man and the Foundations of Science* (Cambridge: Cambridge University Press, 2007).

2_ 예컨대, John Wesley, *Primitive Physik* (London: William Pine, 1765) 서문을 보라.

3_ Clarence Glacken, *Traces on the Rhodian Shore: Nature and Culture in Western Thought from Ancient Times to the End of the Eighteenth Century*(Berkeley: University of California Press, 1976)를 보라.

도 반복된다.[4]

그러나 오늘날 기독교 학계의 많은 분야에서 아우구스티누스의 죄론은 인기가 시들해졌다.[5] 역설적으로 자연 과학은 타락을 버리자 과거의 조상들을 부인했다. 다윈과 좀 더 최근의 과학적 도전 이전에도 사람들은 이미 창세기 3장에 관한 질문들을 제기하고 있었다. 거룩하게 창조된 아담과 하와가 어떻게 죄를 짓기로 선택할 수 있었는가? 하나님의 복된 현존 앞에서 죄가 어떻게 가능했는가? 그리고 어떻게 작은 죄 하나가 그런 파괴적인 결과를 유발했는가? 그런 질문들을 제기한 회의주의자들은 물려받은 전통에 대한 믿음을 잃었다.

비슷한 부담이 원죄 교리도 괴롭혔다. 로마 가톨릭교회의 전통에서는 펠라기우스 논쟁 중에 아우구스티누스의 원죄 교리가 카르타고 공의회(411-418)와 오랑주 공의회(529)에서 교회의 공식적인 교의가 되었다. 원죄 교리의 그 후의 발전은 아우구스티누스의 교리의 이형일 뿐이었다. 그 전통은 종교개혁자들 사이에서도 지배적이었고 이후의 고백적 진술들에도 보존되었다. 그러나 그다음 세기에 사람들은 원죄 교리의 생존력에 의문을 제기했다. "물려받은" 죄책의 합리성을 비난한 사람도 있었고, 원죄가 신적 정의를 훼손한다고 확신하는 사람도 있었

4_ 아담의 타락을 지렛대로 삼는 "창조-타락-구속" 모티프는 Abraham Kuyper의 신칼뱅주의에 매우 중요했고, 기독교 대학 협의회(CCCU)와 관련이 있는 많은 학교에 필수적으로 되었다. Cornelius Plantinga, *Engaging God's World: A Christian Vision of Faith, Learning, and Living* (Grand Rapids, MI: Eerdmans, 2002)을 보라.

5_ 이레나이우스가 많은 진화적 창조론자들의 수호 성인이 되었다. 어떤 학자는 "비극적이게도 서방 교회에서 아우구스티누스의 타락 교리에 의해 창 2-3장에 대한 이레나이우스의 이해가 무색해졌다"라고 말했다. John Bimson, "Doctrines of the Fall and Sin After Darwin," in *Theology After Darwin*, ed. Michael Northcott and R. J. Berry (Milton Keynes, UK: Paternoster, 2009), 120.

다. 장자크 루소(1712-78), 임마누엘 칸트(1724-1804), 프리드리히 슐라이어마허(1768-1834) 같은 사상가들은 현대성에 비추어 원죄를 재해석했다. 같은 시기에 원죄는 미국에서도 비슷한 압력에 직면했다.[6] 곧 이어 다윈이 그 추세를 마무리했다.

이번 장에서 나는 아우구스티누스의 전통에서 급진적으로 멀어지는 것은 시기상조이며 사실상 방향을 잘못 잡은 것이라고 주장한다. 나는 최근의 과학적 도전들에 유념하면서 타락 교리와 원죄에 대한 개혁주의의 이해를 옹호한다.[7] 이 교리들은 종종 지적으로 시대에 뒤떨어졌다는 비방을 받지만, 나는 복음과 인간의 상태를 올바로 이해하기 위해서는 그 교리들이 불가결하다고 믿는다.

죄의 기원

창세기 3장은 "스타일과 목적이 전혀 다르며 '죄의 기원'은 그것에 주변적일 뿐이다"[8]라는 제임스 바의 주장은 유명하다. 바에 따르면 바울이 히브리 성경이 아니라 정경이 아닌 유대교 전통에 의존해서 타락을 고안했다.[9] W. 시블리 타우너는 유사하게 "성경에 타락은 등장하지 않

6_ H. Shelton Smith, *Changing Conceptions of Original Sin: A Study in American Theology Since 1750* (New York: Charles Scribner's Sons, 1955)을 보라.

7_ 나는 개혁주의 전통에 신학적 다양성이 존재함을 인정하지만, 이 장은 이런 가닥 중 진지하게 고려할 가치가 있는 한 가지 관점을 제시한다.

8_ James Barr, *Biblical Faith and Natural Theology* (Oxford: Clarendon, 1993), 59.

9_ Barr, *Biblical Faith and Natural Theology*, 58-63.

는다.…악의 기원에 관한 기사도 없고 태곳적에 때 사탄과의 조우도 없다"고 주장했다.[10] 타우너에 따르면 "역사비평 성경 연구가 타락에 관한 교의의 무거운 손에서 많은 부분을 덜어주었다."[11] 그런 가정들은 학계에서 익숙하지만 유사한 결론들이 복음주의자들과 그들의 지지자들 사이에서도 점점 흔해지고 있다.[12]

아담과 하와의 타락

이런 변화들은 성경에서 "실제" 역사는 창세기 12장에 기록된 아브라함에서 시작하기라도 하듯이 창세기 1-11장의 역사적 신뢰성을 의심하는 현대의 경향을 반영한다. 하지만 구약성경의 이후의 구절들은 에덴 내러티브의 역사성을 가정한다(예컨대 겔 28:11-19; 호 6:7; 전 7:29; 대상 1:1; 눅 3:38; 유 14).[13] 신약성경에 기록된 사도들의 증언은 모호하지 않다. 예컨대 교회 안에서 여성들에 관한 바울의 주장(고전 11:3-12; 딤전 2:13-14), 거짓 사도들에 대항하는 그의 변증(고후 11:1-3), 그리고 그의 아담-그리스도 모형론(롬 5:12-21; 고전 15:21-22)을 고려해보라. **모든** 지점에서 그는 창세기 1-3장에 수록된 매우 특정한 세부사항들에 역사적으로 의존한다(비슷한 선상에 있는 다음 구절들도 보라. 마 19:4; 요 8:44; 행 17:26; 계

10_ W. Sibley Towner, "Interpretations and Reinterpretations of the Fall," in *Modern Biblical Scholarship: Its Impact on Theology and Proclamation*, ed. Francis Eigo (Villanova, PA: Villanova University Press, 1984), 81.

11_ Towner, "Interpretations and Reinterpretations," 58.

12_ 예컨대 Dennis Venema and Scot McKnight, *Adam and the Genome: Reading Scripture After Genetic Science* (Grand Rapids, MI: Brazos Press, 2017).

13_ 정경에 수록된 아담과 하와에 관한 좀 더 많은 언급은 C. John Collins, *Did Adam and Eve Really Exist? Who They Were and Why You Should Care* (Wheaton, IL: Crossway, 2011), 51-92을 보라. 『아담과 하와는 실제로 존재했는가』, 새물결플러스 역간.

12:9; 20:2).[14] 창세기 1-11장에 관한 회의적인 주장들은 이 구절들에 대한 사도들의 이해로 말미암아 무너진다.[15]

창세기 1장과 2장은 창세기 3:1-6에 수록된 사건들의 배경이다. 하나님이 땅, 바다, 식물, 동물, 그리고 인간을 포함한 모든 것을 창조하셨다. 그것들을 창조하는 도중에 하나님은 거듭 각각의 요소를 "좋다"(창 1:10, 12, 18, 21, 25), 그리고 심지어 "매우 좋다"(창 1:31)고 평가하신다. 이런 평가의 함의상 원래의 창조세계에는 죄가 없었다. 때때로 창세기 1장에 등장하는 선(tov)은 단지 심미적이지 도덕적이 아니라고 주장된다.[16] 나는 특히 삼중으로 거룩한 존재(사 6:1-7)로 계시된 하나님의 성품에 비춰볼 때 원래의 창조세계는 심미적으로 **및** 도덕적으로 선하다고 생각한다.

아담과 하와에게 제시된 하나님의 유일한 조건은 선과 악을 알게

14_ 제2성전기 유대교 문헌에서도 동일한 역사적 가정들이 편만하다(예컨대 집회서 25:24; 「바룩2서」18:2; 23:4; 48:42-43; 54:15; 「에스드라2서」 7:118-26). 다원 발생 시나리오에 맞서 인류 일원설을 옹호하는 나의 입장은 "Adam Revisited: First Man or One of Many?," Books at a Glance, May 2, 2016, http://www.booksataglance.com/blog/adam-revisited-first-man-one-many/를 보라.

15_ 비유적인(또는 시적인) 언어를 역사성에 반하는 근거로 삼는 진부한 논쟁은 관련이 없는 사안을 사용해서 관심을 다른 곳으로 돌리는 처사다. 성경은 종종 비유적인 언어를 사용해서 역사적 사건들을 묘사한다. 예컨대 다음 구절들을 보라. 시 78편, 105-106편(이스라엘의 역사성); 사 5:1-2(자기 백성을 향한 야웨의 사랑); 롬 11:17-24(구원사에서 하나님과 유대인 및 이방인 사이의 관계). 비유적 언어의 존재는 창 1-11장이 역사적 지식을 제공한다는 사실을 배제하지 않는다. Ardel Caneday, "The Language of God and Adam's Genesis and Historicity in Paul's Gospel," *Southern Baptist Journal of Theology* 15 (2011): 26-59, 특히 37-41을 보라.

16_ 예컨대 Walter Moberly, *Theology of the Book of Genesis* (Cambridge: Cambridge University Press, 2009), 43 각주 4를 보라. 그곳에서 그는 선은 "타락 전 창조세계의 죄 없는 특성이나 창조세계에 본질적인 도덕적 측면"과 관련이 있는 것이 아니라 미학과 관련이 있다고 주장한다.

하는 나무의 열매를 먹지 말라는 것이었다(창 2:17). 유감스럽게도 그들은 불순종했다(창 3:1-6). 그 텍스트는 "타락"을 명시적으로 언급하지 않지만, 이후 전개되는 이야기는 그들의 반역의 여파로 죄가 차츰 퍼졌고 세계적인 홍수에서 절정에 달했음을 보여준다. 홍수 후에도 죄는 이스라엘인들과 이방인들의 삶에 스며들었고, 야웨는 아브라함의 부름, 이스라엘의 선택, 사사·제사장·왕과 예언자들의 시대, 그리고 성육신에서의 절정을 통해 은혜를 베푸신다(요 1:14). 그 이야기의 진행 자체가 "왜 모든 사람이 죄를 짓고 죽는가?"라는 질문을 제기한다. 우리는 로마서 5:12-21과 고린도전서 15:21-22의 인도를 받아서 창세기 3장을 인간의 역사에서 일어난 죄의 기원으로 올바로 적시한다.

그러나 죄에는 훨씬 더 깊은 기원이 있다. 전통적으로 루시퍼는 야웨에게 반란을 일으킨 뒤 하늘에서 쫓겨난 천사장으로 해석되었다(예컨대 사 14:12-15; 겔 28:12-19; 벧후 2:4; 유 6절).[17] 고전적인 증거 텍스트들은 결정적이지 않지만, 후대의 성경의 증언은 유혹하는 자의 악의와 창세기 3:15에 기록된 예언을 취해서 뱀을 마귀의 대리인으로 파악한다(예컨대 요 8:44; 롬 16:20; 계 12:1-17; 13:1-3; 16:13; 20:2). 마귀는 두 번째 신격이나 하나님의 현현이 아니기 때문에, 남겨진 유일한 선택지는 그가 하나님의 창조물 중 하나인 거룩한 천사였는데 구속할 수 없을 정도로 타락한 존재라는 것이다. 그렇다면 죄의 **궁극적인** 기원은 사탄의 타락이며, 죄의 직접적인 기원은 아담의 타락이다.

17_ 초기 유대교 전통은 창 6:1-8을 "감시자들"(타락한 천사들)이 지상에 악을 들여온 타락 이야기로 해석했다. N. P. Williams, *The Ideas of the Fall and of Original Sin* (London: Longman, Green & Co., 1927), 20-29을 보라.

이 그림이 일리가 있는가? 우리의 최초의 조상이 죄 없이 창조되어 상상할 수 없을 정도로 행복하고, 하나님의 현존을 즐겼다면, 무엇이 그들에게 불순종의 동기를 제공할 수 있었는가? 아무에게도 유혹받지 않았던 사탄에게는 이 질문이 더 강렬해진다. 그들이 죄를 짓기로 선택한 것이 설명될 수 없는 것처럼 보인다.[18] 아담이나 루시퍼의 내적 성향에서 인과상의 설명을 발견한다고 하더라도, 우리는 창조세계 안의 특정한 요소를 비난함으로써, 따라서 암묵적으로 창조주를 연루시킴으로써 죄의 기원을 합리화하는 데만 성공할 것이다.[19] 몇몇 사안들은 우리의 이해의 범위를 넘어서므로(신 29:29), 우리가 이 대목에서 신비에 의존하는 것을 변명할 필요는 없다. 하지만 우리는 우리가 아는 것을 고백할 수 있다. "아담은 죄 없이 창조되었지만 죄를 범할 수 없는 것은 아니었고, 부패하지 않았었지만 부패할 수 없는 것은 아니었다."[20]

타락으로 인해 신체적 죽음이 초래되었다(창 2:17; 3:19). 죽음이 늦춰지기는 했지만 말이다. 아무튼 신체적 죽음은 더 깊고 훨씬 심각한 영적 죽음(엡 2:1과 골 2:13을 보라)의 징후이고, "두 번째" 죽음(계 20:6, 14; 21:8)인 지옥의 전조다. 구속자를 보내주시겠다는 하나님의 약속이 유일한 희망이었다(창 3:15). 일부 학자는 과학으로부터의 압력에 대응해

18_ Michael Murray는 *Nature Red in Tooth and Claw: Theism and the Problem of Animal Suffering* (New York: Oxford University Press, 2008), 83-87에서 이 문제를 "낙원의 동기부여 논쟁"으로 부른다.

19_ 다음 문헌들을 보라. Robert Brown, "The First Evil Will Must Be Incomprehensible: A Critique of Augustine," *Journal of the American Academy of Religion* 46, no. 3 (1978): 315-29; G. C. Berkouwer, *Sin* (Grand Rapids, MI: Eerdmans, 1971), 11-26.

20_ James Anderson, "Calvinism and the First Sin," in *Calvinism and the Problem of Evil*, ed. David Alexander and Daniel Johnson (Eugene, OR: Pickwick, 2016), 218.

서 바울이 아담의 죄가 신체적 죽음이 **아니라** 영적 죽음을 들여왔다고 말한 것으로 재해석했다.[21] 그러나 그런 시도는 바울이 죄와 죽음의 연결 관계를 확인하는 로마서 5:12 및 고린도전서 15:21에 반한다. 어떤 신학자의 말따나 "요점은 몸의 죽음이다. 그것의 반대는 몸의 부활이기 때문이다."[22] 따라서 영적 죽음과 신체적 죽음이 모두 고려되고 있다.

타락은 복음의 산파다. 창조세계의 원래의 선함은 희망으로 가득 차 있다. 그것은 죄가 시간 안에서 시작되었음을 의미하기 때문이다. 죄는 창조세계에 내재적인 것이 아니라 우발적이다. 창조세계의 원래의 선함은 하나님의 거룩을 보호할 뿐만 아니라 죄를 인간의 본질적인 특성이 아니라 우발적인 것으로 만든다. 죄로부터의 구속이 진정한 가능성이라면 복음은 **참으로** 좋은 소식이다. "인간은 인간이기를 멈춤이 없이 다시 죄 없는 존재가 될 수 있다."[23] 타락이 없었다면 그 모든 것이 위협받는다. 심지어 종말론도 근거가 없어지고 희망 사항에 지나지 않게 된다. 종말에 고통, 죄, 그리고 죽음이 사라질 것이라는 기독교의 확신은 타락 전 창조세계의 선함을 긍정하는 동일한 신적 계시에 의존한다. 우리가 타락을 부인할 경우 무슨 근거로 종말에 고통과 죄와 죽음이 사

21_ 예컨대 R. J. Berry, "This Cursed Earth: Is 'the Fall' Credible?," *Science & Christian Belief* 11 (1999): 34을 보라: "성경―특히 바울―이 '죽음'에 관해 말할 때 성경의 저자들은 본질적으로 영적 죽음에 관심이 있다."

22_ Henri Blocher, *In the Beginning: The Opening Chapters of Genesis* (Downers Grove, IL: InterVarsity Press, 1984), 184. John Murray, *The Epistle to the Romans* (Grand Rapids, MI: Eerdmans, 1959), 1:181은 우리에게 다음과 같이 상기시켜준다: "[바울에게 있어서] 몸과 영의 분리 및 몸이 흙으로 돌아가는 것은 죄의 삯의 전형으로서 우리가 생각하는 수준보다 훨씬 중요했다."

23_ Anthony Hoekema, *Created in God's Image* (Grand Rapids, MI: Eerdmans, 1986), 117.

라지기를 바랄 수 있는가? 마이클 로이드가 지적한 바와 같이 "[타락이 없다면] 우리가 이제 과거의 황금시대를 뒤돌아볼 수 없기 때문에 미래의 황금시대를 고대할 수 없다."[24] 따라서 아담의 타락은 기독교 교리의 형성에 매우 중요하다.[25]

우주적 타락

신의 저주는 뱀, 하와, 그리고 아담을 겨냥했고 에덴동산으로부터의 추방이 뒤따랐다(창 3:14-24). 특히 세 번째 저주는 아담에게 고달픈 노동을 부과했고 "땅"—제유를 통해 **우주 전체**를 가리킴—을 불모와 붕괴에 종속시켰다. 많은 학자가 이 우주적 타락 교리를 풋내기 창조론자들의 미개한 주문이라며 비웃는다. 그것은 현대 이전 신학의 규범이었지만 18세기 무렵 지질학자들은 지구의 고대성을 옹호하고 있었다. 그들은 인간이 출현하기 전 동물의 포식과 죽음의 시대를 추론했다. 그때로부터 1세기 후에 진화 이론은 생물학에 대변혁을 일으켰다.

　　우주적 타락 교리가 쪼그라들자 낯선 신세계를 들여와 그것을 재단장하려는 시도가 이뤄졌다. C. I. 스코필드와 C. S. 루이스 같은 몇몇 학자는 천사의 타락이 이전의 창조세계를 망쳐 놓았고 수백만 년에 걸친 아담 전의 동물의 고통과 죽음을 들여왔다고 생각했다(창 1:1과 창 1:2

24_ Michael Lloyd, "The Humanity of Fallenness," in *Grace and Truth in the Secular Age*, ed. Timothy Bradshaw (Grand Rapids, MI: Eerdmans, 1998), 72 각주 18.

25_ 진화의 맥락 안에서 타락 교리의 핵심적인 신학적 헌신을 보존하려는 사려 깊은 시도는 James K. A. Smith, "What Stands on the Fall? A Philosophical Exploration," in *Evolution and the Fall*, ed. William Cavanaugh and James K. A. Smith (Grand Rapids, MI: Eerdmans, 2017), 48-64을 보라.

사이의 "틈새").[26] 다른 학자들은 오리게네스의 유령을 부활시켜서 시간
이 시작되기 전에 타락이 있었고, 그때 우리 각자가 하나님께 죄를 짓고
이 지상의 삶에서 몸을 입은 존재가 되라는 선고를 받은, 몸에서 분리된
영혼들로 존재했다고 상상했다.[27] 세 번째 제안은 아담의 타락을 통해
아담 전의 포식과 죽음이 야기**되었지만**, 그리스도의 속죄가 구약시대의
신자들에게 **"소급적으로"** 효력이 있었던 것처럼, 소급적으로만 영향을
주었다는 가설을 세웠다.[28] 하지만 이런 사변적인 가설들은 아담의 죄
와 죽음 사이의 인과적 연결 관계나 그것들의 구속사적, 시간적 순서를
제거함으로써 충분한 설명이 되지 못했다.

　　아무튼 신학자들의 새로운 합의는 우주적 타락을 완전히 거부했
다. 대신 진화적 창조론자들은 고난과 죽음을 타락에 기인한 고통이 아
니라 하나님이 창조세계에게 그것 자신이 되라고 주신 자유에 **필요한**
비용으로 보았다. 또는 몇몇 학자의 말마따나 이 눈물 골짜기는 하나님
이 자연의 아름다움, 복잡성, 그리고 다양성을 확보하시기 위한 **유일한**

26_Scofield의 1910년판 스터디 바이블은 이 "폐허-재건" 견해를 보급했다. 다음 문헌들
　　을 보라. Bernard Ramm, *The Christian View of Science and Scripture* (Grand Rapids, MI:
　　Eerdmans, 1954), 195-210; C. S. Lewis, *The Problem of Pain* (New York: HarperCollins,
　　1996), 132-47. 『고통의 문제』, 홍성사 역간; Michael Lloyd, "Are Animals Fallen?" in
　　Animals on the Agenda: Questions About Animals for Theology and Ethics, ed. Andrew Linzey
　　and Dorothy Yamamoto (London: SCM Press, 1998), 147-60. "수정된 이원론"—이 견해
　　에서 진화적인 악은 사탄과 파악하기 어려운 권세들 및 권력들의 신비한 수공품이다—을
　　옹호하는 관련 주장은 Nicola Hoggard Creegan, *Animal Suffering and the Problem of Evil*
　　(New York: Oxford University Press, 2013)을 보라.

27_Williams, *Ideas of the Fall*. Kant와 독일 신학자 Julius Müller도 비슷한 주장을 했다.

28_William Dembski, *The End of Christianity: Finding a Good God in an Evil World* (Downers
　　Grove, IL: InterVarsity Press, 2009). 그 아이디어는 이미 Horace Bushnell, *Nature and the
　　Supernatural* (New York: Charles Scribner, 1858), 194-219에 등장했다.

방법이다.[29] 새로운 신정론은 진화의 역사에서 언급되지 않은 동물의 죽음과 고통에 직면해서 하나님을 정당화하려고 노력한다.[30] 그런 진화적 죄론은 자연적인 악(그리고 도덕적인 악도 그럴 가능성이 있다)을 신의 창조에 **본질적**인 것으로 만든다. 또는 대안적으로 악이 하나님과 더불어 존재하는 이원론적인 실재가 되고 하나님의 창조세계 안으로 들어온다. 나는 성경이 거듭 확증하는 바와 같이(예컨대 창 50:20; 행 2:23-24), 하나님이 악에서 선을 만들어내신다는 개념을 의심하지 않지만, 창조주가 선을 가져오기 위해 악을 만든다는 개념은 성경에 수록된 그의 거룩한 자기 계시에 어긋난다.

그렇다면 아마도 우주적 타락이, 특히 그것의 탄탄한 주해적 근거에 비춰볼 때, 재등장해야 할 것이다(그것에 반대하는 주장들은 오도한다).[31] 바울이 로마서 8:19-22에서 창세기 3:17-19(과 창 5:29)을 넌지시 언급한 것은 우주적 타락이 땅에 대한 하나님의 저주였음을 확인한다. 하나님은 창조세계를 "붕괴에 속박되어" "불모"에 종속하게 하셨다(롬 8:20, 21. 개역개정을 사용하지 아니함). 창조세계(*ktisis*)는 "인간 아래의 생물과 무

29_ 첫 번째 견해에 관해서는 Arthur Peacocke, *Creation and the World of Science: The Reshaping of Belief* (Oxford: Oxford University Press, 1979), 50-111을 보라. 두 번째 견해에 관해서는 Christopher Southgate, *The Groaning of Creation: God, Evolution, and the Problem of Evil* (Louisville: Westminster John Knox, 2008)을 보라.

30_ 다음 문헌들도 보라. Creegan, *Animal Suffering*; Gijsbert van den Brink, "God and the Suffering of Animals," in *Playing with Leviathan: Interpretation and Reception of Monsters from the Biblical World*, ed. Koert van Bekkum, Jaap Dekker, Henk van de Kamp, and Eric Peels (Leiden: Brill, 2017), 179-200.

31_ Keith Miller, "'And God Saw That It Was Good': Death and Pain in the Created Order," *Perspectives on Science and Christian Faith* 63, no. 2 (2011): 87: "창세기에서 창조세계 자체에 대한 어떤 나쁜 영향도 직접 언급되지 않는다."

생물 자연" 전체, 즉 천사와 인간을 제외한 우주 전체다.[32] 하나님은 창
조세계를 "부패, 붕괴, 죽음에 속박된…희망이 있는 불모의 상태"가 되
게 하셨다.[33] 우주적 타락이 무효화될 때를 묘사하는 이사야서의 그림
(사 11:6-9; 65:17, 25)에서는 동물의 포식이 존재하지 않는다. 예컨대
"사자가 소처럼 짚을 먹을 것이다"(사 65:25). 성경의 종말론(예컨대 벧후
3:13; 계 21:1-2)에 비추어, 나는 이 구절들이 타락 전 세상에서 동물 포식
과 죽음의 부재를 암시한다고 해석한다(성경이 명시적으로 밝히지 않기 때
문에 내 주장은 추론에 의한 것이다).[34]

　　우주적 타락을 부인하는 학자들의 입장은 종말론적 불안정성을 내
포한다. 이 견해를 옹호하는 많은 학자는 인간들**과** 동물들이 새 하늘과
새 땅에서 고통이나 죽음을 경험하지 않을 것이라고 믿는다.[35] 그러나
이 희망은 우주적 타락을 부정하는 것과 잘 부합하지 않는다. 성경의 종
말론은 필멸성이 **없는** 유한성이라는 미래의 실재를 가리키는데, 그것

32_ 이 결론은 C. E. B. Cranfield, *Romans 1-8* (New York: Doubleday, 1993), 411-12에서 상
　　세하게 지지된다. Richard Longenecker, *The Epistle to the Romans* (Grand Rapids, MI:
　　Eerdmans, 2016), 719-21도 보라. 『NIGTC 로마서 상하』, 새물결플러스 역간.

33_Joseph Fitzmyer, *Romans* (New York: Doubleday, 1993), 505. 『앵커 바이블 로마서』, CLC
　　역간.

34_ 그러나 이 결론은 에덴동산에서 채식만 한 것과 일치한다(예컨대 창 1:29-30과 3:18-
　　19을 보라). 아우구스티누스와 아퀴나스의 견해는 현저한 예외이지만, 그것이 그 전
　　통의 지배적인 견해였다. 예컨대 다음 문헌들을 보라. Peter Almond, *Adam and Eve in
　　Seventeenth-Century Thought* (New York: Cambridge University Press, 1999), 118-26; Ryan
　　McLaughlin, *Preservation and Protest: Theological Foundations for an Eco-Eschatological Ethics*
　　(Minneapolis: Fortress, 2014), 30-32. 구약성경 주석가들의 대다수를 대표하는 Iain Provan
　　은 *Discovering Genesis: Content, Interpretation, Reception* (Grand Rapids, MI: Eerdmans,
　　2016), 120-24에서 시초에는 채식을 했다는 견해를 비판한다.

35_ 예컨대 Southgate는 "펠리칸들의 하늘"에 대해 말한다(*Groaning of Creation*, 78-91);
　　Creegan은 "인간들과 동물들 사이, 그리고 생명의 모든 수준과 유형들 사이에 평화"가 이뤄
　　지는 종말론적 미래를 꿈꾼다(*Animal Suffering*, 172).

은 필멸성이 창조세계의 본성이 아님을 암시한다.[36] 하나님이 창조세계에게 부여한 "자신이 될 자유"가 본질적인 선이라는 개념은 종말에 토네이도, 지진, 질병 등이 존재할 가능성을 열어둔다.

몇몇 진화적 창조론자들과 오래된 지구 창조론자들은 동물의 죽음은 타락의 결과가 아니고 인간의 죽음만이 타락에 기인했다고 가정함으로써 둘 사이에 차이를 둔다. 이것은 의도는 좋지만 좋지 않은 타협이다. 문제는 타락 전의 아담이 "원의"(original righteousness, 원래의 의) 상태에 있었다는 것이다. 그는 아직 죄를 짓지 않았기 때문에 그의 신체 구조는 죽음으로부터 자유로웠다. 그러나 육체적 죽음은 진화 자체의 씨줄과 날줄이기 때문에 진화적 창조론의 설명에서는 그런 죄 없는 상태가 불가능하다.[37] 아담은 그의 진화상의 조상들로부터 죽음이라는 부담을 물려받았다(**호모 사피엔스**는 유전적으로 이전의 종의 필멸성과 동일한 필멸성을 물려받았다). 타락 전의 아담은 **이미 죽어가고 있었다**. 따라서 결국 인간의 죽음이 타락에 선행한다. 이 결론을 피하려고 혹자는 하나님이 아담과 하와에게서 그 부담을 초자연적으로 **제거하셨다**고 가정할 수도 있을 것이다. 그러나 그런 조치는 (원래의 인간에게 치명적인 결함이 있었다고 가정한다는 점에서) 원래의 창조세계가 매우 선했다는 성경의 증언을 훼

36_ Wolfhart Pannenberg, *Systematic Theology* (Grand Rapids, MI: Eerdmans, 1991), 2:271-72은 이 점을 인식한다. 『판넨베르크 조직신학2』, 새물결플러스 역간. 비록 그는 그것이 결정적이지 않다고 생각하지만 말이다. 물론 대안적으로 미래의 필멸성을 단순히 타락 전의 규범으로 돌아가는 것이 아니라 하나님이 종말론적으로 무언가 새로운 요소를 들여오시는 것으로 해석할 수도 있다.

37_ 하지만 현재의 진화적 사고에 따르면 자연 선택은 조직상의 필멸성보다는 재생산 성공의 차이를 통해 견인된다. 우리가 그 점을 인정하더라도 이 견해에서 생물학적 죽음은 언제나 진화 역사의 일부분이었다.

손한다. 요컨대 인간의 죽음만이 타락에 기인했다는 주장은 두 가지 입장을 지지하려다 일관성을 상실한다.[38]

　복음주의 성서학자들은 점점 더 아담의 타락과 필멸성 사이의 **어떤** 인과 관계도 부인하고 있다. 즉 타락은 필멸성을 가져온 것이 아니라 육체적 죽음을 가능하게 했다. 이 견해에 따르면 아담은 필멸의 존재로 창조되었고 죽음을 차단하기 위해서는 규칙적으로 생명나무의 열매를 먹어야 했다(선과 악을 알게 하는 나무의 열매만 금지되었다). 아담은 에덴동산에서 쫓겨나 생명나무에 접근하지 못하게 되자 고유한 필멸성에 굴복하여 죽었다(창 5:5).[39]

　다른 학자들 역시 관련 성경 텍스트들에 대한 전통적인 해석에 의문을 표했다.[40] 예컨대 많은 주석가들이 이사야 11장과 65장의 텍스트들이 신빙성이 없다며 변증상의 이유로 그 텍스트들을 무시하거나 합리화하거나 신화화했다.[41] 로리 브라튼은 로마서 8장에 언급된 창조세

38_ 유사한 비판은 Nigel Cameron, *Evolution and the Authority of the Bible* (Exeter, UK: Paternoster, 1983), 64-67을 보라. 한 가지 가능한 예외는 진화적 배경에서 아담을 새로 창조하는 것이다.

39_ 예컨대 John Walton은 *The Lost World of Adam and Eve: Genesis 2-3 and the Human Origins Debate* (Downers Grove, IL: InterVarsity Press, 2015), 73-74에서 이 노선을 취한다. 『아담과 하와의 잃어버린 세계』, 새물결플러스 역간.

40_ 예컨대 다음 문헌들을 보라. Van den Brink, "God and the Suffering of Animals," 188-90; Ronald Osborn, *Death Before the Fall: Biblical Literalism and the Problem of Animal Suffering* (Downers Grove, IL: InterVarsity Press, 2014).

41_ 이 진영에 속하는 주석가로는 John Goldingay, Walter Brueggemann, John Oswalt, Hans Wildberger 등이 있다. C. John Collins와 Henri Blocher는 시 104편, 147편, 욥 38-41장 같은 구절들을 인용해서 동물의 죽음과 포식이 성경에서 결코 악으로 묘사되지 않는다고 주장한다. 예컨대 다음 문헌들을 보라. Henri Blocher, "The Theology of the Fall and the Origins of Evil," in *Darwin, Creation and the Fall: Theological Challenges*, ed. R. J. Berry and T. A. Noble (Nottingham, UK: Apollos, 2009), 165-68; C. John Collins, *Genesis 1-4: A Linguistic, Literary, and Theological Commentary* (Phillipsburg: P & R, 2006), 162-66.

계의 탄식은 창세기 3장의 신적 저주를 가리키는 것이 아니라, 창조세계가 계속적인 인간의 죄에 대해 탄식하는 히브리의 예언 전통을 언급하는 것이라고 주장한다.[42] 이 대목에서 주해 전의 상충하는 직관들이 작용하고 있다. 전통을 재해석하려는 이런 시도들은 과학적 이해의 극적인 변화를 수용할 수 있는 능력에서 그런 해석의 타당성을 도출한다.[43] 그러나 죽음을 정상적인 상태로 만드는 것은 성경의 제시와 뚜렷이 대조된다. 죽음은 자주 율법을 위반한 데 대한 처벌로 부과된다(예컨대 출 21:12, 14-17; 22:18-20; 레 20:2, 9-13, 15-16, 27; 신 22:21, 24). 가나안 사람들의 사악함(신 9:5; 18:9, 12)과 소돔 사람들과 고모라 사람들의 사악함(벧후 2:6; 유 7절)이 그들의 죽음을 정당화한다. 예언자 이사야는 그리스도가 재림할 때 죽음이 영원히 삼켜질 것을 고대한다(사 25:8). 성경은 죄의 삯은 사망임을 확고하게 주장한다(롬 6:23). 죽음은 마지막 원수(고전 15:26)이자 타락의 증상이다. 그리스도의 부활은 죽음의 통치를 폐지했고 죽음의 쏘는 것을 제거했다(고전 15:55). 어느 날 우리 눈의 모든 눈물이 영원히 씻길 것이다(계 21:4). 하나님의 원래의 창조세계에 죽음이 포함되었다면 이 구원의 논리가 어려움에 처한다.

생명나무 열매는 어떤가?[44] 그 나무의 의미는 난해한 문제다. 그것

42_ Laurie Braaten, "All Creation Groans: Romans 8:22 in Light of the Biblical Sources," *Horizons in Biblical Theology* 28 (2006): 131-59. Richard Bauckham은 *Bible and Ecology: Rediscovering the Community of Creation* (Waco, TX: Baylor University Press, 2010), 92-101 에서 Braaten의 논제를 지지한다.

43_ "인간의 죄에 입각한 '우주적 타락'의 가장 큰 한 가지 문제는 인간의 창조 전 땅과 태양계의 오랜 기간 동안의 창조세계의 상태다." Anthony Thiselton, *Discovering Romans: Content, Interpretation, Reception* (Grand Rapids, MI: Eerdmans, 2016), 176.

44_ 두 나무를 어떻게 해석할지에 관한 주석들은 치열하게 경쟁하고 있다. 예컨대 Brevard Childs, "Tree of Knowledge, Tree of Life," in *Interpreter's Dictionary of the Bible* (New York:

은 신적 교제와 하나님과 함께하는 영원한 생명을 상징하는 문자적인 나무였다(가령 시 36:9). 훌륭한 많은 해석가가 아담과 하와가 규칙적으로 그 나무 열매를 먹음으로써 죽음으로부터 보호받았다고 생각한다. 나는 그 나무가 성례적으로 영생을 가리킨다는 데 동의하지만, 아담과 하와가 그 나무에 접근할 수 있었음에도 **아직** 그 나무의 열매를 **먹지 않았다**고 생각한다(따라서 창 3:22이 "그가 그의 손을 들어 생명나무 열매도 따먹고 영생할까 하노라"라고 말한다). 그들은 조건부로 불멸의 존재였고 조건부로 죄가 없었다.[45] 아담과 하와는 선악을 알게 하는 나무의 열매를 먹은 후 필멸의 존재가 되었다. 그 결과 에덴동산에서 쫓겨난(창 3:24) 아담의 후손들은 영생을 동경한다. 우리는 영생을 얻기 위해서라면 무엇이든 할 것이다(예컨대 창 11:1-9에 수록된 바벨탑과, 좀 더 최근에는, 인간을 초월하려는 노력들을 보라). 그러나 우리를 에덴에서 빼내 생명나무의 열매를 자유롭게 먹을 수 있는 곳인 새 예루살렘으로 데려가시는(계 22:2, 14) 영원한 생명의 "빵"과 "물"이신(요 6:35; 4:14; 1:4) 그리스도를 **통하는** 것이 [타락 전의 상태로] 돌아가는 유일한 길이다.

나는 로마서 8:19-22과 다른 구절들에 비추어 아담과 창조세계의 도덕적 무결성(integrity)이 서로 얽혀 있다고 주장했다. 아담의 죄가 우

Abingdon, 1962), 4:695-97을 보라. 나는 Paul Watson, "The Tree of Life," *Restoration Quarterly* 23, no. 4 (1980): 233-38을 따랐다.

45_ 아담의 원래 상태의 정확한 성격이 초기 교회에서 논란이 되었지만, 보편적인 입장은 필멸성이 그의 죄에 기인한다는 것이었다. 예컨대 카르타고 공의회(기원후 418년)의 첫 번째 규범은 펠라기우스주의에 반대해서 다음과 같이 진술한다. "만일 누가 최초의 인간인 아담이 필멸의 존재로 창조되었고, 따라서 그가 죄를 지었든 짓지 않았든 간에 죄의 삯으로가 아니라 자연적인 원인으로 죽었을 것이라고 말한다면 그는 교회의 저주를 받을지어다." Henry Bettenson, ed., *Documents of the Christian Church*, 2nd ed. (Oxford: Oxford University Press, 1963), 59.

주적인 타락을 가져왔다. 그 결론에는 중대한 반대가 제기된다.

> 도덕적인 잘못이 그 결과로서 그런 재앙적인 결과를 남기려면 하나님이
> 자연 질서(창조세계)의 무결성이 중요한 의미에서 애초에 도덕적 질서의
> 무결성에 **의존하도록** 창조하셨어야 한다. 그리고 이 사실 자체가 모종의
> 설명을 요구한다. 하나님이 전지하시다면 그는 확실히 자연 질서가 이런
> 식으로 취약하다는 것을 아셨을 것이다. 자연의 취약성이 필요한 특정한
> 이유나 자연 질서를 이런 식으로 만드는 것이 압도적인 특정한 선을 만들
> 수 있게 하는 이유가 없는 한, 자연의 취약성 자체가 창조세계에 존재하는
> 당혹스러운 결점으로 보인다.[46]

사실 하나님의 원래 창조세계에 "취약성"은 없었다. 아담의 죄 자체는
자연의 구조를 변경할 힘이 없었다. 명령 위반에 대한 하나님의 사법적
대응—창세기 3:17의 신적 저주—이 우주적인 타락을 풀어 놓은 힘이
었다. 타락한 창조세계의 질서는 원래의 창조세계와 연속성이 있지만,
그럼에도 핵심적인 지점들에서 원래의 창조세계와는 완전히 다르다(예
컨대 육체적인 죽음의 존재와 그것의 함의). 창조세계는 이에 따라 "불모에 종
속하게" 되었다(롬 8:20, 개역개정을 사용하지 아니함). 그렇다면 우주적 타
락은 하나님의 원래의 창조세계에 존재하는 "결함"이나 "취약성"을 나
타내기는커녕, 죄의 무서운 중대성을 가리키고 죄와 사망을 정복하고

46_ Murray, *Nature Red in Tooth and Claw*, 83. John Schneider, "The Fall of 'Augustinian
Adam': Original Fragility and Supralapsarian Purpose," *Zygon* 47, no. 4 (2012): 949-69도
보라.

에덴을 회복할—실로 그것을 능가할—새로운 인간의 머리인 마지막 아
담에 대한 갈망을 자극한다.

죄악성의 기원

원죄 교리 역시 어려운 시기를 맞았다. 어느 역사가의 말마따나 "현대
과학이 원죄를 죽였다."[47] 아우구스티누스가 서구의 신학에, 물려받은
죄책이라는, 옹호할 수 없는 개념의 부담을 지웠다고 상투적으로 비난
을 받는다. 나는 북아프리카의 그 주교가 결코 잘못이 없지 않았다는 것
을 인정하지만, 원죄에 관해서는 그가 잘못한 것보다 사람들이 그에게
가한 잘못이 더 크다.[48]

인간의 곤경

우리 자신과 우리 주위의 사람들을 조사해보면 도덕적으로 결함이 있
는 사람들과 죄로 얼룩진 삶이 존재한다. 죄는 종종 미묘하고 때때로 극
악무도하지만, 아무튼 죄는 언제나 존재한다. 아무도 오점이 없는 거룩
함으로 반짝이지 않는다. 죄는 보편적이다. 그리스도를 제외하고는 예

47_ Julius Gross, *Entwicklungsgeschichte des Erbsündendogmas seit der Reformation* (Munich:
Reinhardt, 1963), 352. Christof Gestrich, *The Return of Splendor in the World: The Christian
Doctrine of Sin and Forgiveness* (Grand Rapids, MI: Eerdmans, 1997), 228에 인용됨.

48_ 원죄는 종종 아담과 하와의 타락("시작하는 죄")**과** 그들의 후손들의 타고난 도덕적 부패
("시작된 죄")로 정의된다. 하지만 나는 이 장에서 **원죄를 시작된 죄**의 동의어로 사용하고
있다.

외가 없다. 에덴동산에서 일어난 사건 후에 가인이 아벨을 살해한 것은 새로운 실재의 신호를 보낸다(창 4:8; 창 4:23에 기록된 라멕의 죄). "사람의 죄악이 세상에 가득하고" "그의 마음으로 생각하는 모든 계획이 항상 악할 뿐"이어서 하나님은 홍수를 통해 홍수전 세대를 제거하신다(창 6:5; 창 8:21도 보라). 심지어 "의로운" 노아와 그의 가족조차 죄가 없지 않았다(창 9:18-29).

성경은 일상적으로 인간을 부정적으로 묘사한다. 즉 인간은 "사악하고", "선을 행하는 자가 없으니 하나도 없고"(시 14:3), 출생 때부터 사악하고(시 51:5; 58:3), 부정하며(사 64:6; 잠 20:9), 우리의 마음에 악과 광기가 가득하다(전 9:3). 신약성경 역시 똑같이 암울한 그림을 그린다. 우리의 마음에서 죽음이 통치한다(막 7:21-22; 마 12:33-34; 15:19). 바울이 쓴 바와 같이 우리는 우리의 죄로 죽었다(엡 2:1). 비슷한 많은 구절이 똑같은 애가를 부르며(가령 시 130:3; 렘 17:9; 갈 3:22), 그 구절들은 따로 떨어진 증거 텍스트들이 아니다. 이와 반대로 성경의 명시적인 진술들이 이 진단을 지지한다.

- "범죄하지 아니하는 사람이 없사오니"(왕상 8:46).
- "주의 눈 앞에는 의로운 인생이 하나도 없나이다"(시 143:2; 전 7:20).
- "유대인이나 헬라인이나 다 죄 아래에 있다"(롬 3:9).
- "모든 사람이 죄를 범하였으매 하나님의 영광에 이르지 못하더니"(롬 3:23).
- "[우리가] 만일 '우리가 죄가 없다'고 말하면 스스로 속이고 또 진리가 우리 속에 있지 아니할 것이요"(요일 1:8; 10절도 보라).

구약성경의 희생제사 제도는 죄의 보편성을 전제한다. 모든 가정이 해마다 희생제사를 드렸는데, 이는 아무도 죄로부터 자유롭지 않았음을 암시한다(히 10:11). "비난할 것이 없고 정직했던" 욥조차 규칙적으로 희생제사를 드렸다(욥 1:1, 5). 예수도 같은 평결을 내린다. 사람이 거듭나지 않으면 하나님 나라를 볼 수 없는데(요 3:3, 5), 이는 **우리 모두** 죄인이라는 것을 암시한다. 그러나 인간이라는 사실이 사악함을 **수반**하지는 않는다. 아담과 하와가 타락하기 전에는 죄가 없었고, 예수가 그의 성육신 사역 기간 내내 죄가 없으셨으며, 영화롭게 된 성도들이 새 하늘과 새 땅에서 죄가 없으리라는 것을 생각해보라. 요점은 인간은 **타락 후**—그리고 종말 전에—불가피하게 죄를 짓는다는 것이다. 어릴 때부터 죄가 우리의 영혼에 스며든다(창 6:5; 8:21). 실로 우리는 출생 때부터 사악한 존재다(시 51:5).[49] 육신(*sarx*)에 의해 지배되는 인간 존재는 하나님께 저항한다(다음 구절들을 보라. 롬 7:5; 8:3, 9). 죄는 타락 후 인간에게 내재적이며, 따라서 우리는 모두 죽는다. 죄는 어떤 사고나 말 또는 행동에 앞서 우리를 조건 지우는 실재이기 때문에 죄와 죽음 사이의 연결 관계는 유아, 정신 장애인, 그리고 실제로 죄를 짓지 못하는 다른 사람들에게도 적용된다(롬 5:15, 17; 고전 15:21).

죄가 인간에게 내재적이며 우리가 그 조건을 지니고 태어난다는 아이디어는 도덕적 책임을 위협하는 것처럼 보인다. 나는 내 자연적인

49_ 시 51:5의 의미는 논란이 되고 있으며, 몇몇 학자는 원죄 교리와의 관련성을 부인한다. 예컨대 Tremper Longman, *Psalms* (Downers Grove, IL: InterVarsity Press, 2014), 220을 보라. 그러나 나는 Marvin Tate, *Psalm 51-100* (Dallas: Word, 1990), 19에 동의한다: "강조점은 화자의 죄에 놓인다. 그는 죄가…개인적인 존재의 근원으로 거슬러 올라간다는 것을 인정한다."

조건을 통제하지 못한다. 그것은 내가 선택한 것이 아니고 나는 그것에 대해 책임질 수 없다. 그런데 왜 죄라는 용어를 사용하는가? 결국 죄라는 아이디어 자체는 책임, 하나님 앞에서의 죄책을 수반한다(시 51:4). 인간이 죄를 짓는 것의 불가피성은 설명을 필요로 한다. 왜 모든 인간이 필연적으로 죄인들인가?

원죄 교리

타락이 인간에게 끼친 영향은 가톨릭 전통에서 널리 긍정되었지만,[50] 그 최초의 죄가 아담의 후손들에게 **어떻게** 영향을 주었는지에 관한 의견은 갈렸다. 아우구스티누스에 따르면 모든 인류가 "죄에 빠진 그 한 사람"이었다. 우리의 사악한 조건의 근원에 "이미 우리가 물려받게 될 [아담의] 씨앗 상태의 본성이 존재했다."[51] 원죄에 대한 이 **현실주의** 설명에서는 인간의 모든 본성이 아담의 범죄 행위 안에 씨앗으로 존재했다.[52] 아우구스티누스가 쓴 바와 같이 "모든 사람이 그 한 사람이었고 따라서 그들은 그 한 사람으로부터 개인적으로 원죄를 도출했기 때문에 그 한 사람의 악한 의지를 통해 모든 사람이 그 안에서 죄를 지었다."[53] 아담의 후손들이 실제로 그곳에 **있었기** 때문에 하나님이 최초의

50_ 동방 교회 전통에서 타락 교리를 부인하려는 최근의 시도—"아우구스티누스"의 서방 교회와 "이레나이우스"의 동방 교회를 대립시키기기—는 편향적이다. 예컨대, Andrew McCoy, "Becoming Who We Are Supposed to Be: An Evaluation of Schneider's Use of Christian Theology in Conversation with Recent Genetic Science," *Calvin Theological Journal* 49 (2014): 63-84, 특히 66-74에 수록된 설득력 있는 비평을 보라.

51_ Augustine, *City of God*, trans. Henry Bettenson (New York: Penguin Classics, 2003), 501.

52_ 아우구스티누스의 현실주의에 대해서는 William Shedd, Augustus Strong, Philip Hughes, 그리고 (아마도) Jonathan Edwards 같은 현대의 옹호자들이 있다.

53_ Augustine, *On Marriage and Concupiscence* 2.15.

죄에 대해 아담의 후손들을 정당하게 처벌할 수 있다. 아우구스티누스는 로마서 5:12의 마지막 절(clause)을 오역했지만, 그는 다른 성경 구절들과 좀 더 광범위한 기독론 및 구원론의 논리에 의존했기 때문에 그의 원죄 교리는 로마서 5:12에 좌우되지 않았다.

아우구스티누스에게 있어서 유아 세례는 우리가 하나님 앞에서 자신을 정당화하지 못한다는 것과 아기들은 그들이 실제로 죄를 범하기 전에 죄인들이라는 것을 암시했다. 유아들이 죄인이 **아니라면** 하나님이 유아 사망을 허용하는 것은 부당할 것이다(롬 6:23). 아우구스티누스는 모든 사람에게 그리스도 안에 있는 구원이 필요하다면 명백히 우리 모두 원죄로 고통을 받는다고 추론했다. 펠라기우스주의(그리고 반[半]펠라기우스주의)의 자유 의지 강조는 교회의 보편적인 관행인 유아 세례에 구현된 진리를 부인했다. 펠라기우스주의는 하나님의 자비와 은혜를 위험에 빠뜨렸다. 따라서 아우구스티누스는 펠라기우스주의자인 자신의 대적 에클라눔의 율리아누스에게 다음과 같이 답변했다. "내가 원죄를 지어낸 것이 아닙니다. 보편적인 신앙은 처음부터 그것을 믿었습니다. 그러나 그것을 부인하는 당신은 의심할 나위 없이 새로운 이단자입니다."[54]

주해상의 사실들이 펠라기우스의 주장이 그릇되었음을 보여준다. 로마서 5:12에서 바울이 주장한 바에 따르면 모든 사람이 개별적으로 죄를 지었기 때문에 죽는다. 그는 이어서 아담과의 연대에 호소해서 왜

54_Augustine, *Marriage and Desire*, in *Answer to the Pelagians II*, trans. Roland Teske (Hyde Park, New York: New City, 1998), 68.

모든 사람이 예외 없이 죄인이고 **모두** 죽는지를 설명한다. 한 사람의 범죄를 인하여 많은 사람이 죽었고(15절), 아담의 죄가 모든 사람에게 심판과 정죄를 가져왔으며(16절), 그의 불순종이 보편적인 죽음과 정죄를 가져왔다(17-18절). 요컨대 "한 사람의 불순종으로 많은 사람이 죄인이 되었다"(19절). 이 구절들은 "모든" 사람의 죄(12절)가 모종의 방식으로 아담의 죄에 상응한다는 결론으로 이어지는데, 이 점은 고린도전서 15:21-22에서 반복된다("아담 안에서 모든 사람이 죽는다"). 하지만 우리가 어떻게 아담의 책임과 개인의 책임을 조화시켜야 하는가?[55]

아우구스티누스의 현실주의는 아담의 타락이 모든 사람이 죄책을 지니고 도덕적으로 부패한 상태로 태어나도록 정죄한다고 믿는다. 나는 그 점에 대해서 아우구스티누스에게 동의하지만, 그의 현실주의 프레임워크는 원죄책에 대한 설명으로는 부족하다. 원죄에 대한 연대(또는 대표)적 설명이 로마서 5:12-21에 나타난 병행을 주해상으로 좀 더 일리가 있게 만든다.[56] 이 평행 관계는 **생물학적으로** 및 언약상으로 인류의 머리인 아담을 **영적으로** 및 언약상으로 구속받은 인류의 머리인 그리스도와 비교한다.[57] 아담은 모든 인간의 연대적인 머리인 반면에,

---

55_ Douglas Moo, *The Epistle to the Romans* (Grand Rapids, MI: Eerdmans, 1996), 322-25.

56_ 따라서 이 견해는 올바로 "아우구스티누스-개혁주의 견해"로 불린다. Bavinck의 말마따나 "연대주의는 확실히 [아우구스티누스의] 현실주의에 포함된 진리를 배제하지 않는다. 오히려 연대주의는 현실주의를 전폭적으로 수용한다. 연대주의는 현실주의에서 앞으로 나가지만 그것에 제한하지 않는다. 연대주의는 연대적 연합이 그것에 의존하는 자연의 연합을 인식한다." *Reformed Dogmatics*, ed. John Bolt, trans. John Vriend (Grand Rapids, MI: Baker Academic, 2006), 3:104.

57_ 우리가 아담-그리스도 유비를 너무 멀리 밀어붙이지 않아야 하지만, 바울은 최소한 한편으로는 우리와 아담의 연결의 본질과 다른 한편으로는 우리와 그리스도의 연결 사이의 직접적인 병행을 가정한다(Moo, *Romans*, 327 각주 58에는 미안한 말이지만 말이다).

그리스도는 성령에 의해 거듭난 사람들의 연대적인 머리다(요 1:13; 3:3-8; 요일 2:29; 3:9; 4:7; 5:1, 4, 18; 약 1:18; 벧전 1:3, 23). 인류에게 전가된 아담의 불순종은 죄와 정죄와 죽음을 가져왔고, 그리스도에게 연합한 사람들에게 전가된 그리스도의 의는 은혜와 칭의와 의와 영생을 가져왔다.

많은 사람이 전가된 죄책을 삼키기에는 너무 쓴 알약으로 생각한다. 그들은 하나님이 우리가 자신의 죄에 대해서는 책임을 지게 하시고 우리 부모의 죄에 대해서는 책임을 지게 하시지 **않는다**고 확언하는 구절들에 주의를 집중한다(예컨대 신 24:16; 왕하 14:6; 렘 31:29-30; 겔 18:20). 그러나 원죄에 대한 연대적 설명은 다행스럽게도 그런 텍스트들을 포용한다. 하나님은 우리의 부모나 다른 조상들의 죄가 아니라 아담의 최초의 죄 때문에 우리에게 죄책이 있다고 판단하신다. 아담과 그리스도는 구속사에서 독특한 역할을 지닌다(롬 5:12-21; 고전 15:21-22). 바빙크에 따르면 "오직 두 사람만 존재했고, 그들의 삶과 행위들은 인간 경계에까지 확장되고, 그들의 영향과 지배는 땅끝과 영원에 이르기까지 영향을 준다."[58] 아담은 옛 인간의 머리이고 그리스도는 새 인간의 머리다.

요점은 신적 정의다. 내가 왜 내가 저지를 수 없었던 행위에 대해 비난을 받는가? 나는 아담을 나의 언약적 대표로 동의한 적이 없다. 따라서 원죄책은 매우 불공정한 것처럼 보인다.[59] 그러나 그 비판은 양면성이 있다. 율법과 별도로 하나님으로부터 비롯되는 의는 우리가 행한

58_ Bavinck, *Reformed Dogmatics*, 3:105.
59_ 이 점은 특히 William Shedd와 Oliver Crisp가 열정적으로 주장했다.

것이 아니다(빌 3:9; 고후 5:21). 원죄책이 공정하지 않다면 그리스도의 전가된 의도 마찬가지다. 우리는 둘 다 받아들이거나 거절해야 한다.[60] 아무튼 "공정성" 개념은 우리가 자신이 통제할 수 있는 행동이나 상태에 대해서만 책임이 있다는 것으로 보인다. 그 논리에 따르면 우리가 아담과 연대적으로 연합했다는 이유만으로 죄책이 있다고 판단되는 것이 불공정하다면 우리가 아담의 자연적인 후손이라는 이유만으로 도덕적으로 부패한 상태로 태어난다는 것 역시 불공정하다.

원죄책과 공정함에 관한 직관을 살리는 한 가지 방법은 신적 전지에 호소하는 것이다. 하나님은—그의 중간 지식을 통해서—모든 인간이 아담의 자리에 있었다면 타락했을 것이라는 사실을 아신다. 그 지식을 근거로 하나님이 아담의 불순종을 그의 모든 후손에게 전가시키시는 것은 **정당하다**. 프리드리히 슐라이어마허는 이 노선을 취해서 다음과 같이 쓴다. "우리는 확실히 최초의 죄의 보편적인 전가, 즉 누가 최초의 인간이 되었더라도 그 사람 역시 죄를 지었을 것이라는 전가를 인정한다."[61] 그러나 이것은 받아들이기 어려워 보인다. 최초의 인간이 참으로 죄를 짓지 않을 수 있었다면 왜 최초의 죄가 **불가피했는가**? 더욱이 자유주의자들에게 있어서, 우리 각자가 에덴동산에서 "반사실적으로"(counterfactually) 무엇을 하였을지를 알 수 있는 근거가 없다. 중간 지

60_ 몇몇 학자는 이 점에 동의하고 원죄책과 속죄의 형벌적 설명을 모두 부인한다. 예컨대 Richard Swinburne, *Responsibility and Atonement* (New York: Oxford University Press, 1989)를 보라.

61_ Friedrich Schleiermacher, *The Christian Faith* (London: T&T Clark, 1999), 304. 『기독교신앙』, 한길사 역간.

식이라는 아이디어 자체가 일관성이 없다.[62]

17세기에 프랑스의 조수아 플라케우스(1596-1655)도 원죄책이 정의롭지 않다는 주장으로 골머리를 앓았다. 그는 우리가 유전적인 부패 때문에 아담의 죄에 대해 죄책이 있다는 논쟁적인 주장을 제시했다. 우리의 타락한 본성 **때문에** 아담의 죄가 모든 인간에게 전가된다(직접적인 전가가 아니라 간접적인 전가).[63] 이 견해에서는 죄책이 있는 상태가 부패를 야기하는 것이 아니라 **사전의** 도덕적 부패가 죄책이 있는 상태를 야기한다. 하지만 나는 아담으로부터 부패를 물려받은 데 대해 책임이 없기 때문에 내가 왜 아담의 죄에 대해 죄책이 있는지가 명확하지 않다.

왜 원죄를 물려받은 도덕적 부패로만 제한하지 않는가? 우리의 내재적인 도덕적 상태는 원죄책은 **없는,** 아담의 죄에 대한 신적 처벌이다. 우리는 개인적으로 저지르는 죄에 대해서만 책임이 있게 된다. 이 설명은 오늘날 신약성경 학자들 사이에 흔하며, 울리히 츠빙글리(1484-1531) 및 야코부스 아르미니우스(1560-1609)가 좀 더 잠정적으로 이 견해를 지지했다.[64] 이 입장은 양립 불가주의(또는 자유주의)의 자유 설명에 의문을 제기한다. 우리가 우리의 도덕적 부패로부터 불가피하게 나오는 사악한 행동에 대해 죄책이 있다면, 우리가 도덕적 부패 자체에 대해

62_ 예컨대 Steven Cowan, "The Grounding Objection to Middle Knowledge Revisited," *Religious Studies* 39 (2003): 93-102을 보라.

63_ 좀 더 자세한 설명은 John Murray, *The Imputation of Adam's Sin* (Grand Rapids, MI: Eerdmans, 1959), 42-47을 보라.

64_ 아르미니우스에 관해서는 Keith Stanglin and Thomas McCall, *Jacob Arminius: Theologian of Grace* (New York: Oxford University Press, 2012), 149-50을 보라. 최근의 옹호자들로는 Charles Cranfield, James Dunn, 그리고 Oliver Crisp가 포함된다. 예컨대 Crisp, "Retrieving Zwingli's Doctrine of Original Sin," *Journal of Reformed Theology* 10 (2016): 340-60을 보라.

죄책이 있어야 한다. 대안적으로 만일 우리가 내재적인 도덕적 부패에 대해 죄책이 없다면 그것으로부터 필연적으로 출현하는 사악한 행동들에 대해 죄책이 있을 수 없다. 물려받은 도덕적 부패에 대해서만 죄책이 있다는 견해는 양립 불가론자의 전제에서는 참으로 이해할 수 없다. 양립 가능론자는 자유롭게 그 견해를 옹호하지만, 그들은 에베소서 2:3을 위반하면서 그렇게 한다. 거기서 바울은 **우리의 본성**(*physis*) 자체, 즉 우리의 내재적인 조건이 하나님의 온전한 진노를 받아 마땅하다고 우리에게 알려준다. 그렇다면 도덕적 부패는 아담 안에 있는 우리의 원죄책에 대응한 하나님의 심판이라는 형벌의 결과다(롬 5:12-21).[65]

초기 교부들도 죄책 없이 물려받은 도덕적 부패를 옹호했다. 그들은 아우구스티누스의 물려받은 죄책을 피하고 필멸성, 부패, 질병에 초점을 맞췄는데, 동방 정교회에서 이 전통을 취했다.[66] 아우구스티누스가 자기보다 앞선 시기의 "좀 더 순수한" 이 관행을 변질시켰는지 질문하고 싶을 것이다. 적어도 세 가지 관찰 내용이 적절하다. 첫째, 결정론적인 영지주의 이단이 팽배한 점에 비추어 그리스에서 자유 의지와 개인의 책임을 강조한 것이 이해할만하다. 둘째, 그리스의 전통은 원죄의 만개한 꽃은 아니라 할지라도 씨앗을 유지했다. 어떤 신학자가 말한 바와 같이 "여기에 참된 원죄 이론의 개요가 있다. 교부들이 그것을 채워

65_ 다음 문헌들을 보라. David Turner, "Ephesians 2:3c and *Peccatum Originale*," *Grace Theological Journal* 1 (1980): 195-219; Andrew Lincoln, *Ephesians* (Nashville: Thomas Nelson, 1990), 99.

66_ 예컨대 다음 문헌들을 보라. John Meyendorff, *Byzantine Theology*, rev. ed. (New York: Fordham University Press, 1983), 143-46; Constantine Tsirpanlis, *Introduction to Eastern Patristic Thought and Orthodox Theology* (Collegeville, MN: Liturgical Press, 1991), 49-53.

서 그들의 시대에 그 주제를 직접 제시할 때 정의를 좀 더 다듬었을 수도 있다."[67] 마지막으로, 이 장의 논의는 동방 정교회 전통을 주도하게 된 내용보다 아우구스티누스의 원죄 교리가 사도들의 전통에 좀 더 가까웠다는 것을 암시한다.[68]

인간의 사악함의 원천

자연주의적인 과학이 인식론적 특권을 누리는 다윈 후의 지적 풍토에서 타락과 원죄 교리는 전근대적인 유물로 보였다. 사회생물학, 진화생물학, 뇌과학 및 행동유전학 같은 과학 분야들이 인간을 그들이 죄를 짓는 성향이 있게 만드는 생물학적 힘들의 희생자로 묘사한다. 이런 과학 분야 학문들, 특히 그것들이 종종 대중화되는 방식은 사람들—심지어 그리스도인들도—이 자신을 인식하는 방식에 관해 미묘한 루핑 효과 (특정 사실이 언론매체를 통해 이슈화 되면 관심을 갖게 되고 이 관심이 확산되는 현상)가 있는, 인간의 곤경에 관한 대안적인 내러티브를 제시한다.[69] 루핑 효과는 인간의 상태에 대한 원죄 교리와 환자로 보는 이미지 사이의 긴장을 심화시키고 간극을 넓힌다.

67_ J. N. D. Kelly, *Early Christian Doctrines*, 4th ed. (London: Adam and Charles Black, 1968), 351.

68_ 사실 아우구스티누스나 원시 아우구스티누스의 모티프들이 동방 정교회에 없지 않았고 소수파로서 편만했다(Kelly, *Early Christian Doctrines*, 350-51). 이레나이우스가 실제로 아우구스티누스의 원죄 교리를 위한 길을 닦았다는 설득력이 있는 주장은 Manfred Hauke, *Heilsverlust in Adam: Stationen griechischer Erbsündenlehre: Irenäus-Origenes-Kappadozier* (Paderborn, Germany: Bonifatius, 1993)를 보라.

69_ 루핑 효과에 관해서는 Ian Hacking, "Degeneracy, Criminal Behavior, and Looping," in *Genetics and Criminal Behavior*, ed. David Wasserman and Robert Wachbroit (New York: Cambridge University Press, 2001), 141-67을 보라.

이 간극을 좁히려는 영웅적인 노력들이 있었다. 예컨대 어느 제안은 원죄를 인간이 진화상의 조상들로부터 물려받은 이기심으로 묘사한다. "죄를 지으려는 우리의 성향은 간단히 말해서 우리의 동물적 본성 자체에서 나왔다."[70] 하나님은 새로움, 유전적 변이, 그리고 자연 선택을 향해 내장된 자유를 지닌 우주를 만드셨고 이 자유는 필연적으로 자연적인 악을 만들어낸다. 진화 자체는 생물학적 이기심에 의해 견인되는데, 인간이 자의식적으로 서로를 해칠 때 그것은 인간에게서 "사악한" 것이 된다. 즉 "도덕적 악은 물리적 '악'으로부터 발전한다."[71] 덜 과격한 설명에서는 원죄가 유전자와 환경의 공생, 자연과 양육의 상호작용으로 재정의된다. "유전자형이나 문화적 제도들은 인간의 행동을 인도하고 유지할 능력 면에서 완벽하지 않다."[72] 무신론자 철학자인 마이클 루스도 끼어들어서 원죄를 성공한 자들이 적응한, 자기 이익을 추구하는 다윈식 생존 투쟁으로 묘사한다. "원죄는 생물학적 꾸러미의 일부다. 그것은 인간이라는 사실과 함께 온다."[73]

그런 진화적 죄론이 빈도와 정교화 면에서 성장하고 있지만, 그 견해들은 집합적으로 극복할 수 없는 신학적 부담에 직면한다. 성경 주해에서의 우려들은 차치하고, 죄가 정확히 무엇인가와 그것이 어디서 유래하는지에 관한 근본적인 오해가 있는 것처럼 보인다. 인간의 사악함

70_ Daryl Domning and Monika Hellwig, *Original Selfishness: Original Sin and Evil in Light of Evolution* (Burlington, VT: Ashgate, 2006), 108.

71_ Domning and Hellwig, *Original Selfishness*, 184, 원저자의 강조가 제거되었음.

72_ Philip Hefner, *The Human Factor: Evolution, Culture, and Religion* (Minneapolis: Fortress, 1993), 135.

73_ Michael Ruse, *Can a Darwinian Be a Christian? The Relationship Between Science and Religion* (Cambridge: Cambridge University Press, 2001), 210.

을 자연이나 양육(또는 두 가지 모두)으로 축소하는 것은 범주의 오류다. 바빙크가 올바로 말하듯이 "죄는 물리적 현상이 아니라 윤리적 현상이다."[74] 우리의 사악함의 원천은 좀 더 깊고 유해한 문제인 원죄다.

성경에서 도덕적 행위는 언제나 하나님 앞의 개인들에게 귀속된다. "내가 주께만 범죄하였나이다"(시 51:4). 죄가 있는 존재는 바로 **나**다. 성경은 결코 사람보다 기본적인 원인을 암시하지 않는다.[75] 예수는 악한 생각과 살인과 간음 등의 죄가 "마음에서" 나온다고 말씀하셨다(마 15:19). 우리의 죄들은 "마음에 가득한 것"에서 나온다(마 12:34). "마음"이 **나를** 가장 완전하게 드러낸다(예컨대 창 6:5; 시 14편; 58:3; 막 7:21; 롬 3:9-20). 그러므로 사람들은 그들이 "깊이 책임이 있는" 행동들, 즉 참으로 그들의 마음을 **드러내는** 행동들에 대해 비난을 받을 만하다. 우리의 유전자가 죄를 범하는 것은 아니다. 오히려 죄는 영혼의 행동 또는 상태다.[76]

최근 몇십 년 동안 전 세계의 다양한 교파의 그리스도인들이 인간의 특성을 신체적 또는 물질적 관점에서 재해석하기 위해 노력해왔다. 우리는 세상에 다른 존재론적인 실체들(예컨대 영혼들)은 존재하지 않는

74_ Bavinck, *Reformed Dogmatics*, 3:137.

75_ 자유주의 철학자들 사이에서 이런 견해는 (비결정론적) 행위자 원인론으로 불린다. 그러나 내게는 행위자 원인론이 불충분하게 결정된 개념으로 보인다. 자유주의자들과 양립 가능론자들은 그들 각각의 행위자 원인론을 제시할 수 있다.

76_ 이 단락에서 나는 Jesse Couenhoven, "What Sin Is: A Differential Analysis," *Modern Theology* 25 (2009): 563-87에 빚을 졌다. 나는 영혼-몸 이원론을 지지하는데, 이 견해는 자유에 대해 자유주의자적인 설명보다는 양립론자의 설명을 가정한다. 깊은 책임은 자유주의자의 개념(자아 만들기)이 아니라 양립론자의 개념(자아 드러내기)이다. 설사 하나님이 그것들을 정하셨다고 할지라도 우리는 참으로 우리의 마음을 드러내는 것들에 대해 깊은 책임이 있다.

다는 믿음과 보조를 맞추어 인간의 인격은 물리적인 것들로만 구성되어 있다는 말을 듣는다. 그런 기독교 물질주의자들은 영혼에 호소하지 않으면서 축소적이지 않은 전략들을 채택하여 도덕적, 영적, 그리고 초월적인 인간의 경험을 위한 공간을 마련한다.[77] 하지만 어떻게 물질주의적인 인간학이 진정한 도덕적 책임성을 설명할 수 있는지 알기 어렵다. 도덕적 책임성이 없이는 죄라는 개념 자체가 산산조각이 난다.[78] 철학자들이 이 사안들에 대해 방대하게 논의했지만 나는 아우구스티누스주의의 우려를 제시하고자 한다. 만일 죄가 인과관계상으로 또는 존재론적으로 생물학이나 물리학으로 축소될 수 있다면, 인간의 죄는 틀림없이 물질로부터 발생했을 것이고 우리는 하나님의 원래의 창조세계가 악했다는 마니교 이단과 별로 다르지 않을 것이다.[79]

초기 기독교 전통 역시 죄를 생물학에 비추어 이해하고자 애썼다. 교부들이 영지주의와 마니교 같은 기독교에 반대하는 종파들과 논쟁했을 때조차 그들은 플라톤주의 및 신플라톤주의의 영향을 받았다. 때때로 인간의 몸이 도덕적인 악의 기원으로 여겨졌다. 원죄의 전달에 관한

77_ 일련의 관점들은 다음 문헌들을 보라. R. Keith Loftin and Joshua Farris, eds., *Christian Physicalism? Philosophical Theological Criticisms* (Lanham, MD: Lexington Books, 2017); Joel Green, ed., *What About the Soul? Neuroscience and Christian Anthropology* (Nashville: Abingdon, 2004); Nancey Murphy, *Bodies and Souls, or Spirited Bodies?* (Cambridge: Cambridge University Press, 2006).

78_ 예컨대 Nancey Murphy and Warren Brown, *Did My Neurons Make Me Do It? Philosophical and Neurobiological Perspectives on Moral Responsibility and Free Will*(New York: Oxford University Press, 2007)에 수록된 시도를 보라. Philip Clayton, Malcolm Jeeves, Donald MacKay, Joel Green 등도 중요한 제안들을 제공했다.

79_ Christopher Brunner, "The Ontological Relation Between Evil and Existents in Manichaean Texts and in Augustine's Interpretation of Manichaeism," in *Philosophies of Existence: Ancient and Medieval*, ed. Parviz Morewedge (New York: Fordham University Press, 1982), 78-95.

논쟁에서 이 모호성이 출현했다. 영혼 유전설(traducianism)은 원죄가 부모의 영혼으로부터 자녀의 영혼으로 전해진다고 주장하는 반면, 영혼 창조설(creationism)은 하나님이 각각의 새로운 영혼을 만드시는데 그 새 영혼이 잉태 때 몸에 이식될 때 죄에 오염된다는 입장을 유지한다.

아우구스티누스는 그의 생애 동안 이 두 가지 선택지 사이에서 오락가락해서 훗날 가톨릭 전통과 개신교 전통 사이에 논쟁의 조건을 설정했다. 영혼 유전설은 원죄의 전달에 관한 그럴 법한 메커니즘을 제공하지만, 물질주의(특히 테르툴리아누스의 버전)에 관한 우려를 제기한다. 이와 반대로 영혼 창조설은 영혼이 죄악 되게 태어나거나 몸과 접촉하게 됨으로써 죄악되게 되는 데 하나님께 책임이 있음을 암시한다.[80] 나는 몸이 아니라 영혼이 죄의 원천이라는 아우구스티누스의 의견에 동의하지만, 원죄에 대한 연대적 설명은 원죄의 전달에 관한 영혼 유전설과 영혼 창조설 사이의 결정을 회피한다. 아담의 죄는 그리스도를 제외한 그의 모든 물리적 후손에게 전가되었다. 이 원죄책 때문에 우리는 타락한 육체와 사악한 영혼을 지니고 존재하게 된다.

진화적인 죄 교리 역시 어려운 기독론 및 구원론의 문제들을 제기한다. 인간이 근저의 생물학적인 힘들 때문에 불가피하게 죄를 짓는다면, 예수 그리스도는 완전히 죄가 없으시지 않았거나(즉 그의 무결성을 부인한다) 육체적인 인간의 본성에 완전히 참여하시지 않은 셈이다(즉 그의 인성을 부인한다). 테드 피터스의 말마따나 "자유롭다고 상정되는 인간의 의사 결정에서 1차적 작인(primary agency)을 제거함으로써 우리가 전에

80_ 예컨대 Augustine, *The Nature and Origin of the Soul*을 보라.

도덕적 도착(moral perversion)으로 알고 있던 것이 좀 더 기본적인 생물학적 특성의 표현이 된다."[81]

생물학화된 죄론은 창조 교리와 죄 교리를 융합한다.[82] 성화는 유전적(그리고 환경적) 제약들을 극복하는 과정으로 축소된다. 그러나 창조 세계는 사악한 것이 **아니라** 타락한 것이다. 우리의 몸은 타락했고 고통과 죽음에 빠지기 쉽지만, 몸이 죄의 근원은 아니다. 원죄 자체는 생물학과 유전학보다 훨씬 더 깊은 곳으로 추적된다. 성경에서 죄는 언제나 인간의 비물질적인 부분인 "마음"에서 유래하는 것으로 묘사되는데, 마음은 영혼 교리에 의해 가장 잘 개념화되는, 비물리적인 실재다.[83]

하지만 원죄는 언제나 우리가 몸을 지녔다는 사실에 의해 조건지워진다. 죄는 우리의 죽을 몸에서 지배한다(롬 6:12). 성경은 우리의 몸의 약함과 우리의 사악한 상태들 사이의 밀접한 유대를 가정한다.[84] 내주하는 죄는 우리의 몸을 **통해** 우리에 대한 죄의 지배를 표현한다. 죄는 몸을 불의의 도구로 사용한다(롬 6:13). 우리가 몸을 가진 영혼으로서 동물들보다 높지만 천사들보다 조금 낮은 존재라는 점이 인간의 영광이다(시 8:4-6).

81_ Ted Peters, "The Evolution of Evil," in *The Evolution of Evil*, ed. Gaymon Bennett, Ted Peters, Martinez Hewlett, and Robert Russell (Göttingen: Vandenhoeck & Ruprecht, 2008), 21.

82_ Matthew Nelson Hill은 *Evolution and Holiness: Sociobiology, Altruism and the Quest for Wesleyan Perfection*(Downers Grove, IL: IVP Academic, 2016)에서 이 접근법을 옹호한다.

83_ 지면 제약상 나는 이 논쟁적인 주장을 옹호하지는 않으면서 주장하기만 한다. 정교한 설명은 나의 논문 "From Sin to the Soul: A Dogmatic Argument for Dualism," in *The Christian Doctrine of Humanity: Explorations in Constructive Dogmatics*, ed. Oliver Crisp and Fred Sanders (Grand Rapids, MI: Zondervan, 2018), 70-90을 보라.

84_ Bavinck, *Reformed Dogmatics*, 3:55.

몸을 지녔다는 점은 우리의 죄에 우리를 타락한 천사들과 구별하는 "육체적인" 성격을 부여한다. 바빙크의 말마따나 "인간의 감각적인 본성은 그것 자체로는 죄가 아니고 죄의 원천이나 죄의 원리도 아니지만, **죄가 거하는 장소다.**"[85]

몸을 지녔다는 존재의 특성은 죄의 원리와 분리되지 않는다. 죄가 물리적인 것은 아닐지라도 몸의 물리적인 지체들 안에서 그리고 그것들을 통해서 작동한다(롬 7:23). "물질적인 몸은 물리적인 필요와 욕구들 때문에 약하고, 따라서 죄의 손쉬운 먹이가 된다."[86] 우리는 예수 그리스도를 섬기는 대신 우리의 몸의 욕망을 섬긴다(롬 16:18). 우리의 마음은 땅의 것들에 주의를 돌리고 우리의 배가 우리의 신이 된다(빌 3:19). 피조물로서의 욕구들은 하나님으로부터 온 선물이지만 "몸의 행실"로 표출되기도 한다(롬 8:13).

우리는 죄인들이기 때문에 죄를 짓는다. 실제 죄들은 원죄로부터 나온다. 우리의 타락한 몸은 실제 죄를 표출하기 위한 기회가 된다. 우리의 신념, 욕구, 행동들이 자신의 영혼의 도덕적 상태를 드러내는 한 그것들은 사악하다. 우리의 욕구들과 신념들―그리고 그것들에 의해 동기가 부여된 작위나 부작위들―이 신뢰할 수 있게 마음을 드러내도록 "적절하게 기능"하는 가운데 우리 안에서 만들어지는 경우 우리는 그것들에 대해 도덕적으로 책임이 있다.[87] 투렛증후군, 양극성 장애, 안

85_ Bavinck, *Reformed Dogmatics*, 강조는 덧붙인 것임.
86_ Robert Gundry, *Sōma in Biblical Theology* (Cambridge: Cambridge University Press, 1976), 137.
87_ "적절한 기능"의 이런 적용에 관해서는 Jesse Couenhoven, *Stricken by Sin, Cured by Christ: Agency, Necessity, and Culpability in Augustinian Theology* (New York: Oxford University

와전두엽 종양 같은 정신병적 또는 의학적 상태가 때때로 (그릇되게) 사악한 신념, 욕구, 행동으로 보일 수도 있다. 하지만 실제 죄를 귀속시키는 것은 그런 신념, 욕구, 행동들이 뒤틀린 마음을 반영하는 정도까지로 완화되어야 한다. 사람들은 그런 예외적인 상황에서는 더 이상 적절하게 기능하지 않으며 그들의 마음은 마음의 내용물을 신뢰할 만하게 드러내지 않는다. 비난 가능성(culpability)이 경감된다. 그런 의학상의 판단을 내리기가 쉽지는 않지만, 궁극적으로 외모만이 아니라 마음을 보시는 분의 판단이 중요하다(삼상 16:7).

결론

우리가 살펴본 바와 같이 생존력이 있는 원죄 교리의 추구는 만만치 않은 도전들에 직면한다. 그것은 아우구스티누스의 시대에도 마찬가지였다. 오늘날에는 더 큰 것이 걸려 있다. 중요한 제안들이 신학의 스펙트럼에 걸쳐 있다. 과학과 많이 조화되는 제안도 있고 별로 조화되지 않는 제안도 있다. 두 가지 힘이 다른 방향으로 끌어 당긴다.

한편으로 하나님의 말씀이 올바로 이해되면 자연에서 참인 내용과 모순될 수 **없으므로**, 과학적 결론과 좀 더 공명하려는 욕구는 그것 자체로는 칭찬할 만하다. 다른 한편으로 인간의 유한성과 죄가 인간의 이성에 미치는 영향의 실재에 비추어 볼 때, 과학적 합의는 변할 수 있기 때

Press, 2013), 126-61을 보라.

문에 그 성배를 쫓아다니는 것은 신학적 종합의 덧없음을 드러낼 수도 있다.

이 장은 인정된 과학적 관점과 명백히 대립한다. 그것은 사소한 일이 아니지만 우리는 성경적 신앙은 근본적으로 **과학적**이 아니라는 점을 상기해야 한다. 하나님이 창조주이시고, 우리는 그의 형상을 지니고 있으며, 그의 계시는 과학적으로 중요한 영역들을 다루고 있고, 공정한 모든 것 안에서 하나님이 빛을 비추시고 있으므로 우리 그리스도인들이 신앙이 과학과 어떻게 관련되는지에 관심을 가져야 하지만 말이다. 신앙은 근본적으로 **역사적**이지도 않은데, 이 말은 비록 역사적 사건들이 정통의 근원이기는 하지만 신앙의 인식론적 근거는 역사적 탐구가 아니라는 뜻이다. 오히려 기독교 신앙은 근본적으로 **계시적**이다. 우리가 신앙이 과학 및 역사와 접촉하지 못하게 하려는 잘못 생각된 전략들을 거절해야 하지만 말이다. 내게 있어서 타락과 원죄 교리들은 **교의적**으로―즉 역사나 과학이 아니라 신적 계시의 토대에서―정당화된다. 내가 주해상의 증거와 신학적 증거에 의해 납득되면, 내게는 과학적 반대 주장들이 그럴법하게 여겨지지 않을 것이다.[88]

원죄 및 아담과 하와의 타락은 하나님이 성경에서 자신을 계시하시기로 한 내용에 핵심적이다. 이 계시상의 진리들은 무차별적으로 폐기되거나 현대적이지만 성경을 보충하는 사고방식을 따라 창의적으로

88_ 나는 과학이 때때로 성경적으로 근거가 있는 해석을 정당하게 뒤집을 수 있음을 부인하지 않지만, 성경과 전통에 좀 더 핵심적인 교리들에 대해서는 그것을 뒤집기 위한 기준이 매우 높아야 한다. 나의 논문 "'A Rock of Offense': The Problem of Scripture in Science and Theology," *Ex Auditu* 32 (2016): 169-92을 보라.

개조될 수 있는 무작위적인 항목들이 아니다. 그것들은 의복에서의 실들이며, 따라서 그것들을 뽑아내면 성경 이야기 전체가 흐트러질 위협을 받는다. 더 이상 계시적이지 않은 죄 교리는 불가피하게 근대 이전의 전통, 가톨릭의 신조, 개신교 전통의 고백적 진술들을 지닌 신앙을 깨뜨린다. 그것은 우연이 아니다. 그 전통들은 모두 동일한 계시의 인식론을 공유한다.

타락과 원죄는 현재의 타당성 구조에 중요하지 않고, 인간의 정신에 아첨하지 않으며, 진단에 있어서 비관적일 수도 있지만, 우리가 그것들을 완전하게 수용하면 복음의 빛이 훨씬 밝게 비추고 구주이신 그리스도가 훨씬 더 소중히 간직될 수 있을 것이다. 복음의 이 위대한 것들은 하나님의 사람들을 우리의 최종적인 목적지인 거룩한 성, 새 예루살렘이 하나님으로부터 하늘에서 내려오는 것에 대해 대비시킨다. 우리는 거기서 주의 임재 가운데 먹고 마시고 즐겁게 할렐루야와 아멘을 노래 부르며 영원히 행복하게 살 것이다.[89]

89_ 나는 이전의 초안에 대해 유익한 논평을 해 준 Robert Erle Barham, Bill Davis, Tim Morris, Keith Plummer, Michael Radmacher, Brian Tabb, Paul Wells, John Wingard, Todd Wood에게 감사한다.

► 2장
► 온건한 개혁주의 관점

올리버 D. 크리스프

나는 이 장에서 내가 온건한 개혁주의 원죄 교리라고 부르는 것을 방어할 것이다. 이 교리는 다음과 같은 신학적 주장들로 구성된다.

1. 그리스도를 제외하고 모든 인간은 원죄를 지닌다.
2. 원죄는 물려받은 본성의 타락으로서 타락한 모든 인간이 만들어지는 최초의 순간부터 지니는 상태다.
3. 타락한 인간은 이처럼 도덕적으로 손상된 상태로 태어난 데 대해 책임이 없다.
4. 타락한 인간은 최초의 죄 또는 원시의 죄에 대해서도 책임이 없다. 즉 그들은 원죄책(즉 추정상의 최초의 인간 부부 또는 인간 공동체의 죄책으로서 원죄와 더불어 인간에게 전가되는 죄책)을 부담하지 않는다.
5. 도덕적으로 손상된 이 상태는 일반적으로 불가피하게 실제 죄를 낳는다. 즉 이 결함을 지니고 태어난 사람은 그 사람이 죄를 지을 수 있을 정도로 충분히 오래 사는 한 일반적으로 적어도 한 번은

불가피하게 실제로 죄를 짓는다(이 주의 사항은 **일반적으로** 성숙하기
전에 죽는 유아와 정신적으로 심하게 손상된 사람 같이 이 주장에 대한 예
외를 구성하는 한계 사례들을 가리킨다).

6. 타락한 인간은 자기의 실제 죄에 대한 책임이 있으며, 사죄가 없
   으면 그 죄에 대해 정죄된다.

7. 원죄의 보유는 실제로 죄를 지었는지와 무관하게 죽음과 하나님
   으로부터의 분리로 이어진다.

내게는 전체적으로 취해진 이 주장들이 개혁주의 전통의 한 가닥과 일
치하는 온건한, 따라서 방어할 수 있는 원죄 교리를 대표하는 것으로 보
인다. 그것은 온건한 설명이기 때문에 개혁주의 신학 안에서 발견되는
몇몇 버전의 원죄 교리보다 기독교 전통의 다른 가닥들과의 전반적인
화해의 토대가 될 가망이 좀 더 클 수도 있다. 먼저 나는 위에서 제시된
온건한 개혁주의 원죄 교리의 각각의 주장에 대해 어느 정도 설명을 제
공해서 그 교리의 교의적 주장들에 살을 붙일 것이다. 그 과정에서 나
는 이 온건한 교리가 참으로 개혁주의 신학의 정당한 표현임을 보여주
기 위해 이 교리를 개혁주의 전통 안의 적절한 음성들과도 비교할 것이
다. 비록 혹자는 이 교리가 개혁주의 전통에서 소수파라고 생각할 테지
만 말이다. 두 번째 단락에서 나는 몇 가지 비판들에 대해 이 온전한 개
혁주의 견해를 방어한다. 간략한 결론 단락은 이 온건한 개혁주의 원죄
교리의 범위에 관한 몇 가지 성찰을 제공한다.

온건한 개혁주의 원죄 교리에 대한 설명

이 온건한 교리에 대해 번호가 붙은 문장들을 교의적 주장으로 취급하면서 그것들 각각을 차례로 고려하고 설명해 보자.

온건한 개혁주의 교리의 첫 번째 주장에 따르면 **그리스도를 제외하고 모든 인간은 원죄를 지닌다.** 역사적으로 대다수 그리스도인은 어떤 태곳적의 죄가 있었고 그것을 통해 원죄가 인류에게 들어왔다고 믿었다. 이 대목에서 **태곳적의 죄**는 우리의 최초의 부모인 아담과 하와에 의해 저질러졌다고 생각되는 최초의 죄의 행동을 의미하며, 그것이 이후의 모든 인간을 도덕적으로 손상된 상태, 즉 원죄의 상태로 만들어지도록 이끌었다. 우리의 최초 부모의 죄 이후 인간이 원죄를 지닌다는 개념은 기독교 전통에서 상대적으로 논란이 되지 않는다. 펠라기우스처럼 원죄 교리를 부인하는 사람들(그리고 따라서 신학적 정통의 경계 밖에 있는 사람들)만이 그 개념에 대해 난처하게 생각할 것이다. 하지만 많은 로마 가톨릭 신자들은 마리아 **테오토코스**(Mary *Theotokos*, 즉, 하나님을 임신한 자, 그리고 그리스도의 어머니 마리아)가 오염이 없는 잉태를 통해 원죄 없이 태어났다고 주장하기 때문에 원죄가 모든 인간에게 영향을 준다는 개념은 좀 더 논란이 되고 있다. 그리스도와 더불어 마리아 **테오토코스**를 원죄가 없는 존재에 포함시키려고 하는 그리스도인들은 아래에 설명될 내용에서 적절한 정신적 유보를 할 수도 있을 것이다. 우리가 마리아 **테오토코스**의 도덕적 상태에 대해 어떻게 생각하든 간에, 그리스도가 모든 인간의 원죄 상태에 대한 예외라는 개념은 기독교 전통에서 신학적으로 논쟁의 대상이 되지 않는다. 일부 신학자들은 그리스도가 그의 인성에서 어떤 의미에서는 "타락"했지만 결코 죄를 짓지는 않으셨다고 믿었지만, 모든 그리스도인은 그리스도에게 죄가 없다고 가정한다. 이 대목에서 그 논쟁으로 말려 들어갈 여유는 없지만, 타락한 인간의 본성을 지닌 사람은 이미 도덕적으로 불안정한 상태에 있으며 이 상태는 눈이 정결하여 악을 보지 못하는(합 1:13) 하나님의 면전에 있지 못하게 하는 것 같다고 말하는 것으로 충분하다. 도덕적으로 손상된 상태에 있다는 것은 제쳐두고, 타락했다는 것이 무엇이기 때문에 불가피하게 실제로 죄를 짓게 하는가? 그리스도가 성육신한 하나님이시고 하나님은 죄를 지으실 수 없다면, 여기서 조금만 더 나아가면—그것은 매우 중요하다—그의 인성에 죄가 없다고 말할 수 있다. 그 경우 그의 인성이 타락했지만 죄가 있지는 않다는 주장을 이해하기 어렵다. 이는 차이가 없는 구별로 보인다.[1]

따라서 온건한 개혁주의 교리의 첫 번째 주장—원죄는 그리스도를 제외하고 모든 인간이 지니는 상태다—은 신학적으로 상당히 확실한 것으로 보인다. 그것을 부인할 그리스도인은 별로 없을 것이다. 하지만 이 첫 번째 교의상의 주장이 태곳적의 죄 또는 최초의 부부를 언급하지 않는다는 사실은 훨씬 더 논란이 된다. 그들로부터 모든 인간이 태어났고 그들의 태곳적의 죄가 (모종의 방법으로) 그리스도를 제외한 이후의 모든 인간에게 전해지는 추정상의 최초의 부부에 대한 믿음은 원죄를 이해하고자 하는 거의 모든 역사적 기독교의 노력의 구성요소이기 때

1_ 나는 *Divinity and Humanity: The Incarnation Reconsidered* (Cambridge:Cambridge University Press, 2007), 4장에서 이 점을 좀 더 자세하게 논의했다.

문이다. 온건한 개혁주의 죄 교리는 최초의 부부를 요구하지 않으며 인류 일원설(우리가 최초의 부부의 후손이라는 개념)도 요구하지 않는다. 하지만 그 교리는 우리가 그들로부터 유래한 최초의 부부가 있었다는 것을 부인하지도 않는다. 대신 이 교리는 이 문제에 관해 판단하지 **않는다**. 즉 그 교리는 이 교의상의 문제에 관해 판단하는 것을 제거한다. 이 점은, 우리가 앞으로 살펴보겠지만, 온건한 개혁주의 관점의 중요한 부분인 **교의적 최소주의**(dogmatic minimalism)로 불릴 수 있을 것이다. 교의적 최소주의는 특정한 교리에 대해 교리적으로 가능하면서도 좀 더 넓은 신학적 헌신 및 고백적 헌신과 일치하는 "얇은" 설명을 지지하려고 하는 접근법을 의미한다.[2] 원죄의 원인론 문제에 관해서 온건한 개혁주의 교리는 교의적 최소주의다.

이는 우리를 두 번째 교의적 주장—**원죄는 물려받은 본성의 타락으로서 타락한 모든 인간이 만들어지는 최초의 순간부터 지니는 상태다**—으로 이끈다. 잘 알려져 있다시피, 개혁주의는 타락한 인간에 대해 다소 어두운 견해를 갖고 있다. 도르트 종교회의의 가르침에서 도출된 칼뱅주의의 다섯 가지 요점을 요약하는 유명한 머리글자인 TULIP(전적 타락[Total depravity], 무조건적 선택[Unconditional election], 제한적 속죄[Limited atonement], 저항할 수 없는 은혜 [Irresistible grace], 성도의 견인[Perseverancee of the Saints])의 **T**는 "전적 부패"를 가리킨다. 이 대목에서의 아이디어는

2_ 나는 다른 곳에서 교의적 최소주의에 관해 썼다. Oliver D. Crisp, "Desiderata for Models of the Hypostatic Union," in Oliver D. Crisp and Fred Sanders, eds. *Christology, Ancient and Modern: Explorations in Constructive Dogmatics* (Grand Rapids, MI: Zondervan Academic, 2013), 19-41.

타락한 인간이 가능한 최고 한도까지 타락했다는 것이 아니라 그들이 죄에 속박되어 있고 그 상태가 인간의 모든 영역에 영향을 준다는 것이다. 우리는 이 점을 다음과 같이 제시할 수 있다. 개혁주의 신학자들은 전통적으로 타락한 인간은 도덕적으로 부패했다는 것과 원죄 자체는 우리가 그것을 지니고 태어나는 도덕적 부패로서 그것이 우리에게 심원하게 영향을 준다는 것을 가르쳤다. 원죄(우리가 그것을 지닌 채 태어나는, 도덕적으로 손상된 상태)와 실제 죄 사이의 구분도 이루어진다. 실제 죄는 도덕적 행위자로서 우리가 범하는 죄들을 의미한다. 나는 원죄를 지니고 태어난 죄인이기 때문에 죄를 짓는다. 그러나 내가 죄인으로서 저지르는 죄들은 실제 죄들이며 나는 그것들에 대해 도덕적으로 책임이 있다.

몇몇 개혁주의 신학자들은 하나님이 우리의 최초의 부모로부터 유래한 원죄를 그 이후 모든 세대의 인간에게 즉각적으로 그리고 직접적으로 전가시키셨으며, 우리는 이것을 토대로 원죄에 대해 죄책이 있는 것으로 간주된다고 주장해왔다. 그러나 이 주장은 매우 이상하게 보인다. 그 주장에 따르면 누군가의 죄의 결과가 신적 명령을 통해 직접 내게 옮겨지고 내가 하지 않은 일에 대해 나를 죄책이 있는 것으로 만든다. 한편으로 그것은 어처구니없이 불공정한 것처럼 보인다. 다른 사람의 빚이 즉각적으로 전자 시스템을 통해 내 은행 계좌에 옮겨져서 그 결과 내 계좌에서 돈이 빠져나가는 것처럼 내가 선택하지 않은 사악한 상태가 즉각적으로 내게 옮겨지다니 말이다. 다른 한편으로 그것은 비난 가능성이 한 사람(아담)에게서 다른 사람(나)에게 옮겨질 수 있는 이상한 죄책 교리를 암시한다.

다른 신학자들은 이 주장들을 뒤집어서 내가 나의 조상들을 통해 내게 중개된 부패한 본성을 지니고 만들어졌기 때문에, 아담의 원죄책이 하나님에 의해 내게 전달되었다고 말한다. 따라서 내가 존재하기 전에 하나님이 아담의 죄와 죄책을 내게 귀속시키시거나, 아니면 하나님이 타락한 본성이 자연 발생을 통해 내게 전달되게 하셔서 그 결과 죄책을 내게 귀속시키신다. 원죄와 죄책의 전달에 관한 전통적인 개혁주의의 이러한 사고방식은 매우 난해하고 전혀 직관적이지 않다.

이와 달리 원죄는 인간이 그들의 부모에게서 신체적 조건들을 물려받는 것과 비슷하게 물려받은 도덕적 상태라는 개념은 타당하고 반드시 불공정하지는 않은 것으로 보인다. 어떤 엄마가 약물 중독자라고 가정해보자. 엄마와 태아가 동일한 혈액 공급을 공유하기 때문에 엄마는 자기의 중독을 태어나지 않은 아기에게 전달한다. 아기는 자신의 잘못이 없이 그 중독을 물려받는다. 이와 유사하게, 만일 어떤 조상이 자신을 노예로 팔면 그 사람의 상속인들은 자신의 잘못이 없이 노예 상태로 태어난다. 그들은 자신의 조상들이 그들에게 부과한 도덕적 부담을 물려받는다. 우리는 그 엄마나 자신과 자신의 상속인들을 판 조상을 너그럽게 봐주지 않는다. 그럼에도 그런 상황들은 잘 알려져 있으며, 비난할 만하지만 개연성이 있는 것으로 보인다. 이와 유사하게, 모종의 (집합적인) 범죄를 통해 최초의 인간 공동체가 하나님으로부터 멀어졌다고 가정해보자. 그 소외와 그것이 야기하는 도덕적 붕괴가 이후 세대의 잘못이 없이 그 공동체의 이후 세대 구성원들에게 전달될 수도 있다. 우리가 그것을 좋아하든 좋아하지 않든 간에 자신을 노예로 판 조상 같은 경우에 이런 선택들이 그런 개인들에게서 태어나는 아이들이 물려받는 결과들을 지닌다. 가차없이 자신의 도덕적 마비 상태에 이르게 하는 행동을 저지르는 것은 끔찍한 일이다. 아직 태어나지 않은 세대에 불리한 영향을 주는 행동을 저지르는 것은 훨씬 더 끔찍하다. 하지만 우리의 두 가지 예가 암시하듯이 그런 행동들이 드물지 않다. 물론 원죄가 즉각적으로 그리고 직접적으로 전달되지 않고 이런 식으로 유전된다면, 아마도 그것은 특정한 선천적인 상태들이 두 부모로부터 한 아이에게 전해지는 것처럼 대대로 간접적으로 전해질 것이다. 그것은 펠라기우스주의자들이 단언하는 것처럼 모방에 의해 선택되는 상태가 아니다. 이 사고방식에서 원죄는 직접적인 신적 전가를 통해서가 아니라 유전을 통해 전달되어야 한다.

우리는 **타락한 인간은 이처럼 도덕적으로 손상된 상태로 태어난 데 대해 책임이 없다**는 세 번째 주장을 살펴볼 것이다. 이 점을 염두에 두고 약물에 중독된 엄마와 자신을 노예로 판 조상의 예로 돌아가 보자. 확실히 중독된 엄마에게서 태어난 아기는 그 상태로 태어난 데 대해 도덕적으로 책임이 없다. 이와 유사하게 노예 가정에 태어난 아기는 노예로 태어난 데 대해 책임이 없다. 어느 경우에도 아이들은 자기들이 태어나면서부터 지니게 된 곤경에 대해 책임이 없다. 마찬가지로 원죄 상태를 지니고 태어난 아기에게 그 상태로 태어난 데 대해 책임이 있을 수 없다. 아기에게 어떻게 책임이 있을 수 있겠는가? 잘못에 대한 책임은 책임이 귀속되는 행위자 편에서의 모종의 행동을 전제로 하는데, 원죄를 지니고 태어나는 아기가 책임을 귀속시킬 수 있는 방식으로 행동했을 수가 없다.

이제 우리는 네 번째 주장을 살펴볼 터인데 그 주장은 온건한 개혁주의 관점의 핵심이다. **타락한 인간은 최초의 죄 또는 태곳적의 죄에 대해서도 책임이 없다. 즉 그들은 원죄책(즉 추정상의 최초의 인간 부부 또는 인간 공동체의 죄책으로서 원죄와 더불어 그들에게 전가되는 죄책)을 부담하지 않는다.** 원죄 교리와 더불어 원죄책 교리를 강조하는 것이 모두는 아니지만 많은 개혁주의 신학의 특징 중 하나였다. 종종 두 개념이 합쳐져서 아담과 하와 이후의 모든 인간은 우리의 최초 부모들의 최초의 죄를 통해 인류에게 들어온 도덕적 부패**와** 죄책을 부담한다고 말해진다.

그 아이디어는 다음과 같은 것으로 보인다. 아담과 하와가 최초의 또는 원시의 죄를 저지른다. 이로 말미암아 인간이 하나님으로부터 소외되고, 원래 창조되었던 도덕 구조와 고결성이 결여되고 도덕적으로 장애가 있는 상태에 빠지게 된다. 이 상태가 이후의 인간에게 전달된다. 하지만 어떻게 이후 세대의 인간이 아담과 하와의 원시의 죄에 대해 죄책이 있는가? 역사적 개혁주의 신학은 이 질문에 대해 넓게 두 가지 방식으로 답변한다. 첫 번째 답변에 따르면 아담이 우리의 대표로서 행동했기 때문에 우리가 그의 죄에 대해 죄책이 있다. 즉 그가 죄를 지었을 때 그것이 인류의 나머지에게 영향을 주었다. 외교관이 국가를 대표해서 행동해서 그 국가가 특정한 국제적 합의에 구속되는 것과 같이, 이런 방식에 대한 인간의 많은 유비가 있다. 이와 유사하게, 선출된 우리의 대표들이 의회에서 우리를 대신해서 특정한 정치적 의사 결정을 내리는데 가령 그 결정이 법률이라면 그것이 우리를 특정한 방식으로 구속한다. 따라서 아담이 우리를 대표할 수도 있고 우리가 그의 행동에 의해 구속될 수도 있다는 아이디어는 세속적인 맥락에서 익숙한 개념이다. 하지만 외교관과 정치가의 경우 대표로서의 그들의 역할은 그들이 대표하는 국가나 투표자들에 의해 부여된 정치적 위임을 지니는 데 의존한다. 아담에 관해서는 그런 장치가 없다. 우리가 우리의 최초의 부모나 모종의 추정상의 초기 인간 공동체에 이런 역할을 하도록 권한을 부여한 적이 없다. 누군가가 우리의 권한 부여 없이 우리를 대표한다면 우리는 일반적으로 그것을 정당하지 않다고 생각할 것이다.[3] 아마도 아담의 경우 하나님이 그의 대표 역할을 인가하신다고 주장될 수 있을 것이다. 혹자는 이것이 우리가 그 장치를 권한을 부여받은 것으로 생각할 이유를 준다고 생각할지도 모른다. 그러나 그것은 우리가 당사자였거나 우리가 도덕적 행위자로서 동의할 수 있었던 결정이 아니기 때문에 여전히 부당하게 보인다. 하나님은 확실히 부당하게 행동하시지 않을 것이다.

대표주의의 주요 대안은 히포의 성 아우구스티누스에게서 시작되었다고 생각되기 때문에(물론 그에게 귀속시키는 것은 논란의 여지가 있다) 종종 아우구스티누스의 실재주의로 불린다. 아우구스티누스가 실재주의자였든 아니었든 간에, 그 견해에서의 아이디어는 모종의 방식으로 우리가 그 일부분인 형이상학적 전체에서 아담과 연합했기 때문에 내가 아담의 죄에 대해 죄책이 있을 수 있다는 것이다(따라서 **실재주의**로 불린다. 우리는 공간과 시간에 흩어진 하나의 형이상학적 전체의 부분들로서 아담에게 참으로 연합해 있다).

떡갈나무의 유비를 고려해보라. 우리가 도토리를 감염시키고 그것

3_ 그리스도가 권한의 부여 없이 우리를 대표하시는 것이 부당하지 않은가? 그것은 재미있는 질문이다. 나는 그리스도는 하나님으로부터 권한을 받으신 반면에 아담은 죄를 지을 권한을 받지 않았다고 생각한다. 따라서 이 대목에서 적실성이 있는 차이가 있다.

을 심는다고 가정하라. 그것은 싹이 나서 어린나무가 되고 마침내 여러 해 뒤에 완전히 성장한 떡갈나무가 된다. 하지만 그것은 성장할 때 도토리 시절에 겪었던 감염 때문에 비뚤어지고 기형이 된다. 그 결과 그 떡갈나무가 성장하고 발전할 때 씨앗 이후의 모든 단계는 그것이 지니는 감염에 의해 훼손된다. 실재주의자는 인간이 그 떡갈나무와 비슷하다고 말한다. 아담은 자신의 고의적인 잘못을 통해 인류에게 원죄라는 감염을 들여온다. 이 감염이 이후 인간의 모든 단계에 영향을 주어서 그들이 도덕적으로 기형이 된다. 그 떡갈나무의 생애의 이후 단계들이 도토리가 심어졌을 때 시작된 하나의 생명에 참여한다고 말할 수 있는 것과 마찬가지로 아담의 최초의 죄 이후에 사는 인간은 그의 생명에 참여하고 따라서 그의 죄에 참여한다. 우리가 "타락한 인간"이라는 하나의 형이상학적 전체의 부분들이라면 아마도 아담의 범죄의 죄와 죄책이 인간의 모든 이후 단계들에 전달될 수 있을 것이다.

내게는 아담과 그의 후손이 아우구스티누스의 실재주의가 가정하는 방식으로 형이상학적으로 연합한다는 개념에 대해 뭔가 말할 것이 있다고 보인다. 그러나 내게는 이것이 원죄뿐만 아니라 원죄책도 인정할 좋은 이유를 제공하는지 확실치 않다. 원죄 교리에 대한 가장 중요한 성경 텍스트라고 할 수 있을 뿐만 아니라 원죄책 교리에 대한 토대라고 하는 로마서 5:12-19을 고려해보라. 이 구절은 우리에게 "한 사람으로 말미암아 죄가 세상에 들어오고 죄로 말미암아 사망이 들어왔나니, 이와 같이 모든 사람이 죄를 지었으므로 사망이 모든 사람에게 이르렀느니라"라고 말한다. 그 구절은 "아담으로부터 모세까지 아담의 범죄와 같은 죄를 짓지 아니한 자들까지도 사망이 왕 노릇 하였나니 아담은 오실 자[즉 그리스도]의 모형이라"고도 말한다. 더욱이 " 한 사람의 범죄를 인하여 많은 사람이 죽었다." 참으로 "심판은 한 사람으로 말미암아 정죄에 이르렀다." "한 사람의 범죄로 말미암아 사망이 그 한 사람을 통하여 왕 노릇 하였기" 때문이다. 그 구절은 "한 범죄로 많은 사람이 정죄에 이른 것 같이, 한 의로운 행위로 말미암아 많은 사람이 의롭다 하심을 받아 생명에 이르렀느니라. 한 사람이 순종하지 아니함으로 많은 사람이 죄인 된 것 같이, 한 사람이 순종하심으로 많은 사람이 의인이 되리라"라고 결론짓는다.

내게는 이 구절이 원죄책을 암시하는지 전혀 명확하지 않다. 그 구절은 죄가 어떻게 전달되는지에 관한 아우구스티누스의 실재주의 그림 같은 것과 일치할지도 모른다. 그것은 도덕적으로 손상된 상태의 상속 같은 것에 상응하는 것으로 보인다. 그러나 그 구절이 어떻게 (그리스도 및 아마도 마리아 **테오토코스**를 제외한) 모든 인간이 아담의 원시의 죄에 대해 **죄책이 있다**는 개념을 낳는지 알기 어렵다. 그 구절에서 언급된 정죄는 죄에 대한 벌, 즉 사망과 결합되는 것이 가장 자연스럽다. 그 경우 범죄 이후의 심판은 죽음과 정죄의 벌을 낳는데, 이 대목에서 내려진 심판 안에나 그 결과 전달된 정죄 안에나 결론적으로 인간에게 적용된 벌 안에 원죄책에 대한 책임이 포함된다고 암시하는 것은 아무것도 없다.

다행스럽게도 원죄책 개념은 원죄 교리와 분리될 수 있다. 사람은 최초의 조상들로부터 물려받은 도덕적 부패 상태를 지니고 태어나면서도 그 조상들의 죄에 대한 책임이 없을 수 있다. 먼 조상들에게 기인하는 유전적 상태를 지니고 태어나더라도 우리가 그 상태에 대해 비난을 받을 수 없듯이 말이다.

그럼에도 혹자는 이것이 참으로 개혁주의 원죄 교리이려면 많은 개혁주의 교회의 고백들에 원죄책이 포함되어 있다는 사실에 어느 정도의 설명이 주어져야 한다고 우려할지도 모른다.

예컨대 웨스트민스터 신앙고백에는 다음과 같은 내용이 들어 있다. "그들[우리의 최초의 부모들]은 모든 인류의 뿌리로서, 이 죄의 죄책이 전가되었다. 그리고 죄 안에서의 동일한 사망과 부패한 본성이 일반적인 출생을 통해 그들로부터 유래한 그들의 모든 후손들에게 전달되었다"(6.3). 그러나 이 점에 관해 개혁주의의 고백 전통에서 일치된 음성은 없다. 스코틀랜드 신앙고백(1560), 네덜란드 신앙고백(1561), 영국 성공회 39개 신조(1563) 같은 좀 더 이른 시기의 신앙고백들은 원죄책은 없는 원죄 교리를 상세하게 설명한다. 개혁주의 사상의 원천들에서도 원죄책 교리가 발견되지 않는다. 울리히 츠빙글리나 장 칼뱅은 원죄책에 찬성하지 않았다. 사실 츠빙글리는 인간이 죄책을 지니고 태어난다는 것을 부인했는데, 그는 원죄를 대대로 전해지는 질병 같은 것으로 여긴 것처럼 보인다.[4]

칼뱅은 인간의 본성의 감염과 부패로서의 원죄에 관해 쓴다. 그는 원죄를 다음과 같이 정의한다.

4_ 예컨대 Huldrych Zwingli, *Declaration of Huldreich Zwingli Regarding Original Sin, Addressed to Urbanus Rhesus, August 15, 1526*을 보라. 이것은 *On Providence and Other Essays*, ed. Samuel Macauley Jackson(Durham, NC: Labyrinth, 1983)에서 찾아볼 수 있는 영어 번역본이다. 나는 츠빙글리의 견해에 관해 다음 논문들에서 좀 더 자세하게 논의한다. Oliver D. Crisp, "On Original Sin," *International Journal of Systematic Theology* 17, no. 3 (2015): 252–66; 그리고 Oliver D. Crisp, "Sin," in *Christian Dogmatics: Reformed Theology for the Church Catholic*, ed. Michael Allen and Scott R. Swain (Grand Rapids, MI: Baker Academic, 2016), 194–215.

그러므로 원죄는 영혼의 모든 부분으로 확산되어 처음에는 우리를 하나님의 진노에 대해 책임이 있게 만들고 이어서 우리 안에 성경이 "육체의 일"[갈 5:19-20]이라고 부르는 일들을 가져오는, 우리의 본성의 유전된 타락과 부패로 보인다. 그리고 그것이 바울이 종종 적절하게 죄로 부르는 것이다.[5]

같은 단락의 앞에서 그는 다음과 같이 쓴다.

아담은 죄를 지음으로써 자신에게 재앙을 가져오고 자신을 파멸시켰을 뿐만 아니라 우리의 본성을 멸망과 같은 상태에 던져 넣었다. 이것은 그 자신만의 죄책─그것이 우리 모두와 관련이 있지는 않을 것이다─때문이 아니라 그가 그의 모든 자손을 자기가 빠진 부패 안으로 감염시켰기 때문이었다.…아담은 자신을 심하게 부패시켜서 감염이 그로부터 그의 모든 자손에게 퍼졌다.[6]

5_ John Calvin, *Institutes of the Christian Religion*, ed. John T. McNeill, trans. Ford Lewis Battles (1559; repr., Philadelphia: Westminster Press, 1960), 2.1.8. 『기독교 강요 세트』, CH북스 역간.

6_ Calvin, *Institutes*, 2.1.6. 타락한 인간이 아담의 죄를 통해 신적 심판을 받게 된다는 주장에 관해 그는 다음과 같이 덧붙인다: "우리는 그것을 우리가 죄가 없는데 부당하게 아담의 범죄의 죄책을 지는 것처럼 이해해서는 안 되고, 우리가 그의 위반을 통해 그 저주에 얽혀들게 되었기 때문에 그가 우리를 책임 있게 만들었다고 말해지는 것으로 이해해야 한다." *Institutes* 2.1.8. 하지만 우리가 아담의 죄에 책임이 없다는 점에 대한 그의 인정과 "그가 우리를 책임이 있게 만들었다고 말해진다"라는 한정에 비추어 볼 때 나는 이 대목에서 죄책의 전가는 은유적 의미로 이해되는 것이 가장 좋다고 생각한다. 살인자의 자녀가 그 아이의 아버지의 죄책으로 오염되었다고 말해질 수 있듯이 말이다. 우리는 아담의 죄에 대해 문자적인 책임이 없다.

요컨대 원죄책은 강력한 성경의 토대를 가지고 있지 않다. 그 교리를 방어하기 위해 사용되는 주요 텍스트인 로마서 5:12-19은 원죄책 교리 같은 내용은 아무것도 가르치지 않는 것처럼 보인다. 원죄책은 개혁주의 신학에서 보편적으로 인정된 교리가 아니다. 사실 개혁주의 신학의 대륙의 두 원천은 그것을 부인한다. 그리고 원죄가 전가를 통해 전달되든 모종의 현실주의 교리를 통해 전달되든 간에(그것들은 역사적 개혁주의 사상의 두 가지 주요 대안이다) 이 설명에 원죄책이 포함될 필요가 없다. 따라서 원죄책을 부정하는 것은 적어도 초기 개혁주의 신학의 하나의 가닥과 일치하는 것처럼 보인다.

신학적 고려 및 전통적 고려와 무관하게 그것을 제쳐둘 좋은 철학적 이유 하나는—그것은 앞에서 이미 암시되었다—죄책이 양도될 수 없다는 것이다. 어떤 사람의 죄책은 그 사람의 아들이나 딸 또는 손주들이나 손녀들에게, 그리고 그 자손들에게 양도될 수 없다. 그 사람이 자기의 죄에 대해 벌을 받아서 더 이상 그 죄에 대해 비난할 수 없는 경우에도 오직 그 사람만이 죄를 지은 데 대한 책임이 있다. 죄책은 죄를 지은 사람의 양도할 수 없는 속성이다.[7] 이것은 대체로 죄책은 한 사람의 도덕적 행동(moral agency)과 밀접하게 연결되어 있기 때문이다. 우리는, 예컨대 존스라는 사람이 특정한 도덕적 행동을 저질렀기 때문에 그가 비난이 귀속될 적절한 대상이라고 말한다. 그것이 그의 행동이었고, 그

7_그리스도가 우리의 죄책을 가져가시는 것은 어떻게 된 일인가? 내가 보기에는, 엄격히 말하자면, 그가 우리의 죄의 결과를 떠안으시지만, 우리의 죄책은 떠안으시지 않는다. 나는 이 점을 *The Word Enfleshed: Exploring the Person and Work of Christ*(Grand Rapids, MI: Baker Academic, 2016)에서 논의했다.

2장_온건한 개혁주의 관점 **81**

혼자만의 행동이었으며, 그가 도덕적 행위자로서(약물이나 강박의 영향하에 있었거나 그렇게 하도록 강요되지 않았다) 그 행동을 저질렀기 때문에 그에게 비난이 귀속된다. 그가 비난받을 만하기 때문에 잘못에 대한 책임을 부담한다. 그가 (아담이 하와와 함께했던 것처럼) 다른 사람과 함께 그 행동을 한다면 잘못에 대한 책임, 따라서 죄책이 공유될 수 있다. 그러나 그것은 도덕적 행위자들이 **모두** 같은 행동에 참여하기 때문이다. 확실히 존스의 사악한 행동으로부터 시간적으로 멀리 떨어져 있는 그의 증손은 존스가 그 죄를 저지를 때 그곳에 존재하지 않았고 그것을 승인하거나 그것에 참여하지 않았기 때문에 우리는 그 증손이 존스가 저지른 죄에 대해 죄책이 있다고 말할 수 없다. 따라서 존스의 증손은 존스의 죄에 대해 책임을 질 수 없다. 그런데 이것은 바로 원죄책 교리가 규정하는 내용이다. 아담이 죄를 지을 때 우리가 그곳에 있지 않았고 그것을 인가하거나 그것에 참여하지 않았음에도 우리가 아담의 원시의 죄에 대한 책임이 있다는 것이다. 하지만 이것은 매우 부당하게 보인다. 하나님은 부당한 행동을 하실 수 없기 때문에 이것은 우리에게 원죄책 교리에 뭔가 심각하게 잘못된 것이 있다고 생각할 강력한 독립적인 이유(즉 신학적 권위나 전통에 대한 호소와 무관한 이유)를 준다.

이 점을 웬만큼 명확히 설명했으니 우리는 이제 온건한 개혁주의 교리의 다섯 번째 신학적 주장으로 옮겨갈 수 있다. 그 주장에 따르면 **도덕적으로 손상된 이 상태는 일반적으로 불가피하게 실제 죄를 낳는다. 즉 이 결함을 지니고 태어난 사람은 그 사람이 죄를 지을 수 있을 정도로 충분히 오래 사는 한 일반적으로 적어도 한번은 불가피하게 실제로 죄를 짓는다**(이 주의 사항은 일반적으로 **성숙하기 전에 죽는 유아**와 **정신적으로 심하게 손상된 사람**

같이 이 주장에 대한 예외를 구성하는 한계 사례들을 가리킨다).

지금까지 우리는 온건한 개혁주의 원죄 교리에 따르면 그리스도를 제외한 모든 인간이 타락한 본성을 지니고 태어난다는 것을 살펴보았다. 하지만 우리는 이 상태로 태어난 데 대해 책임이 없다. 중독자의 자녀가 중독자로 태어난 데 대해 책임이 없고, 노예의 자녀가 노예로 태어난 데 대해 책임이 없듯이 말이다. 이 설명에서는 원죄를 지니고 태어난 사람은 모두 일반적으로 불가피하게 실제 죄를 지을 것이고 그 죄에 대해 책임이 있을 것이다. 하지만 이것이 모든 사람에게 해당하지는 않는다. 원죄 교리의 이 측면에 적어도 두 종류의 한계 사례들이 두드러진다. 첫 번째 부류는 타락한 인간 중 충분히 실제 죄를 낳는 도덕적 의사결정을 할 수 있을 나이까지 살지 못하는 사람들이다. 두 번째 부류는 몇몇 심각한 정신적 손상 때문에 완전히 발달한 도덕적 행위자가 되지 않아서 실제 죄를 지을 위치에 있지 않은 사람들을 포함한다.

이 대목에서 나는 개혁주의 전통의 소수파 편에 선다. 19세기 미국 장로교 신학자인 윌리엄 G. T. 쉐드는 몇몇 타락한 인간들은 믿음을 행사할 수 없으며, 따라서 그리스도를 믿지 않은 데 대해 책임을 질 수 없다고 주장했다.[8] 그는 이 범주에 도덕적으로 책임질 수 있는 나이가 되기 전의 유아들과 정신적으로 심하게 손상된 사람들을 포함시켰다. 그의 사고방식에서 그런 사람들은 일괄해서 그리고 그리스도에 대한 믿

8_ W. G. T. Shedd, *Dogmatic Theology*, 3rd ed., ed. Alan W. Gomes (1888; repr., Phillipsburg, NJ: P&R Publishing, 2003). Oliver D. Crisp, *An American Augustinian: Sin and Salvation in the Dogmatic Theology of William G. T. Shedd* (Milton Keynes, UK: Paternoster Press; Eugene, OR: Wipf and Stock, 2007), 7장도 보라.

음을 요구받지 않고 선택된다. 나는 사악한 상태에서 태어나 실제 죄를 지을 수 있는 지점—즉 도덕적으로 사악한 성격의 행동들과 그 행동에 대해 그들이 책임을 질 수 있는 상태—에 도달하지 못한 사람들에게도 비슷한 말을 할 수 있다고 제안한다. 태아들과 성숙한 나이가 되기 전의 유아들은 완전히 형성된 도덕적 행위자들이 아니고 도덕적 선택을 할 수 없기 때문에 도덕적 책임의 주체가 될 수 없다. 마찬가지로 정신적으로 심하게 손상된 사람들은 발달상의 결함 때문에 도덕적 선택을 할 수 없고 도덕적 책임의 주체가 될 수 없다. 그들은 여전히 "선천적인" 도덕적 상태로서 원죄를 지닌다. 그러나 그들은 실제 죄를 지은 데 대해 책임이 없다. 사실 이 두 부류의 개인들은 실제 죄에 대한 책임 귀속 목적상으로는 도덕적 주체가 아니거나 도덕적 주체로 간주될 수 없다.

그렇다고 해서 분별할 나이가 되기 전에 죽는 유아들과 정신적으로 심하게 손상된 사람들이 쉐드가 추론한 것처럼 반드시 하나의 계급으로서 일괄적으로 선택된다는 것을 의미하지는 않는다. 그보다는 그런 실체들은 실제 죄를 지을 수 없고 원죄를 지니는 데 대해 책임이 없으므로 도덕적 책임의 적절한 주체가 아니라고 주장될 뿐이다. 하지만 하나님이 이 두 종류의 개인들(추론할 나이가 되기 전의 유아들과 정신적으로 심하게 손상된 사람들)을 신앙을 요구하지 않고서 하나의 계급으로서 선택하실지도 모른다. 사실 나는 그 견해에 공감한다. 하지만 그것은 다른 주제, 즉 선택 교리에 속하기 때문에 이 대목에서 제시된 교리의 일부가 아니다.

우리의 여섯 번째 주장은 **타락한 인간은 자기의 실제 죄에 대한 책임이 있으며, 사죄가 없으면 그 죄에 대해 정죄된다**는 것이다. 앞에서 온건한 개혁주의 죄 교리의 두 번째 교의적 주장을 논의하면서 우리는 원죄와 실제 죄를 구분했다. 원죄는 우리가 조상들로부터 물려받는 상태이고 실제 죄는 우리가 죄인으로서 저지르는 죄다. 즉 원죄의 상태에 있는 우리는 실제 죄―단순히 우리가 그렇게 태어난 도덕적 상태라기보다 우리 자신의 악행―를 저지른다. 어떤 사람이 도덕적 행위자이고 실제 죄를 저지르면 그 사람은 일반적으로 (그 사람이 강요 없이 자유롭게, 제정신으로 그 행동을 했다면) 그 죄에 대해 책임이 있다. 그 사람은 그 죄에 대해 비난을 받을 만하며 그 결과 그 사람에게 죄책이 귀속될 수도 있을 것이다. 몇몇 개혁주의 신학자들은 타락한 인간은 아담의 원죄의 죄책(즉 원죄책)과 한 사람이 도덕적 행위자로서 저지르는 실제 죄의 결과로 귀속되는 추가적인 죄책이라는 이중의 죄책을 지닌다고 주장해왔다. 그러나 내가 이미 (네 번째 교의적 주장을 논의하면서) 우리가 원죄책을 가지지 않는다고 생각할 이유들을 제시했기 때문에 사람이 책임을 질 수 있는 행동들은 그들이 실행하거나 가담하는 행동들뿐인 것처럼 보인다. 고결한 행동들은 그것들에 대해 우리가 칭찬을 받을 만한 행동들이라고 생각하는 것이 일리가 있듯이, 우리가 책임을 져야 하는 행동들은 그것들에 대해 우리가 비난을 받을 만한 행동들이라고 생각하는 것이 일리가 있다. 그리고 토머스 오든이 "합의 기독교"라 부르는 것에 충실한 그리스도인들 사이에서 속죄가 없다면 실제 죄들은 죄책을 초래하고 그것의 종국은 정죄라는 입장을 유지하는 데 신학적으로 논란이 없다.[9]

9_ Thomas C. Oden, *Classic Christianity: A Systematic Theology*(New York: HarperCollins, 1992)를 보라.

죄에 대한 온건한 개혁주의 관점의 일곱 번째이자 마지막 교의적 주장은 **원죄의 보유는 실제로 죄를 지었는지와 무관하게 죽음과 하나님으로부터의 분리로 이어진다**는 것이다. 이 대목에서의 아이디어는 그리스도의 화해 사역의 유익을 적용하지 않으면 실제 죄에 대한 죄책을 고려함이 없이 원죄의 보유만으로 사람이 하나님의 임재 속으로 들어가지 못하게 된다는 것이다. 왕을 알현할 기회가 주어진 나병 환자가 있다고 상상해보라. 그는 자신의 잘못이 없이 그 상태로 태어났다. 그럼에도 일단 그에게 나병이 있다는 것이 발견되면 그는 왕 앞에 나아가지 못할 것이다. 그의 나병 때문에 그는 자신의 군주 앞에 나아가지 못한다. 마찬가지로, 죄에 대한 온건한 개혁주의 견해에서, 타락한 인간은 실제 죄를 지었는지와 무관하게 도덕적으로 부패한 상태에 있다. 그들은 자신의 잘못이 없이 이 부패를 물려받았지만 그런 부패의 존재는 그들을 하나님의 존전에 부적합하게 만든다.

츠빙글리의 저술에서 유사한 견해가 발견된다. 그는 다음과 같이 썼다.

> 아담의 자녀들 안에 있는 원죄는…법에 반하는 악행이 아니므로 정확히 말하자면 죄가 아니다. 따라서 그것은 정확히 말하자면 질병이고 상태다. 아담이 자기애를 통해 쓰러졌듯이 우리도 넘어지기 때문에 그것은 질병이다. 아담이 노예가 되고 죽게 되었듯이 우리도 노예이고 진노의 자녀이며…죽게 되기 때문에 그것은 상태다.[10]

10_ Huldrych Zwingli, *Account of the Faith to Charles V in On Providence and Other Essays*, ed.

우리는 위에서 칼뱅이 원죄를 아담으로부터 그의 자손에게 퍼지는 "감염"으로 표현했다는 것을 보았다. 권위 있는 종교 개혁가들이 사용한 질병과 감염 언어가 물려받은 부패로서의 원죄라는 아이디어를 제거하지 않는다. 오히려 그 언어들은 [우리가 앞에서 예를 들었던] 나병 환자의 경우에서처럼 실제로 죄를 지었는지와 무관하게, 자신의 잘못이 없이 원죄를 지니는 것이 왜 사람을 신의 면전에서 부적합하게 만드는지를 나타내는 데 도움이 된다.

그렇다면 원죄를 지니지만 결코 실제 죄를 저지르지 않는 사람들(앞서 제기된 한계 사례들)은 어떻게 되는가? 그들은 자기들이 이 도덕적 상태에 처하게 된 데 대해 책임이 없음에도 원죄를 지녔기 때문에 신적 현존에서 쫓겨나는가? 이 질문들에 대해 "그렇다"고 답변하는 것이 확실히 지금까지 요약된 온건한 개혁주의 교리의 논리에 일치한다. 아마도 이 한계 사례들의 묘사에 해당하는 사람들은 자신이 그 결과로 신적 현존에서 추방되는 것을 발견할 것이다. 하지만 나는 윌리엄 쉐드와 마찬가지로 이것은 하나님께 합당하지 않은 괴물 같은 결론이라고 생각한다. 에베소서 저자는 우리에게 그리스도의 사랑의 "너비와 길이와 높이와 깊이"를 파악하라고 말한다(엡 3:19). 같은 서신의 앞 부분에 다음과 같이 기록되어 있다. "긍휼이 풍성하신 하나님이 우리를 사랑하신 그 큰 사랑을 인하여 허물로 죽은 우리를 그리스도와 함께 살리셨고 (너희는 은혜로 구원을 받은 것이라)"(엡 2:4-5). 그러나 하나님이 순전히 은혜로 우리가 우리의 범죄 가운데서 죽었을 때 그리스도 안에서 우리를

Samuel Macauley Jackson (1922; repr., Durham, NC: Labyrinth Press, 1983), 40.

살리실 수 있다면, 하나님이 왜 믿음을 행사할 능력이 없이, 원죄 때문에 "그들의 범죄 가운데 죽은" 사람들을 구원하실 수 없겠는가? 에베소서 저자는 믿음 자체가 하나님의 선물이라고 말하는데, 관련인이 믿음을 행사할 수 없기 때문에 그 선물을 받아들일 수 없는 경우에 하나님이 왜 믿음과 별도로 그리스도의 사죄를 통해 그런 사람들을 구원하기로 하시지 않겠는가? 아무것도 하나님이 그렇게 하시는 것을 막을 수 없고 하나님이 이 일을 행하시는 것을 좌절시킬 수 없다. 그리고 하나님의 은혜와 자비가 매우 크기 때문에 하나님께는 이 일을 하실 동기가 있다. 하나님께는 수단, 즉 그리스도의 구원 사역도 있다. 성경은 하나님이 그리스도를 통해 원죄를 지니고 태어났지만 믿음을 행사할 수 없는 사람들을 구원하신다고 생각할 근거를 제공하지 않지만, 내게는 성경이 그럴 가능성을 배제하지도 않는 것으로 보인다. 구원에서의 하나님의 본성과 목적에 관해 우리가 성경과 전통에서 배운 내용 및 하나님은 아무도 멸망하기를 원하시지 않으며(벧후 3:8) 심지어 악인이라도 죽는 것을 원하시지 않는다(겔 18:23)는 점에 비춰볼 때, 하나님이 계급으로서의 그런 개인들을 구원하기를 소망하시고 기대하실 좋은 이유가 있는 것으로 보인다. 이런 사람들은 원죄를 지니고 있으면서도 믿음의 행사와 무관하게 그리스도의 사역의 유익을 그들에게 적용함으로써 하나님의 존전에 적합하게 된 사람들의 예가 될 것이다.

온건한 개혁주의 원죄 교리에 대한 몇 가지 반대들

우리는 온건한 개혁주의 원죄 교리에 대한 설명을 마쳤다. 우리는 이제 이 교리에 대한 몇 가지 반대들을 고려할 위치에 서 있다.

첫 번째 우려는 이 설명이 어떻게 원죄책을 포함하는 전통적인 개혁주의 교리에 대한 개선인가와 관련된다. 겉으로 보기에는 타락한 인간들이 자기에게 책임이 없는, 물려받은 상태에 대해 처벌을 받을 수 있다고 주장하는 것은 문제가 있다고 보이기 때문이다. 하지만 내가 애써 논증했듯이 원죄가 단순히 신적 명령에 의해 (그리스도를 제외한) 모든 인간에게 귀속된다는 아이디어 자체가 도덕적으로 이의를 제기할 만하다. 오래전에 죽은 조상이 한 일에 근거해서 죄와 죄책을 귀속시키는 것은 매우 부당하고 비도덕적인 것으로 보인다. 실재주의 견해의 경우 대표 견해의 경우보다 덜 부당하다. 즉 실재주의에서는 아담과 그의 후손이 특정한 목적상 형이상학적 실체로 간주되고, 아담이 단순히 나머지 인류를 대신하거나 대표하지 않는다. 하지만 형이상학적 현실주의에도 다소의 설명이 필요하며, 그것에 신학적 대가가 없지 않다. 원죄는 물려받은 도덕적 부패라는, 좀 더 온건한 신학적 주장에서는 이런 대가가 수반되지 않는다. 우리는 조상들로부터 온갖 종류의 유전적 기형을 물려받는다. 아마도 우리는 다양한 특질과 기질도 물려받을 것이다. 온건한 개혁주의 견해는 원죄가 이런 것들에 대한 일종의 도덕적 유비라고 생각한다. 노예 상태로 태어나는 것과 마찬가지로, 죄를 지닌 상태로 태어나는 것은 우리가 그것에 대한 책임이 없이 조상들로부터 물려받는 상태다. 노예로 태어난 사람에게는 모종의 구속하는 행동이 없이는 시민의 지위와 특권을 수여하는 것이 적합하지 않듯이, 원죄 상태에 있는 인간에게는 모종의 구속하는 행동이 없이는 하나님 나라의 시민의 지위와 특권이 주어지는 것이 부적합하다. 이것이 왜 사악한 상태에 있는 사람이 그런 상태로 태어난 데 대해 책임이 없어도 하나님의 존전에서 쫓겨날 수도 있는지를 설명한다. 그것은 또한 왜 실제 죄가 사죄가 이루어지지 않으면 우리가 하나님의 존전에 들어가지 못하는 추가적인 이유를 제공하는지도 설명한다. 따라서 원죄는 타락한 인간이 책임이 없으면서도 그것으로 말미암아 신적 현존에 부적합해지는, 상속받은 도덕적 부패다. 거기에 일반적으로 실제 죄가 덧붙여지는데, 타락한 인간은 그것에 책임이 있고 모종의 사죄 행위가 없다면 정죄를 받아 마땅하다. 이것은 확실히 내가 아담의 원시의 죄에 대해 유죄라고 가정하는 것보다 선호될 수 있는 원죄 교리다.

두 번째 우려는 온건한 개혁주의 교리가 역사적 아담과 하와를 요구하는지 여부다. 나는 이미 앞에서 그 교리가 이 요구를 하지 않는다고 넌지시 언급했다. 사실 그 교리는 인간이 최초의 부부로부터 유래했는지(인류 일원설) 또는 좀 더 넓은 모집단에서 유래했는지에 관한 판단을 내리지 않는다. 그 교리는 아담과 하와라는 역사적 부부가 있었고 우리는 그들의 후손이라는 견해와 일치하지만, 이것은 그 교리의 요구 사항이 아니다. 우리는 이 분야에서 연구하는 과학자들이 결론을 짓듯이 그들로부터 초기 인간이 출현한 수만 명의 초기 호미니드(사람과) 공동체의 후손일 수도 있다. 그 견해도 온건한 개혁주의 교리와 일치한다. 내가 앞의 논의에서 아담을 언급한 것은 가주어(placeholder)로 이해되어야 한다. 원시의 동산에 역사적 최초의 부부가 있었다는 견해가 그 교리의 주장들과 일치하기는 하지만, 아담과 하와의 이름을 사용한다고 해서 그 교리가 그 견해에 충실함을 암시하는 것은 아니다. 『나니아 연대기』 (*Chronicles of Narnia*)에서 우리의 세상에서 요정의 영역으로 넘어가는 아이들은 종종 아슬란과 나니아 원주민들에게 "아담의 아들들" 또는 "하와의 딸들"로 불린다. 비록 이 호칭이 주로 은유적이지만 말이다. 그들은 문자적으로 아담과 하와의 자녀들이 아니지만 이 전설적인 부부의 종족에 속한다. 이와 유사하게 오늘날 혹자가 알비온의 아이로 불리거나 좋았던 옛 엉클 샘과 관련이 있다고 언급될 수 있다. 그러나 우리는 이것이 문자적으로 취해져야 한다고 생각하지 않는다. 우리는 그런 호칭을 은유적으로 취한다. 이와 유사하게 온건한 개혁주의 원죄 교리의 맥락에서 "아담"과 "하와"라는 이름이 사용된다고 해서 그 교리가 반드시 그들로부터 인류가 유래한 역사적 부부를 신봉하는 것을 암시하지는 않는다(그 선택지를 배제하지도 않지만 말이다).

세 번째이자 두 번째 우려와 밀접한 관련이 있는 우려는 이 교리가 우주와 그 안에 존재하는 인간의 진화적 발달에 관한 설명—종종 진화의 역사로 불린다—에 부합하는지 여부다. 이 대목에서도 온건한 개혁주의 교리는 어느 방향으로 확고하게 몰입하지 않는다. 하지만 그것은 진화 역사의 어떤 옛 교리와도 일치하지 않는다. 우리의 행성에 존재하는 다양한 종들과 우주 전체의 진화에 관한 많은 설명은 본질상 형이상학적 자연주의다. 즉 그 설명들은 일단 진화 과정에 관련된 물질적 요인들이 고려되고 나면 설명이 끝난다. 진화 과정에 대한 설명에서 물질적 과정과 실체들 이외에 초자연적인 행위자들이나 힘들이 고려될 필요가 없다. 따라서 E. O. 윌슨에 따르면 "인간이 다윈의 자연 선택을 통해 진화했다면 하나님이 아니라 유전적 우연과 환경상의 필요성이 인간이라는 종을 만든 것이다."[11] 확실히 이런 종류의 형이상학적 자연주의는 기독교의 교리와 일치하지 않으며, 따라서 특히 원죄에 대한 온건한 개혁주의 교리와 일치하지 않는다. 더욱이 진화의 역사에 관한 그런 형상학적 자연주의는 본질상 목적론적이 아니다. 즉 그런 설명들은 진화 과정이 겨냥하는 목표나 결과가 있다고 가정하지 않는다. 그런 과정들은 "눈이 멀었고", 우연의 결과이며, 본질적으로 무작위적이라고 말해진다. 그러나 인간의 죄에 대한 참으로 기독교적인 모든 설명은 본질상 목적론적이다. 즉 그리스도인들은 우주의 뒤에 신적 지성이 있다고 믿는다. 하나님이 우주를 창조하셨고, 그것을 운행하게 하셨으며, 인간의 사악함—그것은 구원을 필요로 한다—을 포함해서 그들이 존재하게 된 물리적 과정을 감독하셨다.

따라서 온건한 개혁주의 원죄 교리는 세계와 그 안에 존재하는 인간의 진화사의 몇몇 설명에 들어맞는다. 비록 그런 설명이 본질상 목적론적이고 형이상학적 초자연주의일 필요가 있지만 말이다. 그 교리는 하나님이 특별히 무에서 세상을 창조하셨고 흙과 갈비뼈로 인간을 만드셨다는 아이디어와도 일치한다. 논란이 있는 신학적 주제들에 대해 이런 식의 접근법을 채택할 분별 있는 좋은 이유들이 존재한다. 나는 원죄의 기원, 본질, 전달 같이 논란이 되는 사안에 대한 설명으로 제안된 교리가 성격상 교의적 최소주의인 것이 좋다고 생각한다. 온건한 개혁주의 교리는 진화의 역사에 관한 특정한 견해에 몰입하지 않는데 그것

11_ E. O. Wilson, *On Human Nature* (Cambridge, MA: Harvard University Press, 1978), xiii.

은 분별 있는 이유로 채택된, 원죄에 대한 교의적 최소주의 접근법과 일치한다. 외교 조약에서 당사자들은 모든 서명 당사국이 수용할 수 있도록 신중하게 선정된 언어를 사용한다. 이와 유사하게 원죄에 대해 교의적으로 최소한의 내용만을 주장하는 설명은 개혁주의 안팎에서 원죄 교리에 이해관계가 있는 좀 더 넓은 범위의 교파에게 받아들여질 가능성이 크다. 나는 그것이 추구할 가치가 있는 신학적 선이라고 생각한다.

네 번째이자 마지막 우려는 온건한 개혁주의 교리에 관한 진실과 관련이 있다. 요컨대 그것이 참으로 개혁주의인가? 다른 곳에서 나는 개혁주의 전통은 때때로 우리가 생각하는 것보다 넓은, 개혁주의의 신앙고백과 일치하는 교리를 용인한다고 생각할 이유들을 제공하려고 노력했다.[12] 여기서 제시된 온건한 개혁주의 죄 교리에 관한 주장에도 유사한 추론이 적용된다. 즉 이 주제에 관해 개혁주의 전통과 일치하는 넓은 범위의 견해들이 있으며, 내가 이 장에서 표현한 견해는 그 범위 안에 들어간다. 혹자는 어느 전통에서 소수파를 대변하는 견해가 다수파의 목소리에 비해 선호되지 않아야 한다고 우려할지도 모른다. 하지만 내가 이 장에서 주장한 바와 같이 온건한 개혁주의 견해를 진지하게 고려해야 할 좋은 이유들이 있으며, 개혁주의 신학에서 흔히 다수파로 여겨지는 견해의 몇 가지 중요한 특징들에 관해 우려할 좋은 이유들도 있는데, 그런 특징에는 원죄책이 포함된다. 그러나 이 점이 좀 더 중요한

12_ 다음 문헌들을 보라. Oliver D. Crisp, *Retrieving Doctrine: Essays in Reformed Theology* (Downers Grove, IL: IVP Academic, 2011); *Revisioning Christology: Theology in the Reformed Tradition* (Farnham, UK: Ashgate, 2011); *Deviant Calvinism: Broadening Reformed Theology* (Minneapolis: Fortress Press, 2014); *Saving Calvinism: Expanding the Reformed Tradition* (Downers Grove, IL: IVP Academic, 2016).

데, 아마도 (적어도 내게는) 여기서 표현된 견해들이 많은 초기 개혁주의 신앙고백과 개혁주의 전통의 두 원천, 특히 츠빙글리의 견해에서 발견되는 아이디어들과 유사한데도 그것들을 소수파 의견으로 무시될 수 있는지 확실하지 않다. 물론 물론 나는 온건한 개혁주의 교리가 다른 개혁주의 설명, 특히 원죄책 교리와 역사적 최초의 부부에 대한 헌신을 포함하는 교리보다 좀 더 방어될 수 있다고 생각한다. 그것은 부분적으로는 그 교리가 온건한 교리이며 교리상의 온건론은 좋은 일이기 때문이다. 그러나 내가 보여준 바와 같이(나는 그랬기를 바란다), 명확하게 **개혁주의** 교리이기도 하다.

결론

혹자는 이 추론이 거의 전적으로 철학적-신학적이고 상세한 성경 주해가 없다고 우려할지도 모른다. 기독교 신학을 할 때 그런 우려를 하는 것은 좋은 일이다. 그러나 그것은 이 장에서 제시된 추론을 오해한 것이다. 나는, 내가 개괄한 교리가 성경에서 뒷받침될 수 있으며 로마서 5장에 관한 나의 언급에서 이에 관해 어느 정도 제시되었다고 생각하지만, 원죄의 특정 교리에 대한 성경의 근거를 자세하게 제시하지 않는다. 나의 기고는 성경 신학이나 주해가 아니라 교리 비평과 관련된 논문이라고 할 수 있을 것이다. 이를 위해서 나는 한 가닥의 기독교 전통(광의의 개혁주의 전통)과 일치하는, 원죄에 관한 온건한 설명을 제공하고자 했다. 비록 그것이 흔히 개혁주의 원죄 교리로 보고되는 종류의 견해는 아니지만 말이다. 그러나 내가 나타내고자 노력한 바와 같이 그것은 적어도 두 명의 위대한 종교개혁가(칼뱅과 츠빙글리)와 몇몇 개혁주의의 상징(네덜란드 신앙고백, 스코틀랜드 신앙고백, 그리고 성공회 신조)으로부터 신학적 지지를 받는 소수파 견해다. 나는 또한 원죄가 아담으로부터 내게 전가되고 나는 아담의 죄에 책임이 있다고 가정하는 형태의 교리들—이는 개혁주의 신학자들 사이에 흔한 교리들이다—의 중요한 결점을 피하는 설명을 발견하는 데 관심이 있다. 이는 교회 일치의 전망이 있는 교리를 찾아내려는 나의 욕구와도 부합한다. 로마 가톨릭과 정교회의 원죄 설명도 원죄책 교리를 포함하지 않으며 본질상 결여적이다. 즉 원죄는 원의(원래의 정의 또는 의로움)의 결핍 상태, 또는 최초의 인간 부부가 그것을 지니고 창조되었던 도덕적으로 고양된 상태의 상실로 묘사된다. 이 장에서 요약된 교리는 원죄를 아담 이후의 모든 인간에게 도덕적 부패가 전가되고 그것과 더불어 원죄책이 전가된 것으로 생각하는 형태의 교리들보다는 가톨릭과 정교회의 교리에 좀 더 가깝다. 그리스도의 몸의 다른 교우들 사이의 신학적 수렴에 관심이 있는 사람들에게 있어서 이 점은 내 주장을 진지하게 취할 이유일 수도 있다.

마지막으로, 내가 요약한 온건한 개혁주의 교리는 그들로부터 이후의 모든 인간이 유래한, 특별하게 창조된 최초의 인간 부부가 존재했는지에 관해 판단을 내리지 않는다. 따라서 그 교리는 인류 일원설(우리가 최초의 부부의 자손이라는 견해)을 가정하지 않는다. 비록 그 가정과 일치하지만 말이다. 그리고 그 교리는 인간의 고통과 비참함의 기원 및 자연이 "인정사정 봐주지 않고" 치열하게 경쟁하도록 창조되었는지에 관해서도 아무런 판단을 내리지 않는다. 즉 그 교리는 이런 주제들에 대한

복수의 설명과 일치하는바, 나는 이것이 약점이라기보다는 장점이라고
생각한다.

> ▶ 3장
> ▶ 웨슬리주의 관점
>
> 조엘 B. 그린

존 웨슬리의 신학적 후계자들에게 있어서 원죄 교리가 매우 중요하다는 점은 특히 두 가지 방식으로 나타난다. 첫째는 웨슬리가 원죄를 일관성 있게 신앙의 유비에 필수적이라고 말한다는 것이다. 그는 원죄가 성경의 통일된 증언을 이해하는 데 있어 매우 중요하다고 생각했다. 둘째는 그가 자신의 1757년 논문 『원죄 교리: 성경, 이성, 그리고 경험에 따른 설명』(*The Doctrine of Original Sin: According to Scripture, Reason, and Experience*)에서 그 교리를 광범위하게 방어한 것이다. 522쪽에 달하는 그 논문은 웨슬리의 많은 저술 중 가장 길다.[1]

웨슬리에게 원죄가 중요했다는 점을 우리가 인식한다고 해서 웨슬리가 그 교리를 어떻게 이해했는지가 명확해지는 것도 아니고, 그가 살았던 시대의 영국과 200년도 넘게 떨어진 현재 우리의 입장에서 볼 때

1_John Wesley, *The Doctrine of Original Sin: According to Scripture, Reason, and Experience* (Bristol: E. Farley, 1757): 웨슬리의 논문은 현재 *The Works of John Wesley*, vol. 12, *Doctrinal and Controversial Treatises I*, ed. Randy L. Maddox (Nashville: Abingdon, 2012), 117-481에 소개 및 수록되어 있다.

웨슬리의 관점이 어떤 모습이었는지에 관한 모든 세부사항이 미리 결정되는 것도 아니다. 따라서 나는 이 논문에서 다음과 같은 세 가지 과제를 설정한다. 나는 웨슬리의 원죄 이해의 측면들(원죄 교리에 대한 현재의 웨슬리주의의 이해를 인도할 수도 있는 기본 요소들)을 요약하고, 신약 학자로서 이 요소들 중 몇 가지와 상호 작용하며, 이 요소들이 어떻게 현대의 원죄 이해를 형성할 수도 있는지를 탐구할 것이다.

웨슬리의 원죄 교리

우리는 먼저 원죄 교리가 웨슬리에게서 수행했던 중추적인 역할을 좀더 자세히 강조하려고 하는데, 이 점은 웨슬리가 위의 논문에서 직접 언급했다. 이 논문은 존 테일러의 책 『성경적 원죄 교리에 대한 자유롭고 솔직한 검토를 제안함』(*The Scripture-Doctrine of Original Sin Proposed to Free and Candid Examination*, 1740)에 대한 웨슬리의 답변이다. 웨슬리는 계몽주의의 낙관론을 토대로 원죄를 부인한 테일러에 맞서 원죄 교리를 옹호하면서, 그의 설명의 서문에서 이 논의에 무엇이 걸려 있는지를 제시한다. 웨슬리가 보기에 테일러의 자연신론과 합리주의 입장은

> 유대교든 기독교든 간에 모든 계시 종교의 기초 자체를 약화시킨다. 실제로 지위가 높은 사람이 상류층 인사에게 말했다. "나는 왜 우리에게 예수 그리스도가 꼭 필요한지 모르겠습니다." 그리고 이 가정에서라면 누가 "나는 왜 우리에게 예수 그리스도가 꼭 필요한지 모르겠습니다"라고 말하

지 않겠는가? "건강한 자에게는 의사가 필요 없기" 때문에 전혀 그럴 필요가 없다. 그리고 기독교의 계시는 우리 영혼의 위대한 의사 외에는 다른 아무것에 대해서도 말하지 않는다.…우리가 병에 걸리지 않았다면 우리는 치료를 원하지 않는다. 우리가 병들지 않았는데 왜 "우리의 질병을 치료할 약"을 구하겠는가? 우리가 그 형상을 잃은 적이 없다면 우리가 "창조된 형상을 따라 지식이나 거룩함에서 새롭게" 되는 것에 관해 말할 무슨 여지가 있겠는가? 우리가 지금 창조된 직후의 아담만큼이나 잘 알고 거룩하다면(아니 그보다 뛰어나다면) 말이다. **따라서 우리가 인간은 본성상 어리석고 죄악되며, "하나님"의 "영광스러운" 형상에 "이르지 못한다"는 이 토대를 제거하면 기독교 체계는 즉시 무너지고 "정교하게 고안된 우화"라는 명예로운 호칭을 들을 자격도 없어질 것이다.[2]**

원죄 교리가 없다면 "기독교 체계는 즉시 무너지고" 실로 "정교하게 고안된 우화"라고 불릴 자격도 없어질 것이라는 주장들은 웨슬리에게 있어서 원죄 교리가 중추적임을 보여준다. 18세기의 실제적인 이 신학자는 웨슬리 역사가인 테드 캠벨이 원죄를 웨슬리의 일곱 가지 "필수 교리" 중 하나에 포함시킬 정도로 원죄의 중요성을 매우 확고하게 주장했다.[3]

포스트자유주의의 용어를 사용하자면, 웨슬리에게 있어서 원죄는

2_ Wesley, *Doctrine of Original Sin*, 서문 §4 (*Works*, 12:157-58), 강조는 덧붙인 것임.

3_ Ted A. Campbell, "The Shape of Wesleyan Thought: The Question of John Wesley's 'Essential' Christian Doctrines," *Asbury Theological Journal* 59, nos. 1-2 (2004): 27-48 (이 대목은 37-38에서 인용했다); 그는 원죄를 삼위일체, 그리스도의 신성, 속죄, 성경의 권위, 이신칭의, 거듭남과 함께 필수 교리에 포함시킨다.

성경과 삶의 신학적 문법이었다고 할 수 있다. 또는 근대 이전의 용어를 사용하자면 성경의 가설(웨슬리는 그것을 통해 성경의 신적 경륜을 식별했다)에 대한 웨슬리의 이해는 그 교리를 중시했다. 웨슬리 자신이 성경의 완전성을 나타내는 교리 체계를 가리키는 하나의 방법으로서 16세기와 17세기 신학자들 사이에서 유행했던 "신앙의 유비"라는 어구를 거듭 사용했다. 아마도 이 점에 관해서는 로마서 12:6에 관한 그의 기록보다 더 뚜렷한 예가 없을 것이다. 그의 『신약성경 설명 노트』(*Explanatory Notes upon the New Testament*)에 제공된 바울의 텍스트의 영어 번역은 다음과 같다. "우리에게 주어진 은혜에 따라 은사들이 다른데, 그것이 예언**이면** 신앙의 유비에 따라 **예언하자**"(강조는 원저자의 것임, 개역개정을 사용하지 아니함).[4] 웨슬리는 베드로전서 4:11에 기록된 병행구절을 이용해서 다음과 같이 설명한다.

> 성 베드로는 그것[즉 신앙의 유비]을 "하나님의 신탁으로서"(개역개정에서는 "하나님의 말씀"으로 번역되어 있음)라고 표현하는데 그것은 "그것들의 일반적인 취지에 따라" 또는 "원죄·이신칭의 그리고 현재의 내적 구원을 다루는, 그 안에 전달된 교리의 그 원대한 계획에 따라"라는 뜻이다. 이 모든 것들 사이에는 멋진 유비가 있다. 그리고 "성도들에게 전달된" 신앙의 주

4_ 웨슬리의 시대에 널리 사용되었던 킹제임스 번역 성경에서서 문제의 어구 κατὰ τὴν ἀναλογίαν τῆς πίστεως는 "믿음의 분량에 따라"로 번역되었는데, 현대의 번역자들도 이 번역을 선호한다(가령 Common English Bible, New Revised Standard Version). **아날로기아** (ἀναλογία)가 "(수학적) 분량"뿐만 아니라 "대응", "유사" 또는 "유비"도 의미할 수 있다는 사실에 의해 웨슬리의 번역이 뒷받침될 수 있다. Franco Montanari, *The Brill Dictionary of Ancient Greek* (Leiden: Brill, 2015), 142을 보라.

요 머리들 사이에 가깝고 친밀한 연결 관계가 있다. 그러므로 그것에 관해 의문이 있는 조항은 의심스러운 구절은 모두 전체를 관통하는 원대한 진리에 따라 해석되어야 한다는 규칙을 통해 결정되어야 한다.[5]

이 인용문이 명확하게 보여주는 바와 같이 웨슬리에게 있어서 신앙의 유비─그리고 따라서 원죄 등 그 유비의 핵심 요소─는 성경에서 도출되며, 충실한 성경 읽기를 형성해야 한다. 실제로 웨슬리에게는 성경 전체가 원죄를 (성경의 주제인 구원의 도리에 필수적인 요소로) 가르치며, (또다시 성경의 주제에서 기본적인 요소로서) 이 교리가 성경을 읽기 위한 규범적인 안내를 제공한다고 말하기가 어렵지 않았다.

아르미니우스주의의 설명

웨슬리는 원죄에 대해 아우구스티누스에 뿌리를 둔 서방 교회의 전통적인 이해를 따랐지만, 그것을 수정했다. 첫째, 웨슬리는 서방 교회와 마찬가지로 전적 타락을 긍정했지만, 동방 교회와 마찬가지로 병으로서의 죄(그리고 따라서 구원의 치료적 성격[θεραπεία ψυχῆς])에 대해 말했다. 예컨대 "원죄"라는 설교에서 그는 다음과 같이 말했다.

5_John Wesley, *Explanatory Notes upon the New Testament* (1754; repr., London: Epworth, 1976), 569-70. 웨슬리의 저술들의 여러 곳에서 신앙의 유비를 구성하는 그런 교리들을 언급하는 내용 중 원죄는 주요 요소다. 이는 그가 성경의 통일성을 이해하기 때문이다. 특히 성경은 구원의 도리를 증언하는데 원죄의 효과 이후 하나님의 형상을 회복하는 데 초점이 맞춰진다. 다음 문헌들을 보라. Scott J. Jones, *John Wesley's Conception and Use of Scripture* (Nashville: Abingdon, 1995), 47-50; Steven Joe Koskie Jr., *Reading the Way to Heaven: A Wesleyan Theological Hermeneutic of Scripture*, Journal of Theological Interpretation Supplement Series 8 (Winona Lake, IN: Eisenbrauns, 2014), 53-70.

"성도들에게 전달되었고" 하나님의 성령을 통해 여러분의 마음에 전달된 평이한 옛 "신앙"을 지키십시오. 여러분의 병을 아십시오! 여러분의 치료 방법을 아십시오! 여러분은 죄 가운데 태어났습니다. 그러므로 "여러분은 거듭나야 하고" "하나님에 의해 태어나야 합니다." 여러분은 선천적으로 전적으로 부패했습니다. 여러분은 은혜로 전적으로 갱신될 것입니다. "아담 안에서 여러분은 모두 죽었습니다." 두 번째 아담 안에서, "그리스도 안에서 여러분은 살아났습니다."…이제 여러분의 모든 병이 치료되고 "그리스도 예수 안에 있는" 모든 "마음이 여러분 안에도 있게" 될 때까지 "믿음에서 믿음으로" "계속 나아가십시오!"[6]

둘째, 웨슬리는 아담과 하와의 죄의 결과를 누그러뜨려서 신적 심판이 아담과 하와로부터 물려받은 데 근거하는 것이 아니라 자신이 죄에 관여하는 데 근거하게 했다. 예컨대 성공회 39개 신조에 대한 그의 편집 작업을 고려해보라. 이 고백의 제 9조는 다음과 같다.

원죄는 (펠라기우스주의자들이 헛되이 말하듯이) 아담을 따르는 데 있는 것이 아니다. 그것은 모든 사람의 자연적인 허물이고 부패이며, 아담의 후손에게 자연스럽게 발생한 것이다. 원죄를 통해서 인간은 원의에서 아주 멀어졌고 자신의 본성으로 악에 기울어져서 육신은 언제나 성령에 반대되는 것을 갈망한다. 그러므로 이 세상에 태어난 모든 사람 안에서 그것은 하나

6_John Wesley, "On Original Sin," §3.5; in *The Works of John Wesley*, vol. 2, *Sermons II: 34-70*, ed. Albert C. Outler (Nashville: Abingdon, 1985), 185.

님의 진노와 저주를 받아 마땅하다.[7]

북아메리카 감리교도를 위해 작성된 웨슬리의 개정본은 다음과 같다.

> 원죄는 (펠라기우스주의자들이 헛되이 말하듯이) 아담을 따르는 데 있는 것이
> 아니다. 그것은 모든 사람의 자연적인 허물이고 부패이며, 아담의 후손에
> 게 자연스럽게 발생한 것이다. 원죄를 통해서 인간은 원의에서 아주 멀어
> 졌고 자신의 본성으로 악에 기울어졌고 계속 그 상태로 있다.[8]

웨슬리의 원죄 교리는 인간의 부패한 본성과 죄의 편재성을 계속 강조
했지만, 그는 원죄의 전달이 죄책의 전달을 포함한다는 아이디어를 배
제했다. 아무도 아담의 죄책 때문에 영원한 저주를 받지 않을 것이다.

    우리는 웨슬리의 신학이 서방 교회 사상과 동방 교회 사상을 혼합
함으로써 그가 원죄를 인간이 물려받는 "것"이라는 개념을 취하지 않았
다고 말할 수 있을 것이다. 사실 랜디 매독스는 원죄가 전달되었을 수도
있는 수단을 식별하려는 웨슬리의 노력을 요약하면서 웨슬리에게 있어
서는 이중의 원인을 언급하는 것이 적절했음을 인식한다. "웨슬리는 하

7_ "The Thirty-Nine Articles of Religion of the Church of English," in *The Creeds of Christendom: With a History and Critical Notes*, 3 vols., 6th ed., ed. Philip Schaff, rev. David S. Schaff (Grand Rapids, MI: Baker, 1983), 3:492-93(1801년 개정판을 인용했음).

8_John Wesley, *The Sunday Service of the Methodists in North America; with Other Occasional Services* (London, 1984), 309; 참조. *The 2012 Book of Discipline of The United Methodist Church* (Nashville: United Methodist Publishing House, 2012), §336 (p. 250). Kenneth J. Collins, *The Theology of John Wesley: Holy Love and the Shape of Grace* (Nashville: Abingdon, 2007), 64을 보라.

나님이 인간의 발생 또는 부패의 전달의 제1원인이고 인간 또는 인간의 본성은 작용인(efficient cause) 또는 자연적 원인이라고 주장했다." 따라서 원죄는 "이미 능력을 부여하는 신의 현존에서 분리된 이 세상으로 태어난 데서 오는 우리의 본성의 왜곡"임을 가리키는 방법이었다. "이 본질적인 관계가 **박탈당해서** 우리의 다양한 능력은 불가피하게 **쇠약해지고** 우리는 도덕적으로 **부패했다**."[9]

셋째, 웨슬리는 선행 은총(prevenient grace)에 대한 이해로 말미암아 원죄와 자유 의지를 동시에 긍정했다. 이 대목에서 웨슬리가 테일러의 펠라기우스주의와 테일러가 맞섰던 칼뱅주의 사이의 중간에 위치한다고 할 수 있으므로 웨슬리가 인간의 본성에 관한 테일러의 낙관론과 관여한 것이 매우 중요해진다. 웨슬리는 인간의 본성이 타락으로 말미암아 중대하게 손상되었다고 주장했지만(타락 교리), 하나님이 [그전에] 이미 모든 인간 가족을 대상으로 인간이 하나님의 은혜를 통해 하나님께 응답할 능력의 회복을 시작하셨다고 주장했다(선행 은총 교리).[10]

웨슬리는 테일러와 달리 자연적인 인간의 도덕적 심리 상태는 심원하게 흠이 있으며 단순히 인간의 이성의 힘을 통해서가 아니라 모든 인간에게 풍성하게 은혜를 부어주시는 하나님의 성령의 지속적이고, 새롭게 하시고, 힘을 주시는 사역을 통해 갱신될 필요가 있다고 보았다.

9_ Randy L. Maddox, *Responsible Grace: John Wesley's Practical Theology* (Nashville: Kingswood, 1994), 80, 81; 특히 78-81을 보라.

10_ "아르미니우스의 신학과 고전적인 아르미니우스주의에 나타난 인간의 자유 의지는 자유롭게 된 의지로 지칭하는 것이 좀 더 적절하다. 은혜가 의지를 죄와 악에 대한 속박으로부터 해방하고, 의지에게 구원하는 은혜에 저항하지 않음으로써 그 은혜와 협력할 수 있는 능력을 준다(그것은 은혜의 사역에 기여하는 것과는 다르다!)". Roger E. Olson, *Arminian Theology: Myths and Realities* (Downers Grove, IL: InterVarsity Press, 2006), 142.

웨슬리는 다음과 같이 말한다. "그러나 **지식**이 **열정**과 균형을 이루겠는가? 또는 '합리적인 힘들'이 감각적인 욕망을 보완하겠는가? '명확한 아이디어들'이 인간을 욕망이나 허영으로부터 구하겠는가? 또는 우리의 원수를 사랑해야 할 의무를 **안다**고 해서 우리가 그것을 실천할 능력이 있는가?"[11] 각각의 질문에 대한 대답은 물론 "아니오"인데, 웨슬리는 그에게 있어서는 하나님의 성령의 도움이 필요하다고 주장한다(하지만 테일러에게 있어서는 그렇지 않다).

"원죄"의 일

"원죄 교리는 경험적으로 검증될 수 있는 유일한 기독교 교리다"라는 라인홀드 니부어의 진술은 유명하다.[12] 내가 니부어를 언급한 이유는 그가 전형적인 웨슬리주의자이기 때문이 아니라, 웨슬리가 그의 단언에 동의하리라고 우리가 상상할 수 있기 때문이다. 나 역시 니부어가 이렇게 단언하는 것이 원죄 교리의 전통적인 견해들에 훨씬 미치지 못한다는 것을 관찰하기를 원한다. 전통적인 견해들은 조상으로부터의 기원, 전달, 물려받은 죄책에 관심이 있다. (이 중 어느 것도 "경험적으로 검증될 수" 없다.)

웨슬리가 자신의 논문 "원죄 교리: 성경, 이성, 그리고 경험에 따름"(*The Doctrine of Original Sin: According to Scripture, Reason, and Experience*)에

11_ Wesley, *Doctrine of Original Sin*, Part II §5.2 (*Works*, 12:290).

12_ Reinhold Niebuhr, *Man's Nature and His Communities: Essays on the Dynamics and Enigmas of Man's Personal and Social Existence* (New York: Charles Scribner's Sons, 1965; repr., Eugene, OR: Wipf & Stock, 2012), 24(허락을 받아 *London Times*를 인용함).

서 취하는 주장의 형태로 미루어 볼 때 웨슬리는 니부어의 말에 충심으로 동의했을 것이다. 웨슬리는 테일러에 대한 자신의 응답을 네 부분으로 전개하지만, 1부는 웨슬리가 주로 쓴 내용이고 나머지 세 개의 부는 다른 학자들이 앞서 테일러에게 응답한 내용이다. 더욱이 웨슬리는 1부를 그의 설교자들 사이에 널리 배포하기 위해 설교—"원죄"라는 제목으로 1759년에는 그것 자체로 출간되었고, 1760년에는 그의 『설교모음집』(*Sermons on Several Occasions*) 4권의 맨 처음에 수록되었다—로 재구성했다.[13] (그 설교자들은 웨슬리의 522쪽짜리 책을 모두 읽을 것으로 기대되지 않았을 수도 있지만, 그들은 확실히 웨슬리의 설교를 읽으리라고 기대되었다.) 웨슬리는 아담과 하와 이후 그리고 노아 이전의 인간의 본성을 논의함으로써 "마치 인간이 매우 천진하고 완벽하기라도 하듯이" 인간의 위엄, 미덕, 행복에 관해 말하는 모든 설명에 저항해서 "인간의 본성의 밝은 측면"에 대한 묘사를 반박한다. "여호와께서 사람의 죄악이 세상에 가득함과 그의 마음으로 생각하는 모든 계획이 항상 악할 뿐임을 보셨다"(창 6:5). 그는 이것이 오늘날까지 인간 가족을 묘사한다고 역설한다. 사실 웨슬리가 그의 논문을 출간했을 때 원래 제목—"성경, 이성, **그리고** 경험에 따름"—에서 "그리고"가 강조되었다. 문체상의 이 선택은 웨슬리가 전개하려는 내용을 예상했다. 즉 인간 가족에 전형적인, 과거와 현재의 넘쳐나는 사악한 행동들에 주의를 기울이면 인간의 존엄, 미덕 그리고 행복을 반박하기가 쉽다.

13_ Albert C. Outler, "Sermon 44: Original Sin: An Introductory Comment," in Wesley, *Works* 12:170-71.

그렇다고 해서 웨슬리가 오직 또는 주로 죄의 편재성에 관심이 있었다는 뜻은 아니다. 그는 많은 사람에게 전형적인 구원사 이해를 따랐다. 하나님이 인간을 자신의 형상대로 창조하셨고 따라서 인간은 "사랑이 가득하고" "정의, 자비, 진리가 가득하며" "어떤 죄의 오점으로부터도 순결했다." 그러나 인간은 "변하지 않는 존재로 만들어진" 것이 아니라 "설 수 있지만 넘어지기 쉬운 존재로 창조되었다." 하나님이 인간에게 이 가능성을 경고하셨지만, 인간은 금지된 나무의 열매를 먹었고 "고결한 상태"에서 추락했다. 하나님이 경고하셨던 대로 "그날 인간이 실제로 죽었다. 인간이 하나님에 대해 죽었는데 그것은 모든 죽음 중 가장 무서운 것이다." 따라서 인간 가족은 "하나님에 대한 지식과 하나님의 사랑을 모두 잃었고" "불행하고 부정하게 되었으며" "자존심과 고집 속으로 가라앉았다." 하나님에 대한 반역이 다름 아닌 "생명과 하나님의 형상 상실"을 가져왔다.[14] 달리 말하자면 웨슬리는 창세기 3장을 타락 내러티브로 이해했다. 죄의 원인론에 관한 이 이야기를 통해서 그는 새로 태어날 필요를 강조할 수 있었다. 마찬가지로 원죄에 관한 웨슬리의 주요 저술은 모든 사람이 회개할 필요가 있다는 점을 강조하기 위한 그의 노력이었다.

웨슬리의 원죄 이해는 서방 교회의 특징인 인간의 책임과 동방 교회의 특징인 인간의 회복에 대한 강조를 결합했다. 그는 그럼으로써 하나님을 아담의 죄책에 연루된 인간 가족의 재판관이라기보다는 의사—확실히 절실하게 필요한 의사이지만 또한 선행 은총이라는 약을

14_ John Wesley, "The New Birth," in *Works* 2:186-201 (§§1.1-3에서 인용됨).

통해 이미 모든 인간 가족 안에서 일하고 있는 의사—로 제시할 수 있었다. 따라서 인간은 최초 부부의 불순종을 기초로 심판을 받는 것이 아니라 하나님의 은혜에 대한 그들 자신의 반응—인간의 내재적인 도덕적 심리 상태에 의해서가 아니라 인간 가족 안에서의 성령의 사역을 통해 가능해진 반응—과 관련해서 심판을 받는다. 낙원, 낙원 상실, 낙원 회복의 내러티브는 웨슬리에게 있어서 구원의 필요와 가능성(또는 희망) 모두를 강조하는 방법이었다.

성경에 대한 숙고

오늘날 서구의 그리스도인, 특히 개신교도들에게는 창세기 3장이 인간의 타락 이야기에 관해 말하고 있다는 것이 명백해 보이고 따라서 원죄 교리의 원천 역할을 하고 있지만, 이 해석은 결코 보편적으로 받아들여진 적이 없다. 흥미롭게도 원죄 교리는 기독교 교회의 보편적인 세 개의 신경(사도 신경, 니케아 신경, 아타나시오스 신경)에서 빠져 있으며, 인간 가족이 아담과 하와의 죄책을 물려받았다는 것과 인간이 타락 후 선을 선택할 수 없다는 개념은 에라스무스가 암브로시아스터라고 불렀던 미지의 저자가 쓴 로마서 주석이 4세기 말에 등장할 때까지는 사도 교부 시대(post-apostolic era) 교회의 신학 주해 저술에서 빠져 있었다. 그런데 그의 로마서 이해가 아우구스투스에게 영향을 주었다.[15] 이 섹션에서 나는

15_ 이에 관한 간략한 조사는 다음 문헌들을 보라. John E. Toews, *The Story of Original Sin*

창세기 3장의 초기 해석을 살펴볼 것이다. 나는 먼저 신약성경 밖의 유대인 저자들을 살펴보고 이어서 두 명의 신약성경 저자를 살펴볼 것이다.

아담(과 하와)의 죄의 중요성: 제2성전기 유대교 텍스트들

마찬가지로 제2성전기의 유대교 저술—즉 기원전 2세기 초에서 기원후 1세기 말 또는 2세기 초까지의 저술—에서 전통적인 원죄 교리의 대다수 요소가 존재하지 않는다.[16] 이 텍스트들 중에서 네 개—「아담과 하와의 생애」(「모세의 묵시」로도 알려졌음, 기원후 1세기 말?), 「에스라4서」(기원후 1세기 말), 「바룩2서」(기원후 1세기 말 또는 2세기 초), 「성경 고대사」(「위필론」으로도 알려졌음. 기원후 1세기)—가 창세기 3장이 인간의 상황에 끼친 영향에 관해 말한다.

　「아담과 하와의 생애」는 아담과 하와가 에덴동산에서 쫓겨난 뒤 그들에게 일어난 일에 관해 이야기해 주는데, 여기서 아담과 하와는 인간사에 관해 대표적인 인간의 역할을 한다. 아담은 죽음을 기다리면서

(Eugene, OR: Pickwick, 2013), 48-72; Peter C. Bouteneff, *Beginnings: Ancient Christian Readings of the Biblical Creation Narratives* (Grand Rapids, MI: Baker Academic, 2008).

16_ 제2성전기 유대교 텍스트에 관한 이 자료에 대해 나는 Joel B. Green, "'Adam, What Have You Done?' New Testament Voices on the Origins of Sin," in *Evolution and the Fall*, ed. William T. Cavanaugh and James K. A. Smith (Grand Rapids: Eerdmans, 2017), 98-116(특히 99-105을 보라)에 수록된 자료를 요약한다. 이에 관한 조사는 다음 문헌들을 보라. John J. Collins, "Before the Fall: The Earliest Interpretations of Adam and Eve," in *The Idea of Biblical Interpretation: Essays in Honor of James L. Kugel*, ed. Hindy Najman and Judith H. Newman, Supplements to the Journal for the Study of Judaism 83 (Leiden: Brill, 2004), 293-308; 그리고 John R. Levison, "Adam and Eve," in *Eerdmans Dictionary of Early Judaism*, ed. John J. Collins and Daniel C. Harlow (Grand Rapids, MI: Eerdmans, 2010), 300-2.

그들의 자녀들에게 질병과 고통을 설명하려고 한다. 창세기 3장을 상기시키는 설명에서 아담은 자기가 하나님의 언약을 거부해서 하나님이 자기를 병에 걸리게 하셨다고 회상한다(8:1). 하지만 이 이야기에서 하와가 특별한 책임을 진다. 사실 하와는 아담에게 "이 일은 나를 통해서 당신에게 일어났어요. 나 때문에 당신이 어려움과 고통을 겪고 있어요"라고 고백한다(9:2).[17] 뒤에서 그녀는 "창조세계 안의 모든 죄는 나를 통해 들어왔다"고 주장한다 (32:2-3). 하와의 죄는 그녀가 뱀을 만난 데서 비롯되었다. 하와는 뱀이 낙원으로 들어오도록 허락했고 뱀은 "그의 악한 독", "갈망(ἐπιθυμία)[18]의 독", 즉 "모든 죄의 원천"을 "뿌렸다"(19:3). 자기와 아담이 어떻게 속았는가에 관한 하와의 이야기는 미래의 불순종에 대한 예방책 역할을 한다. "얘들아, 이제 나는 우리가 어떻게 속았는지를 너희에게 말해주었다. 그러나 너희들은 좋은 것을 버리지 않도록 스스로를 지키거라"(30:1).

「에스라4서」에 이스라엘의 포로 상황에 관한 에스라와 하나님(또는 천사 우리엘) 사이의 일련의 대화가 등장한다. 인간이 공유하는, 악을 행하는 성향의 힘이 압도적인데 하나님은 왜 자기의 백성을 버리셨는가? 에스라는 고통과 죽음의 원인을 찾아 아담의 불순종으로 거슬러 올라간다. "주께서 아담에게 한 가지 계명을 주셨고 그는 그 계명에 불순종했나이다. 그래서 주께서 즉시 그와 그의 자손에게 죽음을 지정하셨

17_「아담과 하와의 생애」의 영어 번역은 M. D. Johnson, "Life of Adam and Eve: A New Translation and Introduction," in *The Old Testament Pseudepigrapha*, 2 vols., ed. James H. Charlesworth (Garden City, NY: Doubleday, 1983), 2:249-93에서 취한 것이다. 나는 그리스어 버전을 참조했다.

18_Johnson은 이 그리스 단어를 **탐냄**으로 번역한다("Life of Adam and Eve," 279).

나이다"(3:7).[19] 이어서 그는 사람들이 악으로 향하는 성향을 행사하고 하나님께 불순종하기로 작정한 일련의 사건들을 추적함으로써 하나님의 백성의 이야기를 거듭 말한다. 그는 다음과 같이 결론짓는다.

> [악을 행하려는] 이 경향을 지닌 최초의 아담이 주께 불순종했고 패배했나이다. 하지만 그에게서 난 모든 자손도 마찬가지였나이다. 그 병이 영원해졌나이다. 사악한 뿌리와 더불어 율법이 사람들의 마음에 있었는데 좋은 그것은 사라지고 사악함이 머물렀나이다(3:21-22).

다른 한편으로 에스라는 인간이 대대로 책임이 있음을 인정한다. "모든 민족이 자기 뜻대로 살았고 사람들은 주를 생각하지 않으면서 행동했나이다. 그들은 경멸적으로 행동했고 [주께서] 그들을 막지 아니하셨나이다"(3:8). 다른 한편으로 그는 아담 자신이 악한 경향을 지녔음을 알고 있다. "애초에 아담의 마음에 악의 씨앗의 낟알이 있었는데, 그것이 지금까지 얼마나 많은 불경한 짓을 낳았으며 타작할 때까지 얼마나 많은 불경한 짓을 더 낳겠나이까!"(4:30) 왜 마음이 악을 향해 기울어지는가?(참조. 4:4) 우리는 「에스라4서」(예컨대 7:19-24, 118-26; 8:46-62; 14:34)에서 자유 의지를 행사해서 율법을 준수함으로써 악에 대항할 수 있고 또 그렇게 대항해야 한다는 것을 발견하지만, 에스라는 대답을 듣지 못한다. 우리엘에 따르면 인간은 모세를 통해 제시된 길을 따를 수 있고 그 길을 따라야 한다. "살기 위하여…생명의 길을 택하라"(7:129. 참조. 신

19_ 「에스라4서」의 영어 번역은 Common English Bible을 따른다.

30:19).

「바룩2서」는 기원후 70년에 예루살렘이 멸망했을 때 무슨 일이 일어났었는지와 그것이 유대인의 삶에 미친 영향에 관한 계시다. 국가적인 이 트라우마를 이해하기 위해 바룩과 하나님 사이에서 교환된 세 편의 대화(13:1-20:6; 22:1-30:5; 48:26-52:7)에서 아담이 언급된다. 첫 번째 대화에서 하나님은 인간의 수명이 짧은 것은 율법에 대한 불순종 때문이라고 설명하신다. 두 번째 대화에서 바룩은 하나님께 죽음을 끝장내고 죽은 자들을 다시 살림으로써 하나님의 능력과 영광을 보여달라고 요청한다(21:19-25). 하나님의 답변은 아담의 죄의 결과를 강조한다. "아담이 죄를 짓고 앞으로 태어날 사람들에게 죽음이 선언되었을 때 태어날 사람의 수가 정해졌기 때문이다. 그리고 그렇게 정해진 사람들에게 산 자들이 살 곳과 죽은 자들이 보존될 수 있는 곳이 준비되었기 때문이다"(23:4).[20] 세 번째 대화에서 바룩은 다음과 같이 외친다. "아담이여, 당신은 당신 뒤에 태어날 모든 사람에게 도대체 무슨 짓을 한 것입니까? 그리고 뱀의 말에 순종해서 이 모든 사람을 부패하게 만든 최초의 하와에 대해서는 무어라 말할 것입니까?"(48:42-43) 우리가 바룩이 인간의 죄와 신의 심판에 대한 책임을 아담과 하와에게 돌린다고 결론짓지 않도록, 우리는 바룩이 모든 사람이 하나님을 자신의 창조주로 인정하지 않고 율법에 순종하지 않았다고 이의를 제기하는 말을 주목해야 한다(48:46-47). 비록 아담이 이 세대에 죽음을 들여왔지만, 사람들

20_「바룩2서」의 영어 번역은 A. F. J. Klijn, "2 (Syriac Apocalypse of) Baruch: A New Translation and Introduction," in *The Old Testament Pseudepigrapha*, 2 vols., ed. James H. Charlesworth (Garden City, NY: Doubleday, 1983), 1:615-52에서 가져왔다.

은 자기의 미래의 운명에 대해 책임이 있다. 바룩은 "그러므로 아담이 원인이 아니라(그는 자기에 대해서만 책임이 있다), 우리 각자가 우리 자신의 아담이 된다"고 결론짓는다(54:19).

"다시 쓰인 성경"인 「성경 고대사」는 아담부터 사울의 죽음까지의 성경 이야기를 다시 말한다. 하나님이 홍수 후 노아에게 내리신 지시에서 아담에 대한 중요한 언급이 등장한다. 하나님은 "낙원"에 관해 언급하시면서 다음과 같이 말씀하신다.

> 이곳은 내가 최초의 남자에게 "네가 나로부터 명령받은 것을 위반하지 않으면 모든 것이 네게 복종할 것이다"라고 가르친 것에 관한 장소다. 그러나 그 남자는 내 길을 위반했고 그의 아내에게 설득되었다. 그리고 그녀는 뱀에게 속았다. 그리고 인간의 세대들에게 죽음이 정해졌다(13:8).[21]

「성경 고대사」의 텍스트는 모세─그 문헌은 모세를 창세기의 저자라고 생각한다─에 관해 언급하면서 다음과 같이 이어진다. "그리고 주님은 계속해서 그에게 낙원의 길들을 보여주시고 그에게 말씀하셨다. '이것들이 인간이 내게 죄를 지었기 때문에 그리로 걷지 않음으로써 잃어버린 길들이다'"(13:9). 이처럼 아담의 죄는 인간의 죽음을 가져왔고 하나님의 사람들은 자신이 스스로의 순종(또는 불순종)에 대해 책임이 있다.

이 텍스트들은 나란히 읽히면 다음과 같은 두 가지 중요한 측면에

21_「성경 고대사」의 영어 번역은 D. J. Harrington, "Pseudo-Philo: A New Translation and Introduction," in *The Old Testament Pseudepigrapha*, 2 vols., ed. James H. Charlesworth (Garden City, NY: Doubleday, 1983), 2:297-377에서 가져왔다.

서 일치한다. (1) 아담(또는 하와)의 불순종은 그들 자신의 죽음과 그들 후에 태어날 모든 사람의 죽음을 가져왔으며, (2) 인간은 여전히 자신의 행동들에 대해 책임이 있다. 죄의 기원 문제가 언급될 때는 대답이 달라진다. 「아담과 하와의 생애」에서는 뱀이 하와—그리고 명백히 인간 가족—에게 "갈망"이라는 독소(즉 악으로 향하는 마음)를 준다. 이와 유사하게, 「에스라4서」에서 "악한 경향"은 인간의 특징적인 면모다. 그것의 기원은 명확하지 않지만 말이다. 예컨대 하나님이 죄의 원인이라는 주장에 반대하면서 집회서(기원전 2세기)는 하나님이 인간을 창조하시고 인간을 "그들의 선택의 힘에" 맡겨두셨다고 역설한다(15:14). 따라서 죄는 선이 아니라 악을 선호한 의지의 행사에서 그리고 그들의 갈망($\dot{\epsilon}\pi\iota\theta\upsilon\mu\acute{\iota}\alpha$)을 통제하지 못한 데서 생기지만(5:2; 18:30; 참조. 23:4-5), 사람들은 하나님의 명령을 따르고 충실하게 살기로 선택할 수 있는 타고난 수단을 지닌다(15:15). 플라톤주의적인 색조를 지닌 필론(기원후 1세기)은 하나님의 지시를 따르면 신체적 쾌락을 물리치고 이성을 비합리적인 감각과 과도한 충동 위에 두게 된다고 확언한다(예컨대 「특별한 율법」 2:163). 마찬가지로, 「마카베오4서」는 "경건한 생각이 감정과 욕망보다 낫다"는 것을 보여주려고 한다(1:1). 「다메섹 문서」에서 쿰란 분파는 "그의 모든 길을 완벽하게 걷고 죄 있는 경향의 생각과 탐욕의 눈을 따르지 않도록" 하나님이 사랑하시는 것을 선택하고 하나님이 미워하시는 것을 거절하라는 지시를 받는다. 하지만 이 경우 악한 경향은 아담과 하와에게 거슬러 올라가지 않고 뱀에게 거슬러 올라가지도 않으며, "신적 존재" 또는 창세기 6:1-6의 "하늘의 감시자들"에게 거슬러 올라간다(「다메섹 문서」 2:15).[22] 하지만 인간에게는 여전히 선을 선택할 자유가 있는데 선은 하나님의 지시와 동일시된다.

관련 유대교 텍스트들에 관한 이 간략한 언급이 중요한 이유는 이 텍스트들이 신약성경 자료들이 쓰이고, 수집되고, 최초로 해석되던 시기에 기독교의 전통적인 원죄 교리가 창세기 3장이 어떻게 읽혀야 하는지에 관해 영향을 주지 않았다는 것과 창세기 3장에 대한 유대교의 해석이 그 교리를 발생시키지 않았다는 것에 대한 증거를 제공하기 때문이다. 신약성경 저자들은 이 점에 관해 어떻게 생각했는가?

야고보서

야고보서 1:2에서 저자는 그의 청중에게 그들이 경험하는 시험들과 관련해서 희망에 찬 관점을 채택하라고 조언한다. "내 형제들아, 너희가 여러 가지 시험을 당하거든 온전히 기쁘게 여기라."[23] 그는 이어서 결국 믿음의 시련이 성숙으로 인도하고 참으로 "주께서 자기를 사랑하는 자들에게 약속하신 생명의 면류관"으로 이어진다고 말한다(1:12). 그러나 이 텍스트는 하나님이 이 시험의 원인이시라는 고발을 포함해서 시험의 원천 문제를 제기한다. 이스라엘의 성경이 하나님이 자기 백성을 시험하시는 것으로 서술한다(예컨대 창 22:1)는 점은 이 점을 더 강하게 압박한다.

1:13-18에 수록된 야고보의 답변에서 우리는 그의 사고가 창세기

22_ Geza Vermes, *The Complete Dead Sea Scrolls in English* (New York: Penguin, 1997), 128에 수록된 영어 번역.

23_ 달리 언급되지 않는 한 나는 Common English Bible을 따른다.

의 앞 부분에 대한 이해를 통해 인도되었음을 알 수 있다. 야고보가 서신의 뒤에서 "사람이 하나님의 형상대로 지음을 받았다"고 언급할 때 (3:9; 창 1:26-27을 보라), 그가 창세기를 염두에 두고 서신을 쓰고 있다는 것이 명백해진다. 이 구절은 저자가 인간의 상황을 어떻게 파악하든 간에 인간이 여전히 하나님의 형상을 유지하고 있음을 보여주는 중요한 구절이다. 야고보는 "하늘의 빛들의 창조자인 아버지"(개역개정은 "빛들의 아버지"로 번역했음)를 언급함으로써 정곡을 찌르는데, 이 어구는 창세기 1:3-5, 14-18에 나타난 하나님의 창조 사역을 상기시킨다. 마찬가지로 "모든 좋은 선물"이 하나님께로부터 온다는 야고보의 주장은 창조세계의 선함에 대한 반복적인 신적 단언(창 1:4, 10, 12, 18, 21, 25, 31)을 상기시킨다. 더욱이 야고보는 아담과 하와의 이름을 언급하지는 않지만 시험 문제를 다룰 때 창세기 3장을 숙고한다. 성경 전통 안에서 글을 쓰는 그에게는 시험의 원인으로 하나님, 사탄 그리고 인간이라는 세 가지 선택지밖에 없다. 그는 첫 번째 원인을 단호히 거부하고 세 번째 원인을 강조한다. "사람이 시험을 받을 때에 '내가 하나님께 시험을 받는다' 하지 말지니 하나님은 악에게 시험을 받지도 아니하시고 친히 아무도 시험하지 아니하시느니라. 오직 각 사람이 시험을 받는 것은 자기 욕심($\epsilon\pi\iota\theta\upsilon\mu\iota\alpha$)에 끌려 미혹됨이니"(약 1:13-14). 웨슬리가 야고보서 주석에서 언급했듯이 "그러므로 우리는 모든 죄의 원인을 우리의 **밖**에서가 아니라 **안**에서 찾아야 한다."[24] 야고보가 그 서신의 이 부분에서 두 번째 선택지(사탄)를 언급하지는 않지만 그는 다른 곳에서 악마와 지옥의 영

24_ Wesley, *Explanatory Notes upon the New Testament*, 857.

향에 대한 여지를 남겨놓는다(참조. 3:6, 14-16).

난제는 야고보가 **페이라스모스**(πειρασμός; 복수는 πειρασμοί)라는 단어를 겉으로 보기에 모순된 방식으로 사용하는 데 놓여 있다. 1:2-4에서 대개 "테스트들"(tests) 또는 "시련들"(trials)로 번역되는 **페이라스모이**는 기쁘게 여겨져야 한다. "이는 너희 믿음의 시련이 인내를 만들어내는 줄 너희가 앎이라. 인내를 온전히 이루라. 이는 너희로 온전하고 구비하여 조금도 부족함이 없게 하려 함이라." 1:14-15에서 대개 시험(temptations, 유혹)으로 번역되는 자기 욕심(ἐπιθυμία)이 **페이라스모이**를 일으킨다. 그러면 "욕심이 잉태한즉 죄를 낳고 죄가 장성한즉 사망을 낳는다." 가경자 비드(기원후 673-735)는 그 문제를 유용하게 바라보았다. 비록 야고보의 답변에 대한 그의 이해는 다소 조정될 필요가 있지만 말이다. 비드에 따르면 "지금까지 야고보는 우리가 테스트를 받기 위해 주님의 승인을 받아 견디는 외적인 유혹에 관해 논의했다. 이제 그는 악마의 사주에 따라 또는 심지어 우리의 본성의 설득력 있는 취약성에 의해 내적으로 당하는 유혹들을 다루기 시작한다."[25] 비드의 해석은 악마를 도입하는 반면에 이 대목에서 야고보는 우리가 "우리의 본성의 설득력 있는 취약성"으로 부를 만한 것을 지적했다. 이 점이 좀 더 심각한데, 비드는 두 번째 종류의 유혹을 "우리가 내적으로 당하는 유혹"으로 파악하는 반면에, 야고보에게 있어서 그것은 이 유혹들이 아니라 우리 안에 있는 우리의 갈망들이다.

25_ Bede the Venerable, *Commentary on the Seven Catholic Epistles*, trans. Don David Hurst, Cistercian Studies Series 82 (Kalamazoo, MI: Cistercian, 1985), 13.

야고보가 묘사하는 기본적인 대조는 외적-내적 이원론에 근거하는 것이 아니라 그가 **페이라스모스**라는 용어와 관련시키는 현상에 대한 인간의 다른 반응들에 근거한다. **페이라스모이**를 직면해서 굳게 서면 하나님이 약속한 생명에 이르지만(1:12), 자신의 갈망이 자신의 삶을 통제하도록 허용하면 죄와 죽음에 이른다(1:14-15). 말하자면 야고보는 **페이라스모스**—이 단어는 성경 전통에서 (인간의 번성을 방해하는) 악마적인 유혹과 (인간의 삶을 완벽하게 하고 인간의 번성을 심화시키는) 신적 테스트를 모두 가리킬 수 있다—라는 용어를 영리하게 사용한다. 추방된 방랑자라는 공통된 경험(1:1)—비탄, 갈등, 조롱, 주변화 그리고 변절하라는 압력의 병폐—이 테스트로 특징지어져야 하는가 아니면 유혹으로 특징지어져야 하는가? 그 답변은 내적인 것이며, 그리스도를 따르는 이들이 자신의 사악한 기질을 정복할 것인지 아니면 그 기질에 의해 정복될 것인지가 이 답변에 달려 있다.

야고보의 독자들에게 제시된 두 개의 길이 처음에는 네 개의 제2성전기 유대교 문헌에 나타난 관점에 대한 우리의 간략한 요약에서 발견되는 내용을 상기시키는 것처럼 보일 수도 있을 것이다. 그러나 인간의 상황에 대한 그 문헌들의 진단은 야고보서의 진단보다 좀 더 낙관적이다. 우리는 신명기 30:19-20을 반향하는 야고보가 그의 독자들 앞에 신명기의 그 텍스트와 마찬가지로 생명과 사망의 길을 제시한다고 말할 수 있을 것이다. 그러나 야고보는 신명기의 텍스트와 달리, 가령, 주의 지시를 따름으로써 생명을 택하라고 단순하게 촉구하지 않는다. 오히려 그는 갈망(ἐπιθυμία), 악한 경향의 압도적인 힘을 인식하는데 그것은 자제나 이성보다 좀 더 강력한 대책을 요구한다. 한편으로 인간의 갈망

(또는 욕망)은 "죄를 낳고 죄가 장성하면 사망을 낳는다"(약 1:15). 다른 한 편으로 하나님은 "그 피조물 중에 우리로 한 첫 열매가 되게 하시려고 자기의 뜻을 따라 진리의 말씀으로 우리를 낳기를"(1:18) 원하신다(또는 바라신다). 하나님의 선택 또는 욕구가 인간의 욕구 또는 갈망과 대조된다. 하나는 생명에 이르고 다른 하나는 사망에 이른다. 하나님의 "진리의 말씀…너희 영혼을 능히 구원할 바 마음에 심어진 말씀"(1:18, 21)을 통해 갈망이 처리된다. 물론 그리스도의 추종자들이 그 말씀을 실천한다는 전제하에 말이다(1:22-27).

야고보에게 있어서 추방된 삶은 인간의 갈망에 대한 기회를 제공하고 그것이 죄와 사망에 이르는 길을 제공한다. 추방된 삶의 도전이나 하나님은 문제가 아니다. 문제는 인간의 인격의 외부의 것이 아니라 내부의 것이다. 즉 인간의 갈망(욕심)이 문제다. 인간의 마음은 두 마음, 편애, 잘못된 말, 오만함, 이기적인 야망, 폭력을 향해 기울어져 있다. 이것이 세상의 지혜의 길이다(3:14-16). 해법이 비록 외부적이기는 하지만(즉 하나님의 "진리의 말씀") 그것이 유사하게 내면화되어야 한다. 즉 신적 말씀이 수용되고 실천되어서 그것이 사람의 사고, 감정, 믿음 그리고 행동에 스며들어야 한다.

바울과 죄

로마서 5:12이 오랫동안 원죄 교리의 표준 구절 역할을 해왔지만, 이것은 번역의 오류에 기인한다. 우선 나의 번역을 제시해 보겠다. "한 사람의 죄를 통해 죄가 세상에 들어오고 죄를 통해 사망이 들어왔듯이, 사망이 모든 사람에게 왔다. 모든 사람이 죄를 지었기 때문이다(개역개정을 사용하지 아니함)." 우리가 분석을 시작할 지점은 그 절의 마지막 어구인 **에프 호 판테스 헤마르톤**(ἐφ᾽ ᾧ πάντες ἥμαρτον)인데 나는 그것을 "모든 사람이 죄를 지었기 때문이다"로 번역했다. 4세기의 주석가 암브로시아스터—아우구스티누스는 그를 따랐다—는 이 그리스어 어구를 라틴어에서 인간이 그 사람 안에서—즉 아담 안에서—죄를 지었다고 언급하는 구절로 여겼는데, 이것이 그 구절에 따르면 인간 가족이 아담 안에서 죄를 지었다는 신학적 인간학으로 이어졌다.

바울의 서신들에서 전치사구 **에프 호**(ἐφ᾽ ᾧ)는 다른 곳에서 세 번 등장한다. 고린도후서 5:4에서 바울은 우리가 벌거벗기를 원치 않기 **때문에**(ἐφ᾽ ᾧ) 신음하며 짓눌렸다고 언급한다. 빌립보서 3:12에서 바울은 그리스도가 자기를 붙잡았기 **때문에**(ἐφ᾽ ᾧ) 자기가 완벽을 붙잡기 위해 그것을 추구한다고 말한다. 그리고 빌립보서 4:10에서 바울은 빌립보인들이 자기를 향한 그들의 관심을 새롭게 했기 때문에 기뻐한다. "[물론, ἐφ᾽ ᾧ] 이를 위하여 너희가 생각은 하였으나 기회가 없었느니라." 바울이 다른 곳에서 이 전치사구를 사용한 용법은 암브로시아스터와 아우구스티누스가 채택한 해석에 반한다. 로마서 5:12에 대한 현대의 해석은 그것을 원인을 표시하는 것으로 여긴다. "모든 사람이 죄를 지었기 때문에"(예컨대 Common English Bible, New American Bible [2011], New English Translation, New International Version [2011], New Revised Standard Version, New Jerusalem Bible [개역개정도 "모든 사람이 죄를 지었으므로"로 번역한다]). 이는 문법학자들 사이에서 오랫동안 선호된 해석이다.[26]

26_ 참조. 예컨대 James Hope Moulton, *Prolegomena*, vol. 1 of *A Grammar of New Testament*

바울은 여전히 "한 사람[아담]으로 말미암아 죄가 세상에 들어왔음"을 긍정하는데 이것이 어떻게 그런 것인지를 질문할 가치가 있다. 바울이 쓴 것으로 알려진 서신들에서 "죄들의 용서"(골 1:14; 엡 1:7은 "우리의 실패들의 용서"로 해석된다)라는 어구는 매우 드문데, 이 점은 바울이 개별적인 불순종의 행동에 우리가 생각하는 것보다는 관심이 적었음을 암시한다. 창세기 4:7에서 가인에 대한 하나님의 답변에 나타나는 생물의 이미지는 시사하는 바가 있다. "죄가 문에서 습격할 준비를 하고 기다리고 있을 것이다! 그것이 너를 유혹할 것이다"(개역개정을 사용하지 아니함). 이 이미지는 우리를 바울이 로마서 5-7장에서 전개하는 죄에 관한 시각의 방향으로 옮겨준다. 거기서 죄는 힘을 발휘하는데, 인간에 대해 작용하는 죄의 힘은 주인 또는 왕의 힘처럼 묘사된다. 인간은 "죄에게 통제되며"(6:12), 사람들이 "그들의 몸의 부분들을 나쁜 짓을 하는 무기로 사용되도록" 제공하고(6:13), 사람들이 자신을 죄에게 노예로 제공하며(6:16), 세례를 받은 사람들은 전에는 죄에게 노예가 되었지만 이제 죄의 지배로부터 해방되었다(6:17-18, 20, 22). 따라서 하나님의 지시에 흠이 있기 때문이 아니라 죄의 견인력이 인간의 노력을 이기기 때문에 인간이 하나님의 지시에 순종함으로써 죄의 힘에 맞설 수 없다. 바울은 이와 동시에 아담을 통해 그리고 아담으로부터 죄가 세상에 들어왔

Greek, ed. James Hope Moulton (Edinburgh: T. & T. Clark, 1908), 107: "~라는 사실에 비추어"; Friedrich Blass, Albert Debrunner, and Robert W. Funk, *A Greek Grammar of the New Testament and Other Early Christian Literature* (Chicago: University of Chicago Press, 1961) §235(2): "~라는 이유로, 때문에"; C. F. D. Moule, *An Idiom Book of New Testament Greek*, 2nd ed. (Cambridge: Cambridge University Press, 1959), 50: "~인 까닭에, 때문에"; Daniel B. Wallace, *Greek Grammar Beyond the Basics: An Exegetical Syntax of the New Testament* (Grand Rapids, MI: Zondervan, 1996), 342-43: "때문에."

고, 죽음이 지배했고, 많은 사람이 죽었고, 심판이 왔고, 많은 사람이 죄인이 되었고, 죄가 죽음 안에서 다스렸다고 말한다((5:12-21). 그러므로 바울이 말한 것을 종합하면 우리는 아담 때문에 패권을 잡은 힘으로서의 죄가 세상에 풀어졌고, 아담의 불순종이 일련의 결과를 일으켜 하나의 죄가 다른 죄로 이어진다고 말할 수 있다. 이것은 죄가 인간 조건에 기본적이기 때문이 아니라 아담이 모든 인간에게 패턴을 정해두었기 때문이다. 우리는 바울에게서 좀 더 많은 것을 원할 수도 있다. 그럴 경우 우리는 바울의 질문들과 관심들이 언제나 우리의 그것들과 같지는 않다는 점을 기억해야 한다. 결국 로마서에서 바울은 실제로 죄의 원인론 문제에 관심이 있는 것이 아니다. 즉 그는 원죄 교리를 형성하고 있는 것이 아니다. 오히려 로마서에서 그는 유대인들과 이방인들이 하나님 앞에서 공통의 정체성을 지니고 있음을 보여주기를 원한다. 이 논의에서 죄는 조건을 같게 만드는 기능을 한다. "모든 사람이 죄를 범하였으매 하나님의 영광에 이르지 못했다"(3:23). 유대인과 이방인 사이에 구별이 없이 모두 죄의 통치에 굴복한 것처럼, "예수 그리스도를 믿음으로 말미암아 모든 믿는 자에게 미치는 하나님의 의"는 유대인과 이방인 사이에 구별이 없다(3:22). "누구든지 주의 이름을 부르는 자는 구원을 받을" 것이기 때문이다(10:12-13).[27]

27_ 참조. Michael Wolter, *Paul: An Outline of His Theology*, trans. Robert L. Brawley (Waco, TX: Baylor University Press, 2015), 372-73.

창세기 3장은 어떠한가?

원죄 교리에 대해서 창세기 3장은 중대한 신학적 무게를 지닌다. 결국 창세기 3장은 "타락" 이야기다. 성경 내러티브의 그 지점에서 "죄"가 들어오는데 이는 낙원의 상태에서 추방의 상태로 구조가 변하는 경계선이며, 그 시점 이후 하나님은 일종의 구원 사역을 수행하셔야 한다. 그런데 이상하게도 창세기 3장에서 **타락**이라는 단어가 결코 언급되지 않으며, 이 기사에서 **죄**라는 말도 등장하지 않는다. 더욱이 우리가 성경의 내러티브를 이런 식으로 읽으면 하나님의 사역을 창조 자체로 적시할 수 있는 가능성을 간과하고, 대신 하나님의 사역은 그것이 작동할 수 있기 위해 인간의 위반을 기다린다는 견해를 채택하게 된다. 구약성경이 아담과 하와 또는 그들의 불순종에 대해 거의 말하지 않는다는 점은 더 이상하다. 성서신학자인 게리 앤더슨은 여기서 더 나아간다. "아담의 범죄가 참으로 죄의 지배와 죽음을 가져왔고 성경의 나머지는 그것으로부터의 교정을 추구한다면 왜 아담의 죄와 그것의 결과들이 바울이 편지를 쓸 때까지 결코 언급되지 않는가?"[28] 앤더슨이 창세기 3장을 한 번도 언급하지 않고서 『죄: 하나의 역사』(*Sin: A History*)라는 제목의 책을 쓴 데는 충분한 이유가 있다.[29] 실제로, 우리가 창세기 12장에서 아브라함

28_ Gary A. Anderson, "Original Sin: The Fall of Humanity and the Golden Calf," in *Christian Doctrine and the Old Testament: Theology in the Service of Biblical Exegesis* (Grand Rapids, MI: Baker Academic, 2017), 59-60. 구약성경에서 아담은 죄와 관련해서 두 번만 언급되는데, 어느 텍스트도 원죄 교리에 의해 창 3장에 할당된 중요성을 지니지 않는다. (1) 욥은 자신이 아담처럼 자기 죄를 숨긴 적이 있는지 궁금해한다(욥 31:33; 일부 번역들은 아담 대신 인간이라고 지칭한다). (2) 호세아는 하나님의 백성에 대해 말하면서 "그들은 아담처럼 언약을 어겼다"고 쓴다(호 6:7).

29_ Gary A. Anderson, *Sin: A History* (New Haven, CT: Yale University Press, 2009).

의 이야기가 시작되기 전까지, 곧바로 3장에 이어지는 장들을 읽을 때 아담과 하와의 불순종은 단순히 일련의 인간의 실패 이야기들—아담과 하와, 가인, 네피림, 바벨—의 최초의 이야기일 뿐이며, 그 상황은 6:5에서 서술자에 의해 다음과 같이 적절하게 요약된다. "여호와께서 사람의 죄악이 세상에 가득함과 그의 마음으로 생각하는 모든 계획이 항상 악할 뿐임을 보셨다." 확실히 창세기 1-11장은 바이러스 같은 죄의 확산을 보여주지만, 그것은 죄의 원인론보다는 관계적 성격 및 편만한 성격에 대해 더 많이 말한다.

위에서 인용된 앤더슨의 질문은 둘로 나눠질 수 있다. 첫 번째 질문은 창세기 3장을 어떻게 이해해야 하는가에 관한 것이고, 두 번째 질문은 바울이 왜 창세기 3장을 그렇게 이해했는가에 관한 것이다. 우리는 이미 로마서에 제시된 바울의 논의의 성격을 상기함으로써 두 번째 질문을 다뤘다. 바울이 이스라엘의 사악한 경향을 강조하는 데 관심이 있었다면 그는 금송아지 이야기(출 32장)를 살펴보기만 하면 되었을 것이다. 그것은 구약성경에서 창세기 3장과 달리 이스라엘의 우상숭배에 대한 일종의 기원 역할을 한다. 하지만 바울이 이 경로를 취했더라면 그는 보편적인 죄를 유대인과 이방인을 동등하게 만드는 요소로 제시하지 못했을 것이다. 이스라엘은 참으로 죄를 짓는 경향이 있을 수도 있지만, 이 진단이 유대인들에게만 해당하는 것은 아니다. 창세기 3장의 신학적 인간론이 보여주는 바와 같이 고집을 부리는 경향은 모든 민족의 특징이다.

창세기 3장을 어떻게 이해할 것인가는 다른 문제로서, 우리는 이를 위해 두 가지 관찰사항을 출발점으로 삼는다. 첫째는 창세기 2:4-3:24

을 포함하는 내러티브가 실제로는 창세기 1:1-2:4로 구성된 창조 기사에 이어지지 않는다는 것이다. 적어도 이야기의 시간 측면에서는 말이다. 오히려 이 두 기사는 하나의 이야기를 두 개의 관점에서 서술한다. 하나는 좀 더 장엄하고 심지어 예전적(liturgical)이며, 다른 하나는 좀 더 세속적이고 현세적이다. 두 번째 기사는 인간의 본성에 관심을 기울인다. 첫 번째 기사는 인간이 하나님 자신의 형상대로 창조되었고 중요한 의미에서 "하나님과 같다"고 말하는 반면, 두 번째 기사는 인간이 하나님과 같아지기를 추구하는 것으로 묘사한다. 고든 맥콘빌은 "두 창조 기사를 함께 읽을 때의 핵심적인 문제"가 "인간이 모종의 의미에서 '하나님과 같다'고 말하는 것이 무엇을 의미하는가"라고 생각한다.[30]

　　최근의 구약성경 신학을 통해 창세기 1-3장을 이해하기 위한 우회로를 취하는 맥콘빌은—우리가 앞서 언급했던 바울, 야고보 그리고 유대교 텍스트들의 저자들의 해석사에서 발견하는 내용의 선상을 따라—아담과 하와의 이야기를 원형적으로 읽을 수 있다고 제안하는, 창세기 1-3장의 독법을 제시한다. 맥콘빌은 하나님의 형상(imago Dei) 언어를 하나님이 창조하신 세상에서 인간이 "하나님을 나타내는 것"의 관점에서 이해하며, 따라서 인간에 대한 하나님의 축복과 인간이 창조를 찬미하고 창조세계에 대한 하나님의 비전과 목적을 공유할 소명을 강조한다. 그러나 하나님의 선한 창조가 인간의 출현으로 완성되었듯이, 그 창조세계는 이 새로운 행위자의 존재로 말미암아 교란되었다. 그

30_ J. Gordon McConville, *Being Human in God's World: An Old Testament Theology of Humanity* (Grand Rapids, MI: Baker Academic, 2016), 39.

는 인간이 하나님의 세상에서 불안정 요인이라고 생각한다. "그러므로 창세기 1-3장은 선과 악, 삶과 죽음이라는 갈등과 관련된 인간의 조건을 묘사하며" "인간에게…이 세상에서 하나님을 나타낼 임무가 맡겨졌지만…인간은 이것이 의미하는 바를 주관적인 실재라고 심각하게 오독할 가능성이 있다."[31] 이 관점에서 볼 때 인간의 삶은 심원하게 모순된다. 말하자면 인간은 하나님과 같다는 측면과 하나님과 같을 가능성과 한계를 잘못 이해하는 측면 사이에 놓여 있다.

창세기 1-3장은 아우구스티누스에게서 출현했고 그의 후계자들에 의해 계속된 바대로의 전통적인 원죄 교리의 토대를 거의 제공하지 않는다. 구약성경 전체 또는 신약성경도 마찬가지다. 성경은 인간의 타락을 언급하지 않으며 타락 개념이 전제하는 구원사적 내러티브를 증언하지도 않는다. 그리고 성경은 아담(과 하와)의 죄를 물려받는 것으로 얘기하지 않으며, 죄의 (궁극적인) 원인론을 탐구하지 않고, 죄와 죄책을 인간의 조건에 필수적인 것으로 상정하지도 않는다. 우리가 조사했던 제2성전기 유대교 텍스트들이 죄(또는 죄를 지으려는 경향)에 대한 시정책으로서 하나님의 지시에 대한 순종을 지지하지만, 야고보와 바울 모두 인간이 죄의 힘에서 풀려나 하나님을 섬길 수 있으려면 신적 개입이 필요하다는, 죄에 대한 좀 더 급진적인 관점을 증언한다. 창조에 관한 야고보의 숙고는 그의 청중에게 (하나님이 아니라) 인간의 갈망, 악한 경향이 유혹, 죄, 그리고 죽음의 배후에 있음을 확신시킨다. 아담에 관한 바울의 숙고는 인간이 죄의 세계 안으로 여행을 떠난 시점을 나타내고 아

31_ McConville, *Being Human in God's World*, 41, 43.

담을 이방인과 유대인, 곧 모든 사람이 따라간 길을 낸 일종의 개척자로 파악한다. 이방인과 유대인 모두 죄악에 빠져들었다. 바울과 야고보 모두 죄의 집단적인 측면을 강조하며 죄의 유전 가능성—생물학적으로가 아니라 패턴과 영향력의 의미에서 죄를 물려받는다는 의미에서—을 가정한다.

원죄?

벨리 마티 카르카넨은 전통적인 원죄 개념의 성장을 약술하고 나서 재고할 필요가 있는 관련 믿음들—창세기 2-3장의 문제가 있는 독법과 인간이 한때 천진하고 죽지 않는 완벽한 상태에서 살았던 한 쌍의 부부에게서 유래했다는 아이디어, 최초의 부부의 불순종에 기인한 인간의 보편적인 죄책과 정죄, 그리고 사악함에 대한 그 교리의 지나치게 개인주의적인 설명—을 열거한다.[32] 카르카넨은 원죄 교리가 불가피하게 그렇게 골치 아픈 믿음들과 연루된다고 생각하기 때문에 원죄라는 용어를 사용하기를 거부하고 "인간의 불행"이라는 제목하에서 자신의 설명을 전개한다. 이 설명은 왜 최근에 전통적인 원죄 개념들이 무시되어 왔는지를 유용하게 요약해준다.

　　원죄 교리의 몇몇 측면들은 오랫동안 면밀한 조사를 받아왔는데,

32_Veli-Matti Kärkkäinen, *Creation and Humanity*, vol. 3 of *A Constructive Christian Theology for the Pluralistic World* (Grand Rapids, MI: Eerdmans, 2015), 395(389-95을 보라).

아마도 원죄가 한 세대에서 다음 세대로 전달되는 것을 어떻게 설명하는 것이 가장 좋은지가 그중에서 가장 논란이 되는 측면일 것이다. 웨슬리는 자기가 원죄가 전달되었다는 것을 알 뿐이고 어떻게 전달되었는지는 모른다고 주장했다(비록 그도 이 점에 관해 추측하지 않은 것은 아니지만 말이다). 웨슬리는 인간이 아담의 죄책과 심판을 물려받았다는 전통적인 아이디어를 거절했다. 그리고 그는 원죄 **및** 자유 의지 행사의 효과와 하나님의 선하심에 충실하게 반응할 수 있는 능력—하나님의 선행 은총을 통해 활성화된다—을 결합했다. 웨슬리에게 있어서 이는 인간이 자기의 고집에 대한 책임이 있음을 의미한다. 궁극적으로 웨슬리에게 있어서 원죄 교리의 중요성은 그 교리의 구원론적 의의에 놓여 있다고 할 수 있을 것이다. 그의 진짜 관심은 은혜의 보편적인 필요성과 치유의 보편적인 희망을 긍정할 수 있는 토대로서 죄의 보편성을 확언하는 것이었기 때문이다.

웨슬리주의의 이 기본 요소들에 자연 과학에 대한 그의 개방적인 태도—이 점은 그가 성경과 더불어 기꺼이 "자연의 책"을 읽으려고 한 데서 드러난다—와 성경에 대한 그의 존중이라는 두 가지 방법론상의 고려가 추가되어야 한다. 이 두 개의 출발점이 모순된다고 생각하는 사람도 있지만 웨슬리는 그렇게 생각하지 않았다. 자연계에 나타난 하나님의 계시와 성경에 나타난 하나님의 계시의 설명들 사이의 긴장에 직면해서, 그는 단순히 어느 한쪽이 다른 한쪽을 이기도록 허용하지 않고 마음을 열어서 양쪽 모두를 존중할 수 있는 신선한 해석을 고려했다. 예컨대 웨슬리는 자기 시대의 몇몇 교육 받은 사람들이 예수의 치유 기적들과 축귀 기적들에 관한 보고에 의문을 제기한다는 것을 알고 있었다.

제자들에게 "귀신을 쫓아내라"고 하신 예수의 위임(마 10:8)에 관한 노트에서 웨슬리는 몇몇 사람들이 복음서들에서 귀신의 탓으로 돌려진 몇몇 질병이 "광기, 간질 또는 경련"이라는 자연적인 질병의 증상들과 똑같다고 말하며 "그 질병들에서 귀신이 손을 쓰지 않았다"고 결론짓는 사람들에 동의했다. 웨슬리는 계속해서 다음과 같이 말한다.

> 그러나 멈춰서 잠시 고려해볼 가치가 있다. 하나님이 악령에게 어떤 사람의 몸에서 그 사람이 자연적으로 가진 힘을 찬탈하도록 허용하시고 그 악령이 실제로 그 힘을 행사한다고 가정해보자. 그 경우 우리가 그 사람이 자연적으로 몸을 구부리는 것과 같은 방식으로 몸을 구부린다는 이유만으로 악령이 그 사람 안에서 손을 쓰고 있지 않다고 결론지어야 하는가? 그리고 하나님이 악령에게 뇌신경의 발생에 즉각적인 영향을 줄 수 있도록 더 큰 능력을 주셔서 악령이 뇌 신경을 자극하여 난폭한 동작을 만들어내거나 뇌신경을 이완시켜서 전혀 또는 거의 조금도 움직이지 않게 함으로써 그 증상들이 광증이나 간질 또는 경련의 경우 신경의 과도한 긴장이나, 마비의 경우 과도한 이완과 똑같다고 가정해보라. 그런 경우 우리가 귀신이 그 증상들에 손을 대지 않았다고 결론지을 수 있는가?[33]

"난폭한 동작"과 "신경의 괴도한 긴장[또는 이완]" 같은 어구는 웨슬리가 17세기와 18세기에 등장한 신경학 이론을 잘 알고 있었음을 보여준다. 좀 더 일반적으로 말하자면 이 대목에서 우리는 웨슬리가 성경 해석

33_ Wesley, *Explanatory Notes upon the New Testament*, 53.

에서 과학의 중요성을 진지하게 여겼음을 알 수 있다. 이 경우 그는 신경의 활동과 귀신들의 작용 사이 또는 성경의 책과 자연의 책이라는 하나님의 두 책 사이에서 어느 한쪽만을 선택하기를 거절했다.

원죄 교리로 돌아와 말하자면 웨슬리는 취미 삼아 자연 과학에 관심을 보였다. 따라서 그가 지난 200년 동안 발전한 인간의 기원에 관한 시각에 어떻게 반응했을지를 물어볼 가치가 있다. 진화 생물학은 인간의 이야기의 세부 사항들을 계속 다시 쓰고 있지만, 그 이야기의 일반적인 내용만으로도 인간 가족이 한 쌍의 부부로 추적될 수 있다는 아이디어와 인간의 역사를 ("타락" 전후의) 두 "시대들"로 나눌 수 있는 가능성 등 전통적인 원죄 교리의 몇 가지 기본 사항들과 상당한 긴장을 일으킨다.

웨슬리가 몇몇 학자가 원죄 교리의 관에 마지막 못을 박은 것이라고 간주하는 진화 생물학에 직면했더라면 그는 어떻게 반응했을까? 그의 방법론적 충실성에 비추어볼 때 우리는 그가 성경이나 과학을 당장 거부하기보다는 원죄 교리를 재고했을 것으로 생각할 수 있을 것이다.

종합하자면 이런 데이터와 숙고들은 타락 내러티브를 잘 받아들인다. 비록 전통적인 형태의 원죄 교리와는 잘 조화되지 않지만 말이다.[34] 이 대안적인 설명에서 우리는 우리의 초기 조상들을 그들의 삶이 아직 영적 어둠의 안개 또는 궁극적으로 하나님에게서 멀어진 인간 가족을

34_ 이 대목에서 나는 특히 다음 문헌들에 빚을 졌다. Daryl P. Domning and Monika K. Hellwig, *Original Selfishness: Original Sin and Evil in the Light of Evolution* (Aldershot, UK: Ashgate, 2006); Kärkkäinen, *Creation and Humanity*, 387-411; Anthony C. Thiselton, *Systematic Theology* (Grand Rapids, MI: Eerdmans, 2015), 155-56. 『조직신학』, IVP 역간.

감싸게 될 결정의 혼동 상태에 휩싸이지 않은 피조물이라고 상상할 수 있을 것이다. 그럼에도 그들은 다른 사람에게 해롭든 유익하든 간에 자신에게 이익이 되는 방향으로 행동하려는 타고난 경향에 굴복했을 것이다. 이런 타고난 경향들은 독특하게 "인간적인" 특질들이 아니었을 것이다. 그런 경향들은 우리의 인간 조상이 출현하기 전과 출현한 후 동물들의 삶의 특징이었을 것이기 때문이다. 그러나 우리의 인간 조상들은 자아를 인식하는 공동체 안에서 특별히 도덕적인 차원을 습득했을 것이고, 자아를 인식하는 인간 조상들 사이에서 도덕적 선택들은 본능적인 행동을 뛰어넘었을 것이다. 우주와 관련해서뿐만 아니라 좀 더 넓은 인간 가족 가운데서 하나님의 임재의 대리인 역할을 하도록 부름을 받은 이 조상들은 하나님의 음성에서 멀어지려는 유혹과 욕망에 노출되었고 그들의 조상들의 상호 작용, 가족 생활, 사회화의 모델링과 패턴을 통해 그들에게 전달된 도착(perversion), 폭력, 남용, 자기 중심성에 취약했다. 하지만 놀랍게도 우리의 조상들은 가장 취약한 사람들을 돕는 비이기적인 행동을 포함한 일련의 이타적인 관행들에도 관여했기 때문에 이런 욕망들과 도착들, 이 고집스러움이 이 대안적인 내러티브의 마지막 장을 장식하지는 않는다. 웨슬리주의자들에게 있어서 이것은 그들의 도덕 심리가 습격을 받고 하나님의 선행 은총에 의해 살아난 인간 가족에게서 기대될 수 있는 내용이다. 이는 단순히 하나님의 선하심이 의인과 악인에게 이용가능해지는 것이 아니라, 참으로 하나님의 선하심이 그들로 하여금 하나님의 주도권에 충실하게 반응할 수 있게 만드는 것이다. 웨슬리주의자들에게 있어서 그런 사람들은 새로운 출생과 내적 및 외적 거룩으로 인도할 수 있는 구원론적 여정에 있는 사람들이다.

이 내러티브는 원죄 교리와 관련된 몇 가지 요소들―인간 경험의 편재하는 특질로서의 죄의 출현, 죄의 개인적 성격과 구조적 성격, 관계상으로 및 맥락상으로 인간 가족에 퍼지는 질병으로서의 죄의 특성―에 잘 들어맞을 것이다. 그것은 또한 동서고금을 통틀어 "인간이 원의에서 멀어졌고 인간의 본성은 악에 기울어져 있는데 그것도 끊임없이 그러하다"는 것**과**, 동서고금을 통틀어 인간이 말하자면 세상에서 하나님의 현존의 대리인으로서의 자신의 본성을 거슬러 행동한다는 풍부한 증거를 설명해준다.

4장
동방 정교회 관점
앤드루 라우스

서론: 정교회의 난제

서방 교회 전통의 동료 그리스도인들과 신학적 주제에 관해 논의하려는 동방 정교회에서 직면하는 한 가지 문제는 거의 모든 주제에서 언어상 및 개념상의 지형이 낯설게 보인다는 것이다. 사용된 용어들은 동방 정교회의 원래의 언어인 그리스어로 번역하기 어려운데, 이 신학 용어들이나 개념들이 서로 어떻게 관련되는지를 고려하면 문제가 더 어려워진다. (서방 교회에서) 일반적으로 라틴어로 표현된 개념들을 통해 그려진 신학적 지형은 종종 상당히 낯설어 보인다. 정교회가 원죄를 어떻게 이해하는지를 묻는다는 것은 우선 낯선 개념을 어떻게 그리스어의 용어와 개념을 통해 형성된 정교회 신학의 지형에서 인식될 수 있는 개념으로 옮길 것인지를 묻는 것이다. 물론 교회가 형성되던 시기에는 사정이 달랐다. 당시에는 신학 용어가 주로 그리스어였다. 혹자는 실제로 기독교 교회가 민족들에 대한 자신의 사명을 깨달았을 때 교회의 원래 언어는 그리스어라고 주장할 수도 있을 것이다. 사실 라틴어는 [교회사에서] 늦게 등장했다.

따라서 라틴 사상가들은 그리스어로 표현된 용어들과 특징들을 라틴어로 표현하기 위해 애를 썼는데, 그 일은 종종 매우 어려웠다. 라틴 신학자들은 이 점을 알고 있었다. 아우구스티누스는 삼위일체의 구성원들에 대해 사용되게 된 단어인 **휘포스타시스**(*hypostasis*)와 신적 통일성에 사용된 **우시아**(*ousia*, "존재[being]" 또는 "본질") 또는 **퓌시스**(*physis*, "본성") 사이의 구분과 관련된 그리스어 삼위일체 신학의 용어가, **페르소나** (*persona*)와 **수브스탄티아**(*substantia*)를 구분한 라틴어 삼위일체 신학의 전통적인 언어를 통해서는 잘 표현되지 못한다는 것을 알고 있었다. 실제로 신격의 통일성을 나타내는 라틴어 **수브스탄티아**가 대체로 그리스 신학에서 삼위일체의 세 구성원인 아버지, 아들, 성령을 나타내는 데 사용된 그리스어 **휘포스타시스**와 가장 가깝게 상응한다는 사실에 의해 혼란이 더 심화될 위험이 있었다.

"타락"과 "원죄"는 모든 (또는 사실상 모든) 그리스도인이 공통적으로 사용하는 용어인 것처럼 들린다. 그러나 타락 개념은 어느 정도 공유되지만 (그리고 아마도 우리는 이 지점에서도 상당히 다른 뉘앙스가 있음을 알게 될 것이다) 서방 교회의 신학에서 이해된 원죄는 서방 교회에 특수하게 발전된 것으로 보인다. **원죄**(*peccatum originale*)라는 용어는 특정한 서방 교회의 맥락에 속한다. 그리고 그 단어는 그리스어로 번역하기가 쉽지 않다. 나는 가장 직접적인 번역은 **아르키케 하마르티아**(ἀρχικὴ ἁμαρτία)일 것으로 생각하는데, 내가 알기로 이는 그리스어에서 결코 발견되지 않는 표현이다. 이 표현을 쓰지 않는 데는 그럴 만한 이유가 있다. 그 표현에서는 죄(ἁμαρτία) 자체가 근본 원리(ἀρχή)라고 암시할 텐데, 이는 그리스 교부들이 생각하기에 가장 근본적인 이단인 마니교와 진배없을 것이기 때문이다. **페카툼 오리기날레**(*peccatum originale*)에 가장 가깝게 상응하는 그리스어는 **프로파토리케 하마르티아**(προπατορικὴ ἁμαρτία), 즉 선조들의 죄 또는 조상의 죄다(람폐에 따르면 6세기 또는 7세기에 최초로 인증되었다). 이 표현이 **페카툼 오리기날레**의 의미의 무언가에 상응하기는 하지만 중요한 차이도 있다.

두 개의 신학적 경로: 창조에서 신화까지, 타락에서 구속까지

이것은 매우 특수한 어휘상의 문제로서 좀 더 광범위한 진짜 문제들을 거의 다루지 못하는 것으로 보일 수도 있을 것이다. 그리고 실제로 좀 더 광범위한 문제들이 있다. 내게는—나는 현재 러시아 정교회의 사제이지만 40대 때까지 성공회 사제였고 영국과 스코틀랜드의 대학교들에서 신학을 배웠으며 거의 20년 동안 성공회 사제로 섬겼고 그들 대다수에게 신학을 가르쳤다—타락과 원죄가 서방 교회 신학의 출발점으로 보인다. 그 신학은 하나님 및 하나님과의 교제로부터 멀어진 인간이 어떻게 하나님이 인간이 되시고 인간의 삶을 사시고 최종적으로는 자신을 십자가 위에서 죽음에 내주시고 부활하셔서 인간에게 죽음을 초월하는 새롭고 풍성한 삶을 풀어놓으심으로써 구속되는가를 이해하는 데 관심이 있다. 이렇게 쓰면서도 나는 궁금해하고 있다. 나는 인지된 차이를 강조함으로써 서방 교회를 희화화할 것을 두려워해서 내가 정교회에서 경험한 것을 서방 교회의 신학에 대한 나의 인식 안으로 너무 많이 투영하고 있는 것이 아닌가? 나는 서방 교회 신학이 주로 타락한 인간이 그리스도의 십자가상의 죽음을 통해 구속되는 과정에 관심이 있다고 썼기 때문이다. 그러나 나는 가령 루터주의가 신학의 초점을 그런 식으로 좁힌다는 주장은 바흐의 B 단조 미사에 수록된 **"에트 레수렉시트"**(*Et resurrexit*의 가사) ["성경 말씀대로 사흘만에 부활하시고, 하늘에 오르사, 하나님 아버지의 오른편에 앉아계시다가, 산 자와 죽은자를 심판하시러 영광중에 다시 오시리니 그의 나라는 끝이 없으리라"—역자 주]를 들으면 유지되지 못한다고 생각한다(비록 "성 마태 수난곡"의 끝이 그리스도의 죽음으로 모든 것이 완성된다고 암시하는 것처럼 보일지라도 말이다).

내 인식이 옳다면, 나는 서방 교회의 신학이 신학의 초점을 타락한 인간의 구속으로 좁히는 경향이 있다고 주장하는 바이다. 정교회는 어떻게 이것을 피하는가? 근본적으로, 나는 처음—창조 그리고 창조에서 인간을 만든 것—부터 시작함으로써 그렇게 한다고 제안한다. 즉 우리는 인간을 하나님의 형상으로 만든 것에서 시작한다. 하나님이 인간을 자기와 같아지게 하려는 목적을 갖고 인간을 창조하신 것은 매우 심원하고 깊기 때문에, 이해된 것을 완전히 포착하기 위해 정교회 그리스도인들은 신화(神化, deification), 즉 **테오시스**(θέωσις)라는 언어를 사용하게 되었다. 성육신의 목적은 단지 아담의 죄가 가져온 결과를 뒤엎는 것이 아니라 인간이 신적 생명에 참여하게 하고 인간을 "신성한 성품에 참여하는 자"가 되게 하려는 것이다(벧후 1:4). 성 아타나시오스의 유명한 말마따나 "인간이 하나님이 될 수 있도록 하나님의 말씀이 인간이 되셨다."[1]

서방 교회의 신학이 성육신이 구속을 넘어가고 타락의 효과를 무효화하는 것을 넘어가는 열매를 맺는다는 것을 모르지는 않는다. 서방 교회의 신학에서 이 점을 인식하는 몇 가지 가닥이 있다. 아마도 이 점에 대한 가장 유명한 표현은 서방 교회 전례에서 부활성야(Easter Vigil)에 부르는 부활 찬송(*Praeconium Paschale*)에 등장할 것이다. 이 찬송은 4세기에 아마도 성 암브로시우스가 썼을 것이다. "오, 그토록 위대한 구속자를 가질 가치가 있는 복된 잘못이여"(*O felix culpa, quae talem ac tantum meruit habere Redemptorem*). 이 맥락에서 어떤 사람은 타락이 타락 자체보다 훨씬 위대한 구속(과 구속자)을 위한 길을 준비했기 때문에 "다행스러운 타락"이라고 말하게 되었다. 게르하르트 라드너의 말마따나 "그렇다면 인간의 교정은 낙원으로의 복귀와 아담이 죄를 짓지 않았다 해도 스스로는 결코 도달하지 못했을 훨씬 높은 상태의 달성을 모두 포함한다."[2] 비슷한 개념이 중세의 영어 시 "아담은 묶여 있었다"에서 발견된다.

그 사과가 먹히지 않았더라면, 그 사과가 먹히지 않았더라면
성모님은 결코 하늘의 여왕이 되지 않았을 것이다.[3]

1_ Athanasius, *On the Incarnation*, 54.
2_ Gerhart B. Ladner, *The Idea of Reform: Its Impact on Christian Thought and Action in the Age of the Fathers* (Cambridge, MA: Harvard University Press, 1959), 146. 나는 Ladner가 그리스 교부들에게 낙원으로의 복귀만을 귀속시킨 것은 그들을 오해한 처사라고 생각한다.
3_ 예컨대 *The Oxford Book of English Verse*, ed. Christopher Ricks (Oxford: Oxford University Press, 1999), 12를 보라.

그럼에도 내게는 우리가 이 대목에서 발견하는 내용은 타락-구속 전개의 부적절성에 대한 인식이 아니라 단지 이 전개의 몇 가지 놀라운 결과에 대한 탐구로 보인다. 그리스의 교부 전통—그리고 세르게이 불가코프, 블라디미르 로스키, 두미트루 스타닐로아 같은 현대 정교회 신학자들—은 타락-구속이라는 좀 더 작은 신학적 호(arc)는 창조-신화라는 좀 더 큰 신학적 호에 종속한다고 생각한다. 블라디미르 로스키는 이 점을 다음과 같이 제시한다.

> 우리의 타락한 상태의 관점에서 보면 신의 섭리의 목적은 구원 또는 구속으로 불릴 수 있다. 이것은 우리의 궁극적인 목적의 부정적인 측면으로서 우리의 죄의 관점에서 고려된 것이다. 창조물의 궁극적인 소명의 관점에서 고려되면 신의 섭리의 목적은 신화로 불릴 수 있다. 이것은 동일한 신비의 긍정적인 정의로서 교회 안의 각각의 사람에게서 달성되어야 하며, 만물이 그리스도 안에서 최종적으로 통일되고 하나님이 만유에서 모든 것이 되실 때인 오는 세상에 완전히 드러날 것이다.[4]

동방 교회와 서방 교회 사이의 차이를 다른 방식으로 제시하자면 서방 교회는 하나님과 인간 사이의 관여를 죄와 그 결과에 관련된 것으로 본다. 즉 원죄는 타락의 결과를 나타내고 타락은 인간을 하나님 앞에서 죄책이 있게 하며 공정한 벌을 받게 한다. 이와 달리 동방 교회는 죄를 우

4_출처: 그의 논문 "Redemption and Deification," in *In the Image and Likeness of God* (Crestwood, NY: St. Vladimir's Seminary Press, 1974), 110.

주적인 관점에서 본다. 즉 죄는 하나님의 창조세계를 혼란에 빠뜨렸고 이 무질서 또는 부조화를 통해 부패와 죽음을 들여왔다. 타락한 인간은 주로 죄책이 있고 아담의 죄에 묶인 존재로 여겨지는 것이 아니라 죽음과 타락 또는 부패에 종속하는 존재로 여겨진다. 죽음은 타락 또는 부패의 결과이자 인증이다. 죄책이 아니라 죽음이 인간을 따라다닌다. 죽음은 무의미함을 통해 인간의 모든 노력을 위협하는데 그것은 타락한 세상―타락한 인간만이 아니라―이 흐트러졌고, 무의미라는 화살로 관통된 방식의 측면이자 상징이다.

아타나시오스와 안셀무스

나는 그리스어를 사용한 동방 교회와 라틴어를 사용한 서방 교회의 고전적인 신학 텍스트들―아타나시오스의 "성육신"(*De Incarnatione*)과 안셀무스의 "왜 하나님이 인간이 되었는가"(*Cur Deus homo*)―을 비교함으로써 내가 대조하려는 바를 보여주고자 한다. 두 사상가 모두 왜 아담의 회개가 그의 죄를 지우기에 충분치 않은지를 고려한다. 아타나시오스는 그 질문을 다음과 같이 도입한다.

> 하나님이 어떻게 하셨어야 했는가? 인간으로부터 그들의 범죄에 대한 회개를 요구하셔야 했는가? 혹자는 이것이 하나님께 적절하며, 그들이 범죄를 통해 부패하게 되었듯이 회개를 통해 부패하지 않은 상태로 돌아올 수 있다고 말할 것이다. 그러나 인간이 죽음의 힘 안에 있지 않는 한 하나님

이 여전히 진실하지 않은 상태에 계시게 될 것이기 때문에 회개는 하나님의 명예를 구하지 못했을 것이다. 회개는 자연의 결과로부터의 면제를 제공해주지 않으며 단지 죄를 풀어놓을 뿐이다. 따라서 죄만 있고 그것의 부패의 결과는 없다면 회개로 충분했을 것이다.[5]

"왜 하나님이 인간이 되셨는가"(*Cur Deus homo*)에서 안셀무스의 질문자로 등장하는 보소도 회개가 충분할 수도 있다고 생각한다. "나는 한순간의 회개를 통해 이 죄를 상쇄한다고 생각하는데요." 이 말에 대해 안셀무스는 이렇게 대답한다. "형제님은 죄가 얼마나 무거운지 아직 생각해보지 않았군요"(*Nondum considerasti, quanti ponderis sit peccatum*).[6] 이 말들을 통해서 우리는 안셀무스의 논문의 핵심적인 개념, 즉 죄의 심원한 중대성에 대한 그의 확신을 알 수 있다. 안셀무스는 우리가 하나님께 대한 불순종—죄—이 어떻게 하나님의 명예에 비례적이며, 따라서 무한한 무게를 지니는지를 고려할 필요가 있다고 주장한다. 유한한 피조물은 요구되는 무한한 보상 수단을 보유하고 있지 않다. 이는 피상적으로 보면, 적어도 내가 사용한 번역에서는, 역시 하나님의 명예에 대해 말하는 아타나시오스의 말과 매우 비슷하게 들린다. 그러나 그리스어는 **토 율로곤 토 프로스 톤 테온**(τὸ εὔλογον τὸ πρὸς τὸν Θεὸν)인데, 이는 좀 더 정확하게는 아마도 "하나님께 속한 공정성"일 것이다. 아타나시오스의 요점

5_ Athanasius, *De Incarnatione* 7, in Athanasius, *Contra Gentes and De Incarnatione*, ed. and trans. Robert W. Thomson (Oxford: Clarendon Press, 1971), p. 151(수정되었음).

6_ *Cur Deus homo*, 21 *Anselm of Canterbury: The Major Works*, ed. Brian Davies and G. R. Evans, Oxford World's Classics(Oxford: Oxford University Press, 1998에 수록된 Janet Fairweather 의 번역), 305.

은 동산에 있는 나무의 열매를 먹으면 죽으리라는 말씀을 하신 이상 하나님이 자신의 말을 취소하실 수 없다는 것이다. 이 대목에서 하나님의 "공정성"은 그의 진정성의 문제다. 그러나 이것이 아타나시오스가 말하는 것의 전부는 아니다. 그는 회개가 하나님 앞에서 아담의 지위에만 영향을 주고 죄의 결과―우주에 부패(φθορά)와 죽음(θάνατος)을 풀어놓은 것―를 다루지 못했을 것이라고 주장한다.

안셀무스의 관심사는 오로지 무한한 창조주 앞에서 유한한 인간의 지위에 관한 것이다. 아타나시오스의 관심사는 좀 더 존재론적이다. 즉 그것은 하나님 앞에서 인간의 지위의 문제가 아니라 아담의 죄 이후 사물들에게 일어난 결과에 관한 것이다. 그리고 이것은 아타나시오스의 사고와 그리스 교부 일반의 사고의 우주적인 측면 때문이다. 신학자 성 그레고리오스의 많이 인용되는 설교들 중 하나(그가 그것을 인용하거나 적어도 반복하는 것으로 보이기 때문에 사실은 둘)에 등장하는 구절에서 인간의 창조가 다음과 같이 묘사된다.

말씀이자 조성자가 둘, 즉 보이지 않는 자연과 보이는 자연으로부터 하나인 인간, 살아 있는 존재를 만들었다. 그리고 이미 존재하는 물질로부터 몸을 만들고 그 몸에 자신으로부터 숨을 불어 넣었다. 성경의 기사가 지적인 영혼이자 하나님의 형상으로 알고 있는 그것은 일종의 두 번째 우주[를 만들고], 위대함 속의 작음, 땅에 서 있는 존재, 또 다른 천사, 혼합된 부분들로 이뤄진 예배자, 보이는 창조세계를 묵상하는자, 이해할 수 있는 것에 대한 입문자, 지상의 것들에 대한 통치자, 위로부터 통치를 받는자, 지상의 존재이자 천상의 존재, 죽으면서도 불멸의 존재, 보이고 이해할 수 있는 존재, 위대함과 비천함 사이의 중간, 영이자 육체로서 은혜 때문에 영이고 교만 때문에 육체인 존재, 한편으로는 그의 은인과 함께 거하고 은인에게 영광을 돌릴 수 있는 존재이자 다른 한편으로는 고통을 받을 수 있고 고통받을 때 기억하고 단련되는 존재, 위대해지기를 갈망하는 존재, 이 세상에서 인도를 받고 오는 세상에서 변화를 받고—이는 가장 큰 신비다—하나님께 향하는 성향을 통해 신화되는 존재다.[7]

인간은 우주에서 역할을 담당하기 위해 하나님의 형상으로 그리고 영적인 것과 물질적인 것의 중개자로 창조되었다. 따라서 인간이 하나님으로부터 멀어진 것은 단순히 개인적인 문제가 아니었다. 인간은 더 이상 그 안에서 다양한 창조 질서가 결합되는 소우주(μικρὸς κόσμος)로서의 역할을 수행할 수 없게 되었기 때문에 그것은 우주적인 결과를 지녔다. 인간이 우주의 결속(σύνδεσμος τοῦ κόσμου)으로서의 역할을 하지 못하게 된 결과 우주 자체에 부패와 죽음이 찾아왔다.

안셀무스는 서방 교회의 오랜 전통을 따라 원죄와 그것의 결과를 인간과 하나님 사이의 관계의 균열 관점에서 생각한다. 아타나시오스와 그리스 교부 전통 일반은 원죄와 그것의 결과를 우주적인 관점에서 생각한다. 원죄는 인간과 하나님 사이의 관계를 깨뜨렸을 뿐만 아니라 하나님의 창조세계의 조화도 교란시켜서 그것에 부패와 죽음을 들여왔

7_ Gregory of Nazianzus, *Homily* 38. 11: in Grégoire de Nazianze, *Discours* 38-41, ed. Claudio Moreschino, Sources Chrétiennes 358 (Paris: Cerf, 1990), 124-26 (*Hom*. 38. 11은 *Hom*. 45. 7에서 어느 정도 동일한 형식으로 반복된다[Patrologia Graeca. Edited by Jacques-Paul Migne. 162 vols. Paris, 1857-1886. 36. 632AB]).

다. 나는 우리가 한 걸음 더 나아갈 수 있다고 생각한다. 안셀무스에게 있어서 원죄는 무한한 보상을 필요로 하기 때문에 인간을 하나님 앞에서 유한한 인간이 누그러뜨릴 수 없는 죄책을 지닌 상태로 남겨 놓는다. 아타나시오스에게 있어서 원죄는 우주 전체에 영향을 주는 부패와 죽음을 풀어 놓는다. 인간은 이 재앙에 직면해서 무력하며, 붕괴되고 있고 자신과 다투는 망쳐진 우주 안에서 산다.

조상의 죄 대 원죄

우리는 그리스어를 사용하는 동방 교회는 "조상의 죄"(προπατορικὴ ἁμαρτία)에 관해 말하게 된 반면에 라틴어를 사용하는 서방 교회는 아우구스티누스와 펠라기우스의 논쟁 이후 원죄(*peccatum originale*)라는 용어를 사용하게 되었다는 것을 살펴보았다. 둘 사이에 어떤 차이가 있는가?

이 질문에 답변하기 위해 우리는 아마도 뒤로 돌아가 그것들이 기능하는 맥락에 관해 좀 더 질문할 필요가 있을 것이다. 타락과 원죄는 밀턴의 말로 표현하자면 "외적 섭리를 단언하고 하나님의 길을 인간에게 정당화하려는" 시도들의 요소들로 보일 수 있다. 이는 그리스어의 용어를 사용하자면 신정론의 문제를 풀기 위함이다. 따라서 그것들은 근본적으로 플라톤적인 영감의 지적 전략의 일부다. 즉 이 세상의 악들은 신들(또는 하나님)의 책임이 아니라 인간의 선택(또는 어쨌거나 이성적인 창조물들의 자유로운 선택)의 결과다(αἰτία ἑλομένου· θεὸς ἀναίτιος). "비난은 선택한 자에게 놓인다. 신은 결백하다"(*Rep.* 10:617D). 신정론에 관한 논문들은 동방 교회와 서방 교회의 기독교 전통에서 모두 발견된다. 성 대바실레이오스의 설교 "하나님이 악의 저자가 아니라는 사실"(That God Is Not the Author of Evil)은 아마도 그리스어를 사용하는 동방 교회의 신정론에서 가장 영향력이 있는 논문일 것이다. 현대 정교회 신학에서는 불가코프와 그의 (더 젊은) 멘토 플로렌스키가 신정론과 씨름한다. 불가코프의 최초의 중요한 기독교 신학 저술인 "시들지 않는 빛"(*Unfading Light*, 1917)과 플로렌스키의 가장 유명한 저술인 "진리의 기둥과 터"(*The Pillar and Ground of the Truth*, 1914)는 신정론 분야의 연구다(후자는 명시적으로 그렇게 묘사했다). 그런 신정론의 맥락에서 타락과 원죄는 하나님의 손을 떠났을 때 악이 없었던 것으로 가정되는 하나님의 창조세계가 더 이상 악이 없지 않다는 명백한 사실을 설명하기 위한 시도의 일부다. 악이 들어온 것은 타락으로 불리고, 악이 세상에 퍼진 주된, 그리고 불가피한 방식은 원죄로 불린다.

우리는 이 지점에서 시작할 수 있을 것이다─세상은 확실히 악하고 우리 인간은 모두 악의 확산에 무자비하게 붙들려 있는 것으로 보인다. 존 던은 그의 시 "하나님 아버지께 대한 찬송"(A Hymne to God the Father)에서 우리가 죄의 그물(그것은 우리의 개인적인 죄 이상이다)에 잡힌 방식을 잘 포착한다.

내가 시작한 지점에서의 그 죄를 용서하시겠나이까?
그것은 전에 저질러졌지만 나의 죄이니이다.
내가 저질러왔고 여전히 저지르고 있는 죄를 용서하시겠나이까?

내가 그것들에 대해 한탄하면서도 저지르는 죄들을 말이니이다.…

내가 다른 사람들이 죄를 짓게 하고

내 죄를 그들의 문이 되게 한 죄를 용서하시겠나이까?

내가 한두 해를 삼갔다가 이십 년을 그 안에서 뒹구는

그 죄를 용서하시겠나이까?

이 연들 각각의 끝에 다음과 같은 후렴이 있다.

주께서 죄를 용서하셨어도 용서하시지 않은 것이나 마찬가지이오니

이는 내게 더 많은 죄가 남아 있기 때문이니이다.[8]

우리는 무엇에 대해 설명하고 있는가? 조상의 죄 개념이 죄의 그물—우리의 모든 남녀 조상들의 축적된 죄와 그 결과—안으로 태어난 우리 인간들 각자에게서 발견된다. 우리 앞의 모든 세대의 죄들이 우리가 했을지도 모르는 선행을 침식했기 때문에 우리는 자신이 불가피하게 이 죄의 그물에 참여하고 있음을 발견한다. 더욱이 그들은 우리가 부적절하거나 유해하다고 인식할 수 있을지라도 관습의 힘을 누리는 행동 기준에 전통이라는 힘을 실어주었다. 우리의 몸에 밴 죄짓는 경향을 이런 식으로 바라본다고 해서 인간의 자유 의지가 박탈되는 것은 아니다. 그런 상황에서 선을 추구하는 것은 끊임없는 투쟁의 문제이지만 말이다. 그

8_ John Donne, *The Divine Poems of John Donne*, ed. Helen Gardner (Oxford: Clarendon Press, 1978), 51.

리고 정교회 전통에서 조상의 죄 개념은 우리가 부서지고, 흐트러지고, 하나님의 형상이자 소우주이고 중재자인 인간의 중재 역할이 없는 우주 안에서 살고 있다는 깨달음을 통해 보완된다.

원죄를 인정하는 사람들은 이 분석이 적절치 않다고 생각한다. 그것은 누군가가 (비록 매우 예외적이기는 할지라도) 비난할 점이 없는 삶을 살 가능성을 열어두는 것처럼 보인다. 펠라기우스는 그런 삶을 사는 것, 또는 (성인) 세례의 은혜를 통해 죄 용서를 받은 후에는 죄 없는 삶을 사는 것이 가능하다고―심지어 요구된다고―생각한 것처럼 보인다. 아우구스티누스에게 있어서 그런 입장은 실재와 아무 관련이 없었다. 사실 그는 그런 입장을 불경한 것으로 보았다. 그에게 있어서 우리 각자는 우리가 개인적으로 범하지 않은 죄에 대한 책임이 있다. 즉 우리는 아담의 죄에 모종의 방식으로 씨앗의 상태로 연루되었다. 이 입장의 논리는 펠라기우스에 대한 아우구스티누스의 반대에서 성장했다. 즉 그의 원죄 개념의 힘은 타락한 인간의 상태에 대한 그의 분석을 통해 강화되는데, 이 분석은 그의 『고백록』(Confessions)과, 좀 더 심원하게는, 그리고 그것이 가능하다면, 그의 『시편의 내러티브』(Enarrationes in Psalmos)에 나타난다. 시편 100편(히브리 성경에서는 101편)에 관한 그의 설교에 나오는 다음 구절을 예로 들어보자.

현재 당신이 내 마음을 보지 못하고 내가 당신의 마음을 보지 못하는 그때는 밤이기 때문이다. 당신은 내가 알지 못하는 것을 누군가로부터 추구했다. 당신은 그것을 얻지 못했다. 당신은 자신이 경멸받았다고 생각했지만 경멸받지 않았을 수도 있다. 당신은 마음을 보지 못하기 때문이다. 그리고 당신은 갑자기 불경한 말을 한다. 밤에 당신이 길을 잃을 때 당신에게 용서가 주어진다. 내가 모르는 누군가가 당신을 사랑하는데 당신은 그가 당신을 미워한다고 생각한다. 또는 그가 당신을 미워하는데 당신은 그가 당신을 사랑한다고 생각한다. 하지만 실상이야 어떠하든 그때는 밤이다. 두려워하지 말고 그리스도를 신뢰하라. 그분 안에서 낮을 붙잡으라.[9]

이 대목에서 우리는 아우구스티누스가 인간의 상태의 어두움―우리가 서로에게서 분리되어 서로 접근할 수 없는 우리들의 마음의 고독에 둘러싸임으로써 만들어진 어두움―을 탐구하는 것을 발견한다. 이런 인간의 상태의 어두움과 인간의 의지의 연약함에 대한 지각이 아우구스티누스의 원죄 개념의 배후에 놓여 있지만, 이 대목에서 목회자이자 설교자인 그는 자신의 통찰을 체계화하지 않는다. 그것은 그가―펠라기우스 및 그의 지지자들과의 논쟁에서―우리가 살고 있는 도덕적 어두움을 우리가 아담의 최초의 죄에 연루된 데로 추적할 때 하는 일이다. 그 죄는 존 던의 말로 표현하자면 "내가 시작한 지점에서의 그 죄, 전에 저질러졌지만 나의 죄"다. 아담과 그의 죄에 대한 우리의 동일성이라는 이 인식은 심원한 통찰인 바 우리는 뒤에서 그것에 관해 다른 방식으로 논리가 전개되는 것을 살펴볼 것이다. 하지만 아우구스티누스는 그것을 확실히 못박아두기를 원한다. "그것이 아담과 그의 후계자들의 영향력, 과거에 범해진 죄들의 축적과 그 결과의 문제인 것으로는 충분치 않

9_ Augustine, *En. in Ps. 100* 12,20-6, in Eligius Dekkers and Johannes Fraipont, eds., CCSL 39 (Turnholti: Brepols, 1956).

다. 우리는 아담의 죄에 연루되어서 그의 죄책을 공유하고 따라서 방어할 수단이 없이 죄가 있는 상태로 하나님 앞에 선다. 우리 모두가 그 한 사람이었을 때 그 한 사람 안에 우리 모두가 있었다(*Omnes enim fuimus in illo uno, quando omnes fuimus ille unus*)."[10] 그것은 단순히 영향력과 본보기의 문제가 아니라, 존재론적인 것으로서 사물들이 존재하는 방식 및 우리가 존재하는 방식에 관련이 있어야 한다.

아우구스티누스에게 있어서 해법은 원죄 개념이었다. 즉 아담의 죄가 모종의 상속을 통해 그의 모든 후손 또는 상속자들에게 전해졌다. 그것은 단지 연약함이나 특정한 질병의 오점이 아니라 상속이며, 우리는 그것을 통해 하나님 앞에서 죄가 있고 벌을 받아 마땅한 상태로 태어난다. 내가 주장한 바와 같이, 아타나시오스에게 있어서 죄의 영향에 이처럼 존재론적으로 연루된 것은 아담의 죄가 야기한 우주적인 재앙을 통해 생겨난다. 죄를 짓고 하나님과의 연결이 절단됨으로써 인간의 우주적 역할이 깨졌고 우주는 파괴된 상태로 쪼그라들었기 때문이다. 이런 우주론적인 인식이 아우구스티누스에게는 없었던 것으로 보인다. 그것은 그의 심원한 내면성(interiority) 의식으로 대체되었는데, 이 내면성은 그의『고백록』에서 다양한 방식으로 탐구되었다. 존재론적인 것은 내면성의 영역에 속한다. 아담의 죄의 존재론적 수반 사항들 역시 이 영역에 속해야 하므로 원죄는 모종의 타고난 얼룩으로서, 그리고 이 점이 더 심각한데, 그것이 개인적으로 소유되기 때문에 원래의 죄책으로서

10_ Augustine, *De Civitate Dei* 13.14, Gerald Bonner, *Saint Augustine of Hippo: Life and Controversies* (London: SCM Press, 1963), 371에 의해 인용됨. 내가 의존한, 원죄에 대한 Bonner의 설명은 pp. 370-82을 보라.

부모로부터 자녀에게─궁극적으로는 아담으로부터─전달되는 것으로 여겨져야 한다.

아우구스티누스가 인간이 아담의 최초의 죄에서 아담과 씨앗 상태에서 동일시된다는 이론을 뒷받침하기 위해 인용하는 핵심적인 텍스트는 로마서 5:12인데, 그는 이 텍스트를 "그러므로 한 사람을 통해 죄가 이 세상 안으로 들어왔고 죄를 통해 사망이 들어온 것과 같이, 그것[죽음]이 모든 사람에게 전해졌고 그 사람 안에서 모든 사람이 죄를 지었다"(*Propterea sicut per unum hominem in hunc mundum peccatum intravit, et per peccatum mors, et ita in omnes homines transivit, in quo omnes peccaverunt*)로 해석했다. 하지만 아우구스티누스는 네 단어를 다르게 읽었다. 그는 **인 쿠오** (*in quo*)가 앞의 **우눔 호미넴**(*unum hominem*, 즉 아담)을 가리킨다고 생각했고 그 텍스트를 "그 사람[즉 아담] 안에서 모든 사람이 죄를 지었다"로 이해했다. 나는 이 구절에 관한 많은 주석과 아우구스티누스의 그 구절 사용이 과녁을 크게 벗어났다고 생각한다. 그것은 라틴어가 그리스어를 잘못 번역한 문제가 아니다. 그것은 성경에 관습적인, 상당히 문자적인 번역으로서 완벽하게 받아들일 수 있는 그리스어 번역이다(과도한 문자주의의 위험을 알았던 히에로니무스는 그의 불가타어 번역에서 이것을 바꾸지 않았다). 이 구절에서 마지막 네 단어에 대한 그리스어는 **에프 호 판테스 헤마르톤**(ἐφ' ᾧ πάντες ἥμαρτον)이다. 라틴어 번역자는 최선을 다했다. 라틴어는 그리스어에 비해 어휘가 제한되어서 각각 "안"(in)과 "위"(on)를 의미하는 그리스어의 두 단어 **엔**(ἐν)과 **에피**(ἐπί)를 종종 **인**(*in*)이라는 하나의 단어로 표현해야 한다. 로마서 5:12의 그리스어 원문에서 **에프 호**(ἐφ' ᾧ)는 "이 이유로" 또는 좀 더 간단하게는 "~때문에"를 의미하는 **에피 투**

토 호티(ἐπὶ τούτῳ ὅτι)의 단축이라는 데 일반적으로 동의가 이루어져 있다(메이엔도르프의 말마따나[11] 에프 호를 "때문에"로 읽는 것이 그리스어를 모국어로 사용했던 그리스와 비잔틴 교부들 사이의 표준이었다). 그리고 이 의미는 라틴어와 영어에서 "그것 안에서"(in quo; in that)로 나타내질 수 있다.

아우구스티누스가 인 쿠오(in quo)가 앞의 우눔 호미넴(unum hominem)을 가리킨다고 본 것은 특이할 수도 있지만 그것은 라틴어 번역에서의 실수가 아니라 아우구스티누스가 라틴어를 잘못 해석한 것이다(빌 3:12에 에프 호[ἐφ' ᾧ]를 인 쿠오[in quo]로 번역한 경우가 등장하는데 이는 "그래서", "때문에" 외에 달리 해석될 수 없다). 아우구스티누스가 원죄에 대한 그의 이해를 이 텍스트에 기초한 것도 아니다. 그가 이 교리를 수용한 이유는 위에서 간략하게 언급되었다. 그것은 펠라기우스주의자들(또는 그들에 대한 아우구스티누스의 이해)에 맞서서 왜 모든 사람이, 심지어 갓난아이들까지, 하나님 앞에서 죄책이 있는지를 설명하기 위함이었다. 아우구스티누스는 인간이 아담과 씨앗상으로 동일시된다는 엄격한 이해를 통해서 로마서 5:12을 이런 식으로 읽었다. 그것이 인간이 아담의 죄에서 아담과 동일시된다는 이 의미를 틀에 박힌 방식으로 표현하는 것처럼 보였기 때문이다.

11_ John Meyendorff, *Byzantine Theology: Historical Trends and Doctrinal Themes* (London: Mowbrays, 1975), 144. Meyendorff는 그 구절을 "사망 때문에 모든 사람이 죄를 지었다"로 이해하는 것에 관해서도 말하지만(고전 15:22["아담 안에서 모든 사람이 죽는다"]의 유비), 그는 어떤 그리스 교부도 참조하지 않는다. 나는 [에프 호에서의] 호(ᾧ)를 어떻게 남성형으로 취하고 따라서 그 단어가 앞의 타나토스(θάνατος)를 가리킨다고 보아서 "죽음 때문에"로 번역하는 것을 정당화하는지 알 수 없다. "때문에"를 의미하는 것은 에피(ἐπί) 자체가 아니라 에피 호(ἐφ' ᾧ)이기 때문이다. 하지만 타락의 결과가 죄 안에서가 아니라 죽음(과 부패) 안에서 보인다는 아이디어는 우리가 본 바와 같이 그리스 교부들의 특징이다.

아우구스티누스의 원죄 교리가 그리스의 조상의 죄 교리의 좀 더 급진적인 형태로 여겨져야 하는가? 나는 아우구스티누스가 이 질문을 결코 고려한 적이 없다고 생각한다. 원죄 교리가 모든 사람을 하나님 앞에서 책임이 있고 자유롭게 주어져야 하는 은혜(*gratia gratis data*)—본질적으로 받을 자격이 없고 아무도 끌어내거나 끌어오지 못하는 은혜—를 필요로 하는 존재로 만든다는 목적에 기여하기 때문이다. 그러나 안셀무스는 이 문제를 고려하는데, 그에게는 아담 이후 우리 조상들의 죄들은 적실성이 없다는 것이 명백하다. 우리를 죄책이 있고 정의를 박탈당한 상태에 처하게 하는 것은 우리가 아담의 최초의 죄에 연루되었기 때문이다. "나는 우리의 가까운 조상들의 죄들이 그들의 자손들의 영혼에 전가되어야 하는 이유를 모르겠다.… 이 정의의 결핍은 아담으로부터 모든 유아에게 전해 내려왔는데, 아담 안에서 인간의 본성은 그 정의를 빼앗겼다."[12] 이것의 효과는 아담의 최초의 죄를 멋진 고립의 상태로 높이는 것이다. 아담은 완벽하게 창조되었는데 그는 죄를 지었고 타락을 가져왔다. 성육신에서 그리스도가 타락한 인간을 구하셨다. 정교회 신학의 관점에서 보면 신학은 타락에서 구속까지에 걸친, 내가 "작은 호"라고 부르는 것에 제한된다.

12_ *On Virginal Conception and Original Sin*, 24(*Anselm of Canterbury: The Major Works*, 383에 수록된 Camilla McNab의 번역).

타락과 그 결과에 대한 정교회의 이해

나는 정교회가 서방 교회의 원죄 교리를 인정하지 않는 것이 타락에 대한 이해에 영향을 준다고 주장하고자 한다. 왜냐하면 타락한 인간이 원죄가 암시하는 듯한 방식으로 하나님을 잃고 하나님으로부터 완전히 단절된 것으로 간주되지 않기 때문이다. 서방 교회의 관점에서는 정교회의 신앙과 관습의 몇 가지 측면들이 이상하게 보일 것이다. 예컨대 크리스마스 전 일요일에 우리는 "아담부터 하나님의 [아들의] 어머니의 약혼자 요셉까지 하나님께 기쁨이 된 모든 의인들"을 기념한다. 아담이 하나님께 기쁨이 된 의인들 중 한 명이라고? 그는 모든 인류를 하나님께 **불쾌한** 존재로 만든 장본인이 아닌가? 그러나 기독교 달력은 부활의 교회의 달력이다. 그것은 모든 것을 부활의 관점에서 조사한다. "부활"(Ἡ Ἀνάστασις)이라고 불리는 성화상은 그리스도가 무덤에서 나오는 것으로 묘사하지 않고, 오히려 그리스도가 하데스의 문을 깨뜨리시고 아담과 하와 그리고 그곳에 갇힌 모든 사람을 데리고 나오시는 모습을 묘사하는데, 그리스도는 아담과 하와의 손목을 붙들고 계신다. 아담은 그리스도가 십자가 위에서 죽음을 이기심으로써 구원받은 사람, 사실 히데스에서 놓인 최초의 사람으로 여겨진다. 최후 심판의 주일 또는 용서의 주일로 불리는 정교회 교회력의 다른 때에 우리는 사순절(동방 교회력에서는 월요일에 시작한다) 직전의 일요일에 아담을 기념한다. 그는 낙원의 닫힌 문밖에 앉아서 울면서 자기 죄를 회개하는 것으로 기념된다. 그 일요일의 저녁 기도에서 부르는 **독사스티콘**(*doxastikon*)이라는 찬송에서 우리는 다음과 같이 노래부른다.

아담은 낙원 앞에 앉아서 자신의 벌거벗은 상태를 한탄하며 통곡했다. "아! 나는 악한 속임수에 설득당했고 오도되었으며 영광에서 멀어졌도다. 아! 나는 순진하게도 발가벗겨졌고 이제 궁핍하도다. 오 낙원이여, 나는 더 이상 네 즐거움을 누리지 못하리로다. 나는 더 이상 주 나의 하나님이자 창조주를 보지도 못하리로다. 나는 내가 거기서 취해진 흙으로 돌아가리로다. 오 자비롭고 동정심이 있는 분이시여, 내가 당신께 부르짖나이다. 타락한 자에게 자비를 베푸소서."

아담은 죄를 짓고 낙원에서 쫓겨났지만, 회개하고 하나님께 자비를 간청한 것으로 묘사된다. 그는 원형적인 죄인이지만 회개에서도 원형적이다. 우리는 아담을 "다른" 사람으로 생각하지 않고 그 안에서 죄가 있고, 타락했고, 회개하는 우리 자신을 본다. 탄생 축일의 준비 축일(Forefeast of the Feast of the Nativity)에 부르는 찬송가인 **아폴리티콘**(*apolytikion*)은 다음과 같다.

베들레헴이여, 준비하라. 에덴이 모든 사람에게 열려 있도다. 에브라다여, 준비하라. 생명나무가 동정녀에게서 나온 동굴에 피었음이로다. 성모의 자궁은 그 안에 생명의 식물이 있는 영적 낙원으로 밝혀졌도다. 그것을 먹는 우리는 살리로다. 우리는 아담처럼 죽지 않으리로다. 그리스도가 전에 떨어졌던 자기의 형상을 일으키려고 태어나셨도다.

정교회는 협소하게 정의된 몇몇 교리를 통해 타락과 그 결과에 접근하는 것이 아니라 대체로 성경적인 일련의 이미지들을 통해 접근한다. 그리고 이 이미지들은 생명의 나무인 십자가의 관점에서 이해된다. 아담은 최초의 조상이라기보다는 부활한 그리스도 안에 있는 우리의 동시대인이다. 가톨릭교회의 교회력에서 기념되는 구약 시대의 유일한 인물은 (이상하게도) 8월 1일에 기념되는 7인의 마카비 순교자들이다(또는 그들이 제2차 바티칸 공의회 후 1969년에 보편적 달력에서 제거될 때까지 기념되는 인물들이었다). 정교회 교회력에서는 구약성경에 등장하는 많은 성인들—족장들, 모세, 예언자들—이 기념된다. 이들 중 몇몇, 특히 예언자 엘리야의 기념은 매우 유명하다. 내게는 이것이 타락 후의 역사에 대한 다소 다른 태도를 나타내는 것으로 보인다. 이 세상은 사실상 하나님을 잃은 장소가 아니다. 하나님은 결코 이 세상을 자신에 대한 증언이 없는 상태로 남겨두지 않으셨다. 성 요한네스 크리소스토모스의 성체 기도(가장 보편적으로 사용되는 성체 기도다)에 다음과 같은 표현이 등장한다. "주께서 우리를 무존재에서 존재로 이끌어내셨고 우리가 타락했을 때 우리를 다시 일으켜 세우셨으며, 주께서 우리를 하늘에 데려가시고 우리에게 다가올 주님의 나라를 주실 때까지 아무것도 파멸된 상태로 남겨두지 아니하셨나이다."

성 대바실레이오스의 성체 기도에서 인간의 창조와 타락 및 그 결과가 좀 더 길게 다뤄진다.

오 하나님, 주께서 땅의 먼지를 취해서 인간을 만들고 주님 자신의 형상으로 그에게 영예를 주셨나이다. 주께서 그를 기쁨의 낙원에 두시고 그가 주님의 명령을 지킨다면 그에게 불멸의 삶과 영원한 축복의 향유를 약속하셨나이다.

그러나 그가 자신을 창조하신 참되신 하나님이신 주께 불순종했을 때, 그리고 그가 뱀에게 속아 길을 잃고 자신의 범죄로 죽었을 때, 오 하나님, 주께서 주의 정의로운 판단으로 그를 낙원에서 이 세상으로 쫓아내셨고 그를 그가 취함을 받은 흙으로 돌려보내셨나이다. 한편 주께서는 주님의 그리스도 안에서 그를 위해 중생을 통해서 오는 구원을 확립하셨나이다. 오 선하신 이시여, 주께서 주의 창조물로부터 완전히 등을 돌리지 않으셨고 주의 손으로 만드신 작품을 잊지도 않으셨고, 주의 자비로운 긍휼로써 다양한 방식으로 우리를 찾아오셨기 때문이니이다. 주께서 예언자들을 보내셨고, 모든 세대에서 주를 기쁘시게 했던 주님의 성도들을 통해 능력의 행동을 행하셨나이다. 주께서 주의 종들인 예언자들의 입을 통해 우리에게 말씀하셨고 우리에게 다가올 구원을 미리 말씀하셨나이다. 주께서 율법을 도움물로 주셨고 천사들을 수호자들로 지명하셨나이다. 그러나 때가 완전히 찼을 때 주께서 그분을 통해 만세도 만들어진 주님의 아들을 통해 우리에게 말씀하셨나이다.[13]

우리는 확실히 타락한 세상에서 살고 있지만, 세상은 여전히 피조물이고 창조주의 표지를 지니고 있다. 세상은 하나님을 잃은 상태로 여겨질수 없고 인간도 마찬가지다. 우리가 하나님으로부터 아무리 멀어졌더라도 하나님은 우리를 버리지 않으실 것이다. 전체 창조 질서는 여전히 하나님과의 연합을 위해 창조되었고 인간은 여전히 하나님이 의도하신

13_ 영어의 두 예전 텍스트 모두 지금은 고인이 된 대수도사제 Ephrem Lash의 번역이다(성 바실레이오스의 성체 기도의 경우 약간 수정되었다).

역할을 하게 되어 있다. 하나님이시자 인간이신 그리스도가 인간에게 이 가능성을 회복해 주셨다. 그가 인간에게 할 일을 하나도 남기지 않고 그것을 수행하지는 않으셨다. 오히려 그는 자신의 인간으로서의 역할을 수행하심에 있어서 인간들로 하여금 신적 생명에 참여하는 것(신화)으로 구성된 그들의 참된 운명을 발견할 수 있게 해주셨고, 이런 식으로 창조세계의 제사장으로서의 역할을 할 수 있게 해주셨으며, 모든 창조 질서가 그것의 참된 신현적 양태에서 기능할 수 있게 해주셨다.

"원죄"에 관한 현대 정교회 신학자들의 사상: 스타닐로아와 불가코프

현대 정교회 신학자들을 이것을 다른 방식으로 다루지만, 그들에게는 타락과 죄 문제를 창조와 신화라는 좀 더 광범위하고 심원한 맥락에서 본다는 공통점이 있다. 종종 지난 세기의 가장 위대한 정교회 신학자라고 주장되는 두 명의 사상가인 러시아의 세르게이 불가코프와 루마니아의 두미트루 스타닐로아의 예를 간략히 들어보자. "세상: 창조와 신화"로 불리는 그의 『정교회 교의 신학』(*Orthodox Dogmatic Theology*, 영어로는 『하나님의 경험』[*The Experience of God*])에서 스타닐로아는 타락한 인간의 상태에 관해 많은 내용을 말하지만, 내가 알기로는, **원죄**라는 표현을 한 번도 사용하지 않는다. 이 섹션의 끝 부분에 영어 번역본에서 "타락"으로 불리는 장이 있다(루마니아어 원서에서 그 장의 제목은 좀 더 긴 "조상들의 타락과 그 결과들"이다). 타락한 인간의 상태에 대해 정교하게 분석하는 이 대목에서 인간을 포함한 세상이 하나님에 의해 창조되었다는 사실과 타락의 결과가 아무리 재앙적이라고 할지라도 창조물로서의 세상의 지위는 여전히 분명하다는 사실이 계속 강조된다. 따라서 스타닐로아는 이렇게 말한다.

> 우리는 정교회의 관점에서는 타락 후의 세상이 완전히 그리고 치명적으로 모호한 이미지를 지니지 않으며, 인간의 지식이 전적으로 모호하고 불투명한 세상의 이미지에 일치하는 지식으로 제한되지도 않는다는 점을 지적한다. 인간은 부분적으로는 다른 종류의 지식을 통해 이 모호성을 꿰뚫을 수 있으며 실제로 종종 그렇게 하지만, 이 모호성과 그것에 일치하는 지식을 완전히 극복하지는 못한다.[14]

그리고 조금 뒤에 그는 이렇게 말한다.

> 창조세계는 하나님이 이 목적을 염두에 두고 말씀하시고 행하시며, 우리가 우리의 말과 행동을 통해 하나님께 응답하고 하나님이 작정하신 이 교제를 전개하는 과정에서 그것을 제시할 수 있는 장소로 질서지어졌다. 창조세계는 우리가 하나님과 모종의 대화를 수행할 수 있는 장소로 남을 때 그것의 목적을 이행한다. 이 대화는 세상이 최소한 부분적으로라도 하나님의 선물로 여겨질 때만 자랄 수 있는바, 이것은 세상이 그것을 통해 현

14_Dumitru Stăniloae, *The Experience of God: Orthodox Dogmatic Theology* (Brookline, MA: Holy Cross Orthodox Press, 2000), 2:172.

재의 부패와 사망의 상태로부터 구원을 받게 될, 더 높은 구원의 선물의 토대다.[15]

불가코프는 창조된 세상이 하나님에 대해 말하지 않을 수 없으며, 하나님의 창조의 손에 의해 만져졌기에 본질상 거룩하다는 견해를 공유한다. 불가코프는 이것을 소피아, 즉 하나님의 지혜 교리(이 교리는 확실히 정교회 안에서 논쟁적이다) 관점에서 표현했다. 불가코프는 스타닐로아와 대조적으로 "원죄"에 대해 직접적으로 말하는 것으로 보인다. 적어도 그의 위대한 교의학 3부작인 『신인 됨에 관하여』(On Godmanhood)의 영어 번역을 통해 주어진 인상도 그렇다.[16] 그러나 번역자가 **원죄**로 번역한 단어 배후의 러시아어 용어는 **페르보로드니 그레크흐**(первородный грех)인데, 그 단어는 정확히 말하자면 원죄가 아니라 "처음 태어난 자의 죄" 또는 덜 서투르게 표현하자면 "최초의 죄"다. 불가코프는 이 점을 잘 알고 있고 아우구스티누스의 **페카툼 오리기날레**(peccatum originale) 개념을 논의하는데, 그의 개념은 복잡하기는 하지만 확실히 다르다. 하지만 그것은 핵심적이고 중요하다. "원죄[최초의 죄] 교의는 기독교 구원론의 중추다. 이 교의는 에덴동산에서 아담이 타락함으로써 온 인류가 타락했고, 훗날 새 아담인 그리스도를 통해 구속된다고 진술한다."[17]

우리가 살펴본 바와 같이 아우구스티누스는 단순히 아담을 인간의

15_ Stăniloae, 172-73.

16_ Boris Jakim이 번역한 영어 번역본은 다음과 같은 3권으로 출간되었다: *The Bride of the Lamb* (Grand Rapids, MI: Eerdmans, 2002); *The Comforter* (Grand Rapids, MI: Eerdmans, 2004); 그리고 *The Lamb of God* (Grand Rapids, MI: Eerdmans, 2008).

17_ Bulgakov, *Bride of the Lamb*, 164.

타락한 상태의 기원으로 보는 것보다 좀 더 정확한 뭔가를 단언하기를 원한다. 즉 타락한 인간은 하나님 앞에 죄책이 있고, 인간과 하나님의 관계가 단절되었으며, 하나님의 형상으로서의 인간 존재는 상실되었거나 전혀 쓸모가 없다. 불가코프는 이렇게 주장하지 않는다. 그는 스타닐로아와 마찬가지로 인간이 자신과 불화하고 우주가 하나님에 관해 명확하게 말한다는 의식을 상실했지만(우주는 스타닐로아의 말마따나 모호해졌다), 하나님의 형상(*imago Dei*)에서 나타나는 하나님과 인간 사이의 연결의 뭔가가 남아 있다.

> 인간은 타락에서 자기 안에 있는 하나님의 형상을 파괴한 것이 아니라 그것을 흐릿하게 하고 약화시켰을 뿐이다. 마찬가지로 자연이 인간으로부터 분리되었을 때 그것의 용모가 모호해지기는 했지만 자연의 소피아적 지혜의 토대 또는 내용이 상실되지 않았다. 세상은 여전히 하나님의 창조 세계이며 창조에 관한 영원한 말씀인 "~이 있으라"는 언제나 세상에 울려퍼진다. 따라서 세상의 타락 후에도 신적 소피아(Divine Sophia)는 하나님의 계시로서의 세상 안에서 빛난다.…

> 그리고 세상에 현시된 이 하나님의 지혜는 타락한 인간을 높이고, 정화하고, 강하게 하고, 구원하는 자연과 함께하는 삶의 영감의 소진되지 않는 원천이다. 이것은 모든 인류의 일상의 경험이다. 그리고 세상의 이 소피아성(sophianicity)은 비록 비인격적이기는 하지만 자연에서의 적절한 삶의 토대다. 이는 자연의 위격(hypostasis)을 모르지만, 위격화될 수 있고 인간을 위하고 천사들을 위하고 하나님을 위하는 그것의 삶을 살 수 있는 "위격성"(hypostaticity)이다. 인간은 동물 세상의 생명에 대해 어느 정도 접근

할 수 있지만 암석, 광물, 물, 식물의 생명에 대해서는 희미하게만 안다. 창조세계에서의 하나님의 영광인 이 자연의 생명은 이 영광을 창조주께 노래하며, 하늘들은 참으로 이 영광을 고백한다.[18]

불가코프가 서방 교회의 신학과 관련해서 원죄에 관해 최초로 숙고한 내용은 서구에서 쓰인 그의 최초의 저술인 『불타는 덤불: 정교회의 하나님의 모친 숭배에 관해』(*The Burning Bush: On the Orthodox Veneration of the Mother of God*)에서 발견된다.[19] 이 책에서 그는 로마 가톨릭교회의 마리아론, 특히 무염시태(원죄 없는 잉태) 교리를 탐구하고 그것이 근본적인 신학적 오류에 토대를 두고 있다고 주장한다.[20] 그러나 이 비판은 주로 불가코프가 서방 교회에서 조우했던 스콜라주의에 중요했던 순수한 자연(*natura pura*) 개념 같은 마리아론의 교의를 겨냥했다. 순수한 자연은 하나님에게 만져지지 않았고 전혀 하나님을 지향하지 않는 자연 자체로 인식되었다. 그 개념은 아우구스티누스에게서 유래한, 서방 교회의 자연과 은혜의 이해란 맥락에서 나왔다. 순수한 자연이라는 아이디어는 자연이 그것 자체로 하나님의 은혜의 반응을 일으킬 수 있다는 아이디어를 방지하기 위해 은혜의 선물 개념을 보존하기 위해 나왔다.

　비록 불가코프가 이것을 직설적으로 얘기하지 않고 넌지시 표현하

18_ Bulgakov, *Lamb of God*, 152-53.

19_ Sergii Bulgakov, *The Burning Bush: On the Orthodox Veneration of the Mother of God*, trans. Thomas Allan Smith (Grand Rapids, MI: Eerdmans, 2009)를 보라. 비록 나는 러시아어 원서인 Protierei Sergii Bulgakov, *Kupina Neopalimaya*(Paris, 1927)를 사용했지만 말이다.

20_ 뒤에 나오는 내용에 관해서는 나의 논문 "Father Sergii Bulgakov on the Mother of God," *St Vladimir's Theological Quarterly* 49 (2005): 145-64을 보라. 나는 그 논문을 광범위하게 사용했다.

기는 하지만, 이에 대한 그의 근본적인 이의는 하나님에게 만져지지 않은 자연이라는 아이디어가 근본적으로 비기독교적이라는 것이다. 자연이 하나님에 의해 창조되었다면 자연은 하나님에 의해 만져진 것이며, 타락으로 말미암아 아무리 왜곡되었다고 해도 자연은 하나님에 의해 창조되었기 때문에 존재한다. 그러므로 자연은 하나님에 의해 만져지고 그에게 사랑을 받는다. 따라서 불가코프는 낙원에서 "하나님이 친구와 말하듯이 인간과 말하기 위해 날이 서늘할 때 거니신다"라고 말한다. "그리고 그 '대화'는 하나님의 타락하지 않은 자연과 관련해서 추가적인 선물(*donum superadditum*)이 아니라 아주 통상적인 것이었다."[21] 나는 그가 순수한 자연 개념을 거부한 것은 이미 언급된 그의 자연의 거룩성의 심원한 의미의 다른 측면이라고 생각한다. 타락 때문에 자연이 하나님을 잃은 것으로 경험하는 것은 우리 안에 있는 잘못이다. 하지만 실재는 딴판이다. 이 순수한 자연 개념은 앙리 드 뤼박이 그의 『초자연적인』(*Surnaturel*, 1946)에서 당대의 저열한 스콜라주의 신학에 대해 공격한 것의 초점이었다는 점도 언급할 가치가 있다(그는 그 책으로 인해 징계를 받았다). 놀랍게도 불가코프의 비판은 드 뤼박의 비판을 예견했는데, 이 점은 현재 현대 로마 가톨릭교회의 신학에서 좀 더 수용되는 것으로 보인다.[22]

21_ Bulgakov, *Kupina Neopalimaya*, 25. 22

22_ 이 문제에 관해서는 John Milbank, *The Suspended Middle: Henri de Lubac and the Debate Concerning the Supernatural*(London: SCM Press, 2005)을 보라.

마리아는 죄가 없었는가?

불가코프는 하나님의 모친을 이해하기 위해 "성령의 영감을 받은 예전과 기도하는 교의의 삶"을 살핀다. 따라서 그는 예전 텍스트를 향한다.

> 하나님의 모친께 드려지는 수 많은 예배에서 거룩한 정교회 교회는 마리아가 출생 시에, 거룩한 아동기와 사춘기에, 성 수태 고지에서, 그녀의 아들의 탄생에서, 그리고 그녀의 모든 삶에서 완전히 죄가 없음에 관해 확고하고 명확하게 가르친다.[23]

그는 먼저 성모 마리아의 죄 없음 문제와 관련하여 몇 가지 원칙을 제시한다.

1. 마리아에게는 개인적인 죄가 없다.
2. 그러나 그녀는 "죄 없는 유일한" 존재가 아니다. 그것은 그리스도의 특질이며, 그녀는 그리스도와 달리 아담의 원죄의 결과인 자연적인 죽음을 겪었기 때문이다.
3. 그녀는 성모 마리아 찬가에서 자신의 구주를 하나님으로 부른다.

23_ Bulgakov, *Kupina Neopalimaya*, 13. 4쪽 반에 달하는, 예전 텍스트들을 언급하는 각주가 이어진다.

이 세 원칙을 통해서 판단할 때 마리아의 상태는 죄가 없는 자연적인 상태가 아니라 죄에 대한 그녀의 개인적인 태도, 그녀의 개인적인 죄 극복의 결과다. 이어서 불가코프는 마리아처럼 원죄에 종속하는 개인이 그 사실에도 불구하고 죄가 없을 수 있었는지를 숙고한다. 그는 인간이 하나님의 형상대로 창조되었다는 교리에서 시작한다. 여기에 영혼은 삼위적인 형태 또는 형상을 가지고 있다는 것과 인간은 우주와 관련해서 소우주의 역할을 행사해야 했다는 것이 이어진다. 그는 서방 교회의 스콜라주의적인 순수한 자연으로서의 인간 개념에 대항해 이와 같이 제시하고, 하나님이 계시지 않는다면 창조세계가 없고 하나님과의 관계가 없이는 인간의 생명이 긍정되거나 부인되지 않는다고 주장한다. 따라서 그는 인간의 타락을 다음과 같이 설명한다.

따라서 최초로 만들어진 사람은 그의 본성에서 필멸의 존재도 아니었고 정욕에 굴복하지도 않았다. 그의 본성 안에 하나님과 함께하고 하나님 안에 있는 복된 삶이 포함되었기 때문이고, 그는 세상에서 하나님을 위해 창조되었기 때문이다. 그러나 창조된 존재로서 그는 자신 안에 있는 창조된 연약함과 자연의 무능력을 안다. 그의 안에는 하나님 안에서 그리고 하나님을 위해서 사는 삶의 가능성만이 아니라 세상 안에서 세상을 위해 사는 삶의 가능성도 숨겨져 있다. 그리고 원죄에서 사람은 자신 안에서 복된 삶을 소멸하고, 하나님과의 직접적인 축복된 소통인 "대화"를 차단하고, 자신에 대한 살인을 저지르고, 사람을 하나님의 친구에서 우주에 잠긴 자연

적인 존재가 되도록 변화시켰다.[24]

따라서 타락은 인간과 하나님 사이의 관계 및 우리와 세상 사이의 관계에 영향을 준다. 한편으로 타락한 인간은 하나님을 거부함으로써 자신의 생명의 근원인 하나님과의 접촉을 상실했고 그 과정에서 영혼과 몸의 조화를 망가뜨렸으며 그럼으로써 죽음—영혼과 몸의 분리—의 가능성을 열었다. 다른 한편으로 인간은 자신이 세상의 존재론적 중심으로 등장하고 우주를 지배하고 자신의 목적을 위해 우주를 활용하기 시작했다. 따라서 불가코프에 따르면 타락의 결과 "세상이 **고아 상태**로 떨어져 더 이상 그것을 보살펴 줄 이가 없게 된다. 죄로의 타락은 우주적 재앙으로서 땅을 '저주'한 것으로 나타난다."[25] 불가코프는 타락의 결과 영혼과 몸 사이, 인간과 우주 사이의 조화가 붕괴된 것 외에 개인과 자연 사이의 양극성이 조성되었다고 강조한다. 한편으로 고립되고 자기를 지향하는 개인들이 존재하고, 다른 한편으로 "온 인류의 존재론적 연대가 있는데 그것은 인류의 형이상학적 통일을 통해 실체화되고, (도스토옙스키가 말한 바대로) '모든 사람이 모두 앞에서 죄가 있다'기보다 모든 사람이—그리고 각자가—스스로 그리고 자신을 위해서 행동하며, 전체 인류 안에서 그리고 전체 인류를 위해서 행동"해서[26] 재앙적인 결과를 가져온다. 그래서 개인들은 그들의 본성에 필수 불가결한 보편성에 갇혀 있다.

24_ Bulgakov, *Kupina Neopalimaya*, 26-27.

25_ Bulgakov, *Kupina Neopalimaya*, 27.

26_ Bulgakov, *Kupina Neopalimaya*, 31-32.

타락에 의해 생겨난 개인과 자연의 이 양극성이 하나님의 원래 창조세계를 파괴했고 인간의 위격이 소우주로서의 자신 안에서 우주의 여러 다양성을 **자유롭게** 요약하는데, 불가코프는 이 위격을 "사랑의 중심, 소피아의 현명한 광선"으로 부른다.[27] 그러나 우리는 이 양극성 안으로 태어나며, 우리 각자는 자신의 개인적인 죄를 통해서 스스로 아담의 원죄를 깨닫는다. 그리고 하나님의 모친은 이 양극성 안으로 태어났는데, 그녀가 죄가 없다면 그녀는 이 타락한 세상 안에서 죄가 없는 것이다. 그러므로 하나님의 모친의 개인적인 죄 없음은 하와가 상실한 죄 없는 상태와 다르다.

> 최초로 창조된 하와는 성모 마리아에게 전해진 원죄의 무거움을 알지 못했다. 그러므로 하와의 원시의 죄 없는 상태는 시험되지 않았고 정당화되지 않았고 자유로웠다. 이와 대조적으로 성모 마리아의 개인적인 죄 없음은 그녀의 개인적인 승리(*podvig*)뿐만 아니라 전체 구약 교회의 승리, 하나님 안에 있는 모든 선조들과 조상들의 승리도 나타내는데, 그것은 온 인류의 상승의 절정이자 인간이라는 나무에서 핀 낙원의 백합이다.[28]

하나님의 모친의 죄 없음은 하나님에 의해 기적적으로 창조된 모종의 자연적인 상태(불가코프는 로마 가톨릭교회의 무염시태 교리가 이렇게 주장한다고 이해한다)가 아니라, 하나님이 구원사를 통해서 역사해오셨고 그녀의

27_ Bulgakov, *Kupina Neopalimaya*, 35.
28_ Bulgakov, *Kupina Neopalimaya*, 70.

개인적인 신실함에서 절정에 이른 하나님의 섭리의 결과다. 그래서 마리아가 모든 그리스도인에게 영광을 받는다.

성모 마리아의 무염시태 교리는 정교회 교회에게 받아들여지지 않는다. 하지만 메이엔도르프가 말한 바와 같이 "정교회가 서방 교회의 원죄 교리를 공유**한다면** 정교회의 마리아 신앙은 그들로 하여금 1854년에 정의된 마리아의 무염시태 교의의 정의를 받아들이도록 했을 것이다."[29] 그러나 성모 마리아를 원죄에서 면제시키는 것은 그녀를 타락의 영향에서 면제시키는 것을 의미해야 한다. 즉 그녀는 모종의 방법으로 원죄(의 죄책이 있음)에 참여함으로써 타락한 상태를 경험하는 인류의 나머지로부터 분리된다. 성모 마리아가 달 위로 올려지거나 **푸토들**(*putti*, 때때로 날개가 달린 것으로 묘사되는, 벌거벗은 통통한 아이들)에게 떠받쳐진 모습을 묘사하는 무염시태 그림들은 그녀가 나머지 인간과 분리된 존재임을 강조하는 것으로 보인다. 이와 대조적으로 비잔틴의 예전 텍스트들은 (비록 라틴의 무염시태 축일을 위해 표절되었지만) 마리아를 인간의 일부, 특히 구약 교회의 영광의 절정으로 보며 그녀가 유대 민족에 속한다는 것을 강조한다. 예컨대 그녀는 예전 찬송 중 하나에서 "야곱의 아름다움"으로 불린다. 성모는 죄가 없다고 고백되기는 하지만 그녀가 죄의 결과들로부터 면제되는 것은 아니다. 그녀는 사악한 세상에서 살았고 우리 모두와 마찬가지로 유혹을 받았다. 그녀의 아들이 "우리와 마찬가지로 시험을 받았지만 죄는 없었다"면(히 4:15) 그녀 역시 시험으로부터 면제될 수 없었을 것이다. 만일 원죄가 구주와 그의 모친이 원죄

29_ Meyendorff, *Byzantine Theology*, 148.

가 없는 것으로 간주되어야 한다는 것을 의미한다면 원죄는 아마도 이 대목에서 [어떤 주장에 대해 그 함의하는 내용을 따라가다보면 이치에 닿지 않는 내용 또는 결론에 이르게 된다는 것을 보여서 그 주장이 잘못된 것임을 보이는] 귀류법에 직면할 것이다. 그들은 타락한 인간의 운명의 일부인 유혹에 대한 투쟁에서 면제되지 않기 때문이다.

결론

또다른 맥락에서 "원죄 교의"가 언급되었다. T. E. 흄의 『사색』 (*Speculations*)에서 "원죄 교의"가 여러 번 언급되는데[30] T. S. 엘리어트가 말한 바와 같이[31] "그는 신학에도 소질이 있었다." 어조가 모두 비슷한 이 언급들은 원죄 교의를 인간에 대한 낭만주의(그는 낭만주의가 르네상스를 통해 도입되었다고 주장한다)와 달리 그가 인간에 대한 고전적 견해라 부르는 것의 특징으로 간주한다. 흄 자신이 이 두 견해의 차이를 다음과 같이 표현한다.

> 간단히 말하자면 두 가지 견해는 다음과 같다. 하나는 인간은 본질적으로 선한데 환경에 의해 망쳐진다는 견해이고, 다른 하나는 인간은 본질적으

30_ T. E. Hulme, *Speculations: Essays on Humanism and the Philosophy of Art*, ed. Herbert Read, 2nd ed. (London: Routledge and Kegan Paul, 1936).

31_ T. S. Eliot, *The Use of Poetry and the Use of Criticism*, 2nd ed.(London: Faber and Faber, 1964), 149.

로 한계가 있지만 지시와 전통을 통해 상당히 품위 있는 존재로 규율된다는 견해다. 인간의 본성은 한편으로 우물과 같고 다른 한편으로 두레박과 같다. 나는 인간을 가능성이 가득 찬 저장소인 우물로 보는 견해를 낭만주의적 견해로 부르고, 인간을 매우 제한되고 고정된 창조물로 보는 견해를 고전적 견해로 부른다.[32]

흄은 제1차 세계대전 직전 또는 전쟁 중(그는 전쟁 중인 1917년에 피살당했다)에 이 글을 썼다. 우리는 이 말이 현대주의자들에게 매력이 있었음을 알 수 있다. 그러나 나는 흄이 단언하고자 한 진리는 (그가 그렇게 부른) 원죄 교의를 통해서가 아니라, 인간을 하나님에 의해 창조되었고 신화를 위해 운명지어졌다고 보는 견해를 통해 의미가 더 잘 전달된다고 주장한다. 이런 식으로 이해된 인간들은 그들이 자신의 창조주와의 친교 안에서 자신을 발견하는 대신 스스로 자신을 세우기를 추구하느라 부인했던 고상한 운명을 위해 창조된 것으로 여겨지기 때문이다.

원죄, 최초의 죄, 조상의 죄는 모두 인간의 죄를 통해 상실되었거나 부인된 운명에 대해 말한다. 그 죄가 최초의 조상 안에서 아담의 모든 후손에 의해 저질러졌든, 대대로 누적된 것이든, 또는 둘 모두이든 간에 말이다. 내가 주장한 바와 같이 동방 교회와 서방 교회 사이의 근본적인 차이는 두 가지 요인에 놓여 있다. 첫째는 하나님의 창조세계는 여전히 하나님의 것이며 창조물의 오류나 반역을 통해 근본적으로 전복될 수 없다는 확신이고, 둘째는 동방 교회에서 좀 더 확고하게 유지되는, 인간

32_ Hulme, *Speculations*, 117.

은 우주 안에서 그리고 우주를 위해 창조되었으며 인간의 타락은 우주와 관련이 있는데 우주는 소우주와 매개자로서의 인간의 역할에 의존하는 통일성(coherence)을 상실했다는 견해다. 나는 이 우주론을 회복할 때 하나님이 우주에서 인간을 위해 의도하신 자리를 버린 것으로서의 인간의 죄의 진정한 중대성이 드러나고, 동시에 하나님은 자신이 원천인 우주의 운명에 얽힌 어떤 우월한 존재가 아니라 하나님이시라는 확신을 보존할 수 있다고 주장한다.

영어에는 원죄 또는 최초의 죄를 가리키는 데 좀처럼 사용되지 않는 또 다른 표현이 있다(옥스퍼드 영어 사전은 이 의미에서의 다른 예를 제공하지 않는다). 충성 서약을 거부한 주교 토마스 켄이 바스 앤드 웰스(Bath and Wells) 교구 주교직에서 폐위된 뒤 은퇴할 때 쓴 성모 마리아의 생애에 관한 시(이 시는 시 모음집에서보다 찬송가집에서 좀 더 쉽게 발견된다)에서 한 연은 다음과 같이 표현한다.

> 하와가 자신의 본원의 죄(fontal sin)를 회고하며
> 자신과 자기가 포함할 모든 사람을 위해 울고 있을 때
> 인간의 구주를 잉태한 복된 마리아는
> 자신과 모든 인류를 위해 즐거워했다네.[33]

"본원의 죄"(fontal sin)는 인간의 원천 또는 샘에서 나온 죄라는 의미에서 "원래의" 죄이고 세례의 샘을 통해 제거된 죄라는 의미에서 샘(본원)

33_ *The English Hymnal* (London: Oxford University Press, 1915), no. 217.

의 죄다. 이것은 단지 기원을 회고하는 것이 아니라 세례에서 그리스도의 죽음과 부활에 참여하는 것을 내다보며 하나님과의 연합과 신화로 이어지는 제자도의 길을 연다.

▶ 5장
▶ 재개념화된 로마 가톨릭 관점
타사 와일리

기독교의 원죄 교리는 어려운 시기를 맞이했다. 많은 사람들에게 있어서 원죄 교리는 인간의 상태를 우리의 현대의 과학적 세계관에는 거의 말이 되지 않고 시대에 뒤진 범주들로 설명하는 것처럼 보인다. 그것은 신화적인 이야기에 뿌리를 둔 것으로 보인다. 원죄 교리의 고전적인 해석은 현재의 성서학계에 잘 부합하지 않는다. 그리고 그것은 인간의 성욕(sexuality)의 선함과 심지어 인간이라는 사실의 선함을 부인하는 것으로 보이는 방식으로 설명되어왔다.

그러나 원죄 교리를 일축하고 진행된 세상의 많은 관점들과 달리, 나는 그 교리가 우리 시대에 적실성과 잠재력을 유지한다고 믿는다. 그러나 그 교리는 의미의 위기를 겪었다. 근본적으로 그 교리는 현대 과학과 학계가 우리의 우주, 인간의 삶, 발전, 그리고 문화를 이해하는 방식과 불화한다. 거의 200년 동안 우리의 세상은 "진화적"이라고 묘사되어왔다.[1] 기독교 신학이 이 세상에 적응할 시간이 많았지만 일부 그리스도

1_ 예컨대 John Haught의 저술, 특히 그의 *God After Darwin: A Theology of Evolution*

인들은 그 교리가 가리키는 신비를 재고하는 것은 하나님께 대한 모욕이라고 생각한다. 대신 그들은 허구의 세상에서 살기를 고집한다.

물론 이 신학적 상황에는 많은, 그리고 심지어 상충하는 이유들이 있다. 계몽주의의 종교 비판에 뿌리를 둔 현대의 세속적인 사상가들은 하나님, 죄, 그리고 구원에 관한 논의를 과학적 신빙성의 관점에서 틀을 짰다. 그들은 믿지 않을 이유들을 제시한다. 예컨대 그들은 "하나님"이 인간의 몇몇 측면의 투사라고 주장한다(루트비히 포이어바흐).[2] 원죄라는 아이디어(원죄에 대한 성경의 근거 포함)는 우리의 많은 동시대인들에게 앞뒤가 맞지 않는 것처럼 보인다. 그들은 인간의 기원 기사로서의 창세기 이야기를 일축한다. 비록 현대의 무신론자들과 과학자들은 종종 성경에 대한 근본주의적인 독법을 통해서만 성경을 알고 역사비평에 대해서는 모르지만 말이다. 하지만 그리스도인들이 원죄에 대한 사실적이고, 역사적이고, 성경적인 토대로 채택해온 창세기 이야기가 그리스도인들이 그것에 부과해온 무게를 감당할 수 없다는 그들의 기본적인 요점은 건전하다.

원죄 개념이 우리 그리스도인들의 그리스도 및 구속 이해의 요체이기 때문에 시대에 뒤떨어진 원죄 개념은 기독교 메시지 전체에 대한 현대인의 수용을 위협할 수 있다. 카르타고 공의회(기원후 411-418년)[3]에

(Boulder,CO: Westview, 2000)을 보라.

2_ 나는 Tatha Wiley, *Original Sin: Origins, Developments, Contemporary Meanings* (Mahwah, NJ: Paulist Press, 2002), 103-26에서 현대 시대에서 죄 개념의 운명에 관해 좀 더 자세한 논의를 제공한다.

3_ 그 공의회는 아우구스티누스를 그들의 신학적 권위로 삼았고 특히 아담에게 원의(original justice)의 선물이 주어졌지만, 아담이 죄로 말미암아 그 선물을 상실했다는 것을 긍정했다. 그 공의회는 교회의 오랜 유아세례 전통을 통해 물려받은 죄를 추론했다. 카르타고 공의회는

서 수용된 원죄 교리의 형태는 대체로 아우구스티누스가 형성한 것이었고—그것 자체는 수 세기 동안 발전된 사상에 기초했다—다른 핵심적인 교리들이 그것을 통해 설명되게 되었다.

- 교회론: 교회가 왜 필요한가? **원죄의 얼룩을 없애기 위함이다.**
- 성례전: 세례가 왜 필요한가? **그리스도의 용서를 매개하고 세례받은 자를 하나님과 화해시키기 위함이다.**
- 구원론: 그리스도가 왜 필요한가? **그리스도는 우리가 출생 시 물려받는 아담의 죄를 용서한다.**

이 전통적인 죄와 사죄 개념은 역사적 아담과 실제 죄를 필요로 한다. 그러나 신약성경은 확실히 구원론적 선택지에 제한이 없었고 5세기 이후에야 이 하나의 교리가 모든 질문에 대한 답변을 결정하게 되었다.[4]

아담과 하와의 역사성은 원죄 교리에 매우 중요했다. 교부 신학자

인간의 본성의 자연적인 선함과 인간이 죄를 피할 수 있는 능력에 관한 펠라기우스의 낙관주의를 받아들이지 않았다. 대신 그 공의회는 아우구스티누스의 영혼 유전설의 도움으로 인간이 출생 때 아담의 죄를 지닌다는 것을 긍정했다. 모든 사람이 사악하며 구원을 필요로 한다. 오랑주 공의회(529년)는 원죄에 관한 아우구스티누스의 견해를 긍정했지만 그의 사상이 일으킨 극단주의—예컨대 인간의 자유가 완전히 파괴되었다—를 거부했다. 오랑주 공의회를 통해서 원죄에 관한 교부들의 논쟁이 끝났다. 그 교리는 전체 기독교 교리 체계에서 중추적인 교리가 되었다.

4_ 성서학자들은 우리에게 구속의 의미를 진정한 사회 변혁으로 재전용하도록 도전한다. Walter Wink에 따르면 "예수 연구가 예수의 설교의 사회적 및 정치적 지시대상을 발견"했으며 "복음은 개인이 세상으로부터 구원되는 메시지가 아니라 세상이 기본적인 구조까지 변화되는 메시지"다. Walter Wink, *Engaging the Powers* (Minneapolis: Fortress Press, 1992), 51. Wink 는 지배 체제로서의 로마의 통치와 예수의 **대안적인** 체제로서의 하나님의 통치의 비전—지배가 없는 질서—을 대조한다(107-37).

들이 유지했던 모든 인간의 유일한 조상으로서의 그들의 역사성에 관한 가정은 현대의 경험 과학과 현대의 역사에 비추어볼 때 더 이상 유지될 수 없다. 성서학자들의 저술을 포함한 문헌 비평 역시 인간의 기원에 관한 창세기 내러티브를 역사로 분류하던 데서 그것을 신화로 보는 쪽으로 이동했다. 그러나 교회는 종종 현대 과학, 역사 기술, 그리고 문헌 비평에 저항해왔다. 교황 비오 9세는 주로 교의로서(즉 반드시 믿어져야 하는 단언으로서) 교황의 무류성(papal infallibility)을 정의하기 위해 제1차 바티칸 공의회를 소집했다. 그것은 반현대적인 공의회로서 현대성의 자유주의, 합리주의, 물질주의를 공격했다. 그 과정에서 참석한 주교들은 신앙과 관련하여 과학적 진리의 가치와 기준을 논의했다. 그들은 과학에 관한 오해를 드러내는 한편 과학에 대해 높은 기준을 설정했다. 그들은 **과학적 결론이 사실이려면 교회의 교의에 일치해야 한다**고 규정했다.[5] 이와 대조적으로 현대 경험 과학의 주요 가치는 데이터로 돌아감으로써 검증하는 것이며(이 가설이 참인가?), 따라서 그 위원회의 요구는 과학적 세계관과 종교적 세계관 사이에 큰 갈등을 일으켰다.

제2차 바티칸 공의회(1962-65)가 열릴 때에는 과학적 탐구의 독립성 ─ 그리고 우주 자체의 독립성 ─ 이 긍정되었고, 과학적 결론들이 교회의 교의를 뒷받침해야 한다는 요구가 삭제되었다. 제2차 바티

5_ 이 점은 특히 인간의 기원과 원죄에 대한 설명에 해당했다. 참조. Ludwig Ott, *Fundamentals of Catholic Dogma*, ed. James Canon Bastible (St. Louis, MO: B. Herder Book Company, 1962; 원래는 1955년에 독일어로 출간되었음). Ott에 따르면 "아담의 죄는 원죄와 구속 교의의 토대이기 때문에 본질적인 사실들에 관한 [성경의] 설명의 역사적 정확성은 반박될 수 없다. 1909년 [교황청] 성서위원회의 결정에 따르면 다음의 사실들과 관련하여 문자적·역사적 의미가 의심되어서는 안 된다"(106).

칸 공의회의 가장 중요한 문서들 중 하나인 "현대 세상의 교회 사목 헌장"(*Gaudium et Spes*)[6]은 특히 과학에 대한 이해가 정태적 세계관에서 동태적 세계관으로 변한 것을 다뤘다. "그것들이 창조된 상황 자체를 통해 만물에게 자체의 안정성, 진리, 선함, 적절한 법칙들과 질서가 주어졌다"(#36).

오늘날에도 모든 기독교 교파가 현대 과학과 화해한 것은 아니며 원죄에 관해 필요한 일을 한 교파는 매우 적다. 설교자 등은 종종 원죄에 관해 아예 말하지 않는다.

원죄가 다른 믿음들과 어떻게 얽혀 있고 이런 믿음들의 의미를 통제하는지 아는 사람은 극히 드물다. 오늘날 이 교리에 관해 더 이상 말할 것이 없는 것처럼 보인다. 그러나 원죄 교리는 죄와 악의 신비 및 그것들이 기독교 신앙의 틀 안에서 어떻게 부분적으로 이해될 수 있는지를 설명하고자 한다. 우리의 세계관이 고대의 세계관과 현격히 다르다는 점에 비추어볼 때 우리는 우리의 삶과 우리의 신앙의 심원하고 영원한 신비를 탐구할 때 다른 지점에서 출발할 필요가 있다.

진화의 이해와 이해의 진화

이 논문은 이 중요한 교리에 대한 개념 재정립 또는 재구성을 제안한다. 이 설명을 위해서 나는 저명한 신학자이자 철학자인 버나드 J. F. 로너

6_ Walter M. Abbott, SJ, *The Documents of Vatican II* (New York: Guild Press, 1966), 183-308.

건 수사(1904-1984)의 저술에 의존한다.[7] 특히 로너건은 죄와 악의 신비 개념을 재정립하는 데 유익한 역사와 현대의 인류학 이해를 제공한다. 로너건은 지식의 발전에 관해 다음과 같이 쓴다.

> 인간의 개념들과 행동 경로들은 이해 행위의 산물이자 표현이고, 이해는 오랜 시간에 걸쳐 발달하며 그런 발달은 누적적이고, 각각의 누적적 발달은 시간과 장소의 조건에 대한 인간과 환경의 반응이기 때문이다.[8]

우리는 다윈 이후의 세상에서 산다. 그 실재는 우리가 우주를 바라보는 방식을 근본적으로 변화시켰다. 우리는 이제 세대 또는 세기 대신 백만 년 또는 십억 년의 관점에서 생각한다. 우리는 우리가 한때 가정했던 것과 똑같은 가정을 할 수 없다. 진화가 문화의 모든 측면에 영향을 줬다. 예컨대 우리가 동일한 물속의 원천에서 나왔다는 과학적 통찰은 우리로 하여금 우리의 문화들에서 물려받은 인종 차별주의에 의문을 제기하고 그것을 제거하도록 자극했다. 그러나 진화에 관해 강력한 과학적 동의가 이뤄져 있지만, 진화에 관한 종교적 저항도 많았다.[9] 몇몇 그리스도인들은 마치 이 진화적인 세상이 우리에 의해서 발견된 사항이 아니라 하나님께 놀라운 일이라고 생각하는 것처럼 행동한다. 우리가 이

7_ 나는 특히 인간의 발달, 구조, 상식과 이론적 추론 등의 차이들에 있어서의 인간을 알기 위한 측면에서 그의 이해에 빚을 졌다. 그의 저술에서 다음 두 권의 책이 특히 중요하다. *Insight: A Study of Human Understanding* (New York: Philosophical Library, 1957); *Method in Theology* (New York: Herder & Herder, 1972).

8_ Lonergan, *Method in Theology*, 30.

9_ Tatha Wiley, *Creationism and the Conflict over Evolution*, Cascade Companions(Eugene, OR: Wipf & Stock, 2008)를 보라.

런 종류의 세상이 하나님의 마음에 존재한다는 것을 믿지 않는다면 그것은 **우리**가 불신자임을 의미하지 않는가? 그리고 하나님이 하나님이시라면 놀라운 일이 있을 수 없다. 하나님의 이해는 제한되지 않는다. 이 점을 반복할 가치가 있다. 하나님은 이해되어야 할 모든 것을 이해하신다.

이와 대조적으로 우리 인간의 이해는 제한되어 있다. 항상 추가 질문이 있고 더 이해되어야 할 것들이 있다. 위에 언급된 로너건의 말마따나 우리의 이해는 누적적이며 오랜 시간에 걸쳐 발달한다. 사물들을 "그곳 밖에" 또는 "이곳 안에" 존재하는 것으로 이해하던 데서 그것들이 어떻게 자신 안에 존재하는지에 대한 이해로의 한 가지 중요한 변화가 일어났다. 질문들이 더 이상 "나와 관련된 사물들"에 관해 묻지 않고 "그것들 자신과 관련된 사물들"에 관해 물을 때 우리를 상식의 영역에서 이론의 영역으로 데려가는 의식(consciousness)의 차별화가 일어난다. 원죄에 있어서 이것은 아우구스티누스의 틀을 중세의 체계적 틀 안으로 전유했을 때 일어났다. 나는 이제 원죄에 대한 추가적인 차별화가 필요하며 전통적인 개념들을 체계화하던 데서 우리의 근원적인 죄(root sin)에 대한 이해를 의식의 범주에 입각시키는 방향으로 변화가 일어나야 한다고 주장한다. 우리는 탁월한 방법에 의해—즉 우리 자신의 경험과 인간의 의식 구조 안에서 직접 검증될 수 있는 범주를 통해—죄와 악의 문제를 분석할 필요가 있다. 이것은 이론에서 내부성으로의 이동이 될 것이다.

우리는 교리상의 설명을 포함해서 인간의 어떤 설명도 영원히 당연한 것으로 여길 수 없다. 우리는 한때 우리가 사실일 뿐만 아니라 실재 자체라고 생각했던 세상─창조, 타락, 구속, 심판 등. 어떻게 그렇지 않을 수 있었겠는가?─에 대해 편안한 세계관을 갖고 있었는데, 그것이 지금은 매우 중요한 측면들에서 우리가 오늘날 실재를 이해하는 방식과 조화되지 않는 것처럼 보인다.

혹자는 여전히 창세기 1장이 말하는 바와 같이 창조가 7일 동안에 일어났다고 생각한다.[10] 그들은 성경의 기사에 등장하는 한 "날"이 24시간이 아니라면 각각의 날은 아마도 백만 일 또는 십억 년을 나타낼지도 모른다고 말할 것이다. 그들은 창조 이야기를 현대 과학의 통찰들과 일치시키고 결국 성경이 옳았다고 생각할 수 있도록 만들기 위해 무엇이든 할 것이다. 우리는 아우구스티누스에 의해 유명해진 원죄의 설명을 뒷받침하는 내러티브로서 창세기 이야기를 소중하게 간직한다. 그러나 설명은 시간에 제약된다. 어떻게 개념 구성을 하든 그것들은 신비 자체가 아니다. 그 설명들이 우리가 경험하는 실재에 더 이상 들어맞지 않고 더 이상 설득력이 없으면 설명이 변해야 한다. 로너건에 따르면 실제 세상은 참된 판단들 전체를 통해 알려질 대상이다.[11] 과학자들은 신학자들에게 실제 우주에 관한 지식을 제공한다. 과학적 맥락이 변하면 우리의 교리 이해도 변한다. 로너건이 말하듯이 "교리들은 맥락들 안에서 의미를 가지는데, 정신의 지속적인 발견이 맥락을 변화시키기 때문

10_ 흥미롭게도 아우구스티누스는 415년에 완성한 그의 저술 *On the Literal Meaning of Genesis: A Commentary in Twelve Books*에서 하나님이 실제로 창세기 내러티브에 묘사된 6일 동안 세상을 창조했다는 아이디어를 일축했다.

11_ Bernard J. F. Lonergan, "Insight: Preface to a Discussion," ch. 10 in *Collection*, 2nd ed., ed. Frederick E. Crowe and Robert M. Doran (Toronto: University of Toronto Press, 1993), 158.

에, 교리들이 새로운 맥락 안에서 의미를 유지하려면 그것들이 재구성 (recast)되어야 한다."[12] 단순히 다시 쓰일 것이 아니라 **재구성**되어야 한다. 우리의 설명이 새로운 맥락에서 설득력이 있으려면 새로운 출발점, 새로운 표현들과 관계들이 필요하다.

그러나 추가로 고려할 사항이 있다. 우리의 교리 구성은 우리의 과학적 세계관과 일치할 뿐만 아니라 우리가 오늘날 진정한 가치들로 이해하는 것들과도 일치해야 한다. 많은 신학자가 참이 아닌 요소들―로너건의 말로 표현하자면 반대 입장들(counterpositions)―을 지닌 교리들을 참인 것으로 전용해왔다. 아우구스티누스는 모종의 잘못을 저지르는 사건인 죄가 어떻게 생물학적으로 전달될 수 있는가에 관한 펠라기우스의 질문을 결코 다루지 않았다. 그는 자기가 결혼 관계에서의 성교를 정욕과 관련시켜서 사실상 성관계를 사악한 것으로 만든 방식을 다루지도 않았다. 아우구스티누스는 창세기 2-3장을 자신의 근본적인 이야기로 유지함으로써 하와의 벌―그녀는 남편의 지배에 복종해야 한다―을 여성의 복종에 대한 신적 명령과 여성을 향한 하나님 자신의 뜻의 표현으로 격상시켰다. 교회는 거의 이천 년 동안 여성의 복종뿐만이 아니라 가정과 국가 모두의 가부장적 구조 전체를 확고하게 지탱했다. 마지막으로, 그 교리는 구원에 대한 접근이 로마 가톨릭교회에서 세례를 받은 사람들로만 제한되도록 보장했다. 즉 다른 어떤 종교 조직도 신봉자들에게 구원의 희망을 제공하지 못했다. 전통적인 원죄 개념의 이러한 참되지 않은 결과들은 그 교리의 신학적 타당성과 목회적 적절성

12_ Lonergan, *Method in Theology*, 305; 참조. p. 28.

을 반박한다.

　아래의 간략한 개요에서 우리는 우리의 근원적인 죄 개념을 탐구하고, 고전적인 교리를 검토하며, 체계적인 의미와 이론의 역할을 조사하고 나서 "원죄"를 재구성하기 위한 토대로서 내부성의 세계와 로너건의 죄와 악의 문제 설명을 살펴볼 것이다.

우리의 근원적인 죄

우리는 **죄**라는 말을 통해 근본적으로 무엇을 의미하는가? 우리의 근원적인 죄는 무엇인가?

　성경 저자들은 죄를 이해하기 위해 많은 노력을 기울였고 죄에 대해 많은 용어를 사용했다. 가령 죄는 과녁을 빗나가는 것, 반역, 무법 등으로 표현되었다. 창세기 3장에 묘사된 죄는 상급자와 권위에 대한 침해다. 그것은 상급자의 명령에 대한 불순종이다. 요점은 명령은 무엇이든, 말이 되든 되지 않든, 중요해 보이든 그렇지 않든 간에 지켜져야 한다는 것이다. 이것은 개인주의적인 죄 개념이다. 그것은 죄의 사회적 의미를 수용할 수 없다.

　창세기 2-3장의 아담과 하와 이야기는 창조와 최초의 죄의 상징적인 내러티브다. 세상과 인간 됨에 대한 상징적 이해가 신화로 표현된다. 학자들은 이 내러티브가 기원전 10세기에 나온 것으로 추정한다. 기원전 6세기의 것으로 추정되는, 창세기 1장의 최초의 창조 이야기 역시 신화인데 그것은 내러티브보다는 시에 좀 더 가깝다. 그 이야기들은 모두 창조 및 죄와 악의 뿌리에 대한 과학 이전의 그리고 철학 이전의 이 해다.[13] 그 언어와 사상은 평범한데 로너건은 이것을 차별화되지 않은 의식의 양태 또는 상식으로 부른다.

예언자 아모스는 세상을 사회적 렌즈를 통해 보았다. 그는 부자들 이 가난한 사람들을 착취하고 압제하는 것을 우려했다. 그의 언급은 신 랄하다. 그는 엘리트 여성들에게 "암소들아,…너희는 힘없는 자를 학대 하며 가난한 자를 압제한다"고 비난한다(암 4:1). 아모스는 그들이 "은 을 받고 의인을 팔며, 신 한 켤레를 받고 가난한 자를 판다"고 말한다(암 2:6). 아모스서에서 죄는 불의(injustice)다. 하나님은 정의를 통해 알려진 다.

신약성경 역시 여러 죄 개념을 채택하는데, 여기에는 죄에 대한 요 한복음의 새로운 이해, 즉 예수를 믿지 않는 것이 포함된다. 그러나 아 마도 우리의 근원적인 죄일지도 모르는 것을 지적하는 사람은 바울이 다. 학자들은 오랫동안 바울이 물려받은 죄 개념을 가지지 않았으며 그 개념은 성경이 기록되고 난 뒤에 등장한 아이디어라고 결론지어왔다.[14]

13_ 많은 교회가 창 1장의 7일 창조 이야기를 상징적인 것으로 받아들였다. 그러나 창 2:1-3의 경우에는 그렇지 않았다. 그럼에도 창세기 텍스트가 훗날 원죄로 불리게 된 것 또는 심지 어 "타락"에 해당하는 말을 포함하지 않는다는 학계의 합의가 형성되어 있다. 이에 관한 권 위 있는 문헌인 Claus Westermann, *Genesis 1-11: A Continental Commentary* (Minneapolis: Fortress Press, 1994), 247-48, 275-76, 278을 보라. 물론 신학자들이 원죄에 대한 모든 이 해의 토대를 타락 **전**과 타락 **후** 같은 범주를 통해 창 1-3장에 두면서 그 텍스트의 상징적인 성격을 인정하는 것은 정직하지 않은 처사다.

14_ 예컨대 Robert Jewett, "Romans," in *The Cambridge Companion to St. Paul*, ed. James D. G. Dunn (Cambridge: Cambridge University Press, 2003), 91-104을 보라. "아담과 그리스 도를 비교하는 목적은 새로운 원죄 '교리'를 개발하기 위함이 아니라 새로운 은혜와 의의 '통치'가 어떻게 그것의 영향력을 '모든 사람'에게 확장하는지를 보여주기 위함이다(5:17, 21)" (96).

그러나 그는 가장 일상적인 우리의 경험들도 복잡하며 우리가 왜 악을 행하는지를 이해하려면 이 경험에 대한 통찰이 매우 중요하다는 것을 알았다.

> 내가 행하는 것을 내가 알지 못하노니 곧 내가 원하는 것은 행하지 아니하고 도리어 미워하는 것을 행함이라. 만일 내가 원하지 아니하는 그것을 행하면 내가 이로써 율법이 선한 것을 시인하노니 이제는 그것을 행하는 자가 내가 아니요, 내 속에 거하는 죄니라. 내 속, 곧 내 육신에 선한 것이 거하지 아니하는 줄을 아노니 원함은 내게 있으나 선을 행하는 것은 없노라. 내가 원하는 바 선은 행하지 아니하고 도리어 원하지 아니하는 바 악을 행하는도다. 만일 내가 원하지 아니하는 그것을 하면 이를 행하는 자는 내가 아니요, 내 속에 거하는 죄니라(롬 7:15-20).

오히려 바울은 "근원적인 죄"를 **특권**(privilege)으로 생각한다. 학자들이 세례 예식에서 사용된 문구의 단편이라고 믿는 구절에서[15] 그는 "너희는 유대인이나 헬라인이나, 종이나 자유인이나, 남자나 여자나 다 그리스도 예수 안에서 하나이니라"라고 선언한다(갈 3:28).

바울의 공동체에 가담한 여성들과 남성들은 세례 때 이 말을 했을 것이다. (그들은 혁명적이지는 않았지만 아마도 우리가 지금까지 생각해왔던 것보다 급진적이었을 것이다.) 우월성 이데올로기가 없는—종교적 배타주의, 노예 소유, 그리고 남성의 특권이 없는—세상은 어떤 모습이겠는가? 자

15_ Hans-Dieter Betz, *Galatians*, Hermeneia (Philadelphia: Fortress Press, 1979), 197.

세한 내용을 언급하지 않고서도 우리는 죄에 관한 바울의 확신은 실존적이고, 공동체적이며, 종말론적이라고 말할 수 있다.[16]

하지만 종교적 판단은 모호하다. 인간의 선과 죄에 관한 참된 통찰을 표현하는 사람이 있는가 하면 다양한 종류의 이데올로기들을 통해 선을 파괴하는 사람도 있다. 이 점은 성경에서도 마찬가지다.[17] 우리가 언급한 바와 같이 하와의 남편이 "그녀를 다스릴 것"이라는 하와에 대한 처벌은 하나님의 이름으로 이미 여러 세기 동안 존재해왔던 남성의 특권과 가부장제를 강화했다. 이와 유사하게 제2 바울 서신에 수록된 또 다른 텍스트는 놀랍게도 특히 사도 바울의 가장 특징적인 확신인 이신칭의를 배신한다.

> 여자가 가르치는 것과 남자를 주관하는 것을 허락하지 아니하노니 오직 조용할지니라. 이는 아담이 먼저 지음을 받고 하와가 그 후며, 아담이 속은 것이 아니고 여자가 속아 죄에 **빠졌음**이라. 그러나 여자들이 만일 정숙함으로써 믿음과 사랑과 거룩함에 거하면 그의 해산함으로 구원을 얻으리라(딤전 2:12-15).

저자가 실재를 **묘사**하고 있는 것인가 아니면 그의 **희망** 사항이 그랬다는 것인가? 아무튼 디모데전서의 저자는 초기 기독교에서 남성의 특권

16_ Tatha Wiley, *Paul and the Gentile Women: Reframing Galatians* (New York: Continuum, 2005)에 수록된 바울의 공동체들의 특징을 보라.

17_ 나는 "Canon and Conscience: A Feminist Perspective," *Word and World* 29, no. 4 (Fall 2009): 357-66에서 계시적 텍스트들의 진정하지 않은 측면들에 어떻게 대처해야 하는가라는 문제를 다뤘다.

을 재전용한 사례를 보여준다.[18] 바울 공동체들은 여성이 리더 역할을 수행한 것으로 유명하다(참조. 롬 16장). 저자는 구원을 뒤집을 뿐만 아니라, 하와는 죄를 지었지만 아담은 죄를 짓지 않았다는 놀라운 주장을 한다. 창세기 이야기에서 각자─하와는 능동적으로, 아담은 수동적으로─신의 명령을 위반한다. 이 저자는 그들의 믿음을 통해서가 아니라, 그들의 문화가 그들의 적절한 기능이라고 제시한, 출산에서의 그들의 생물학적 역할에 대한 묵인을 통해서 여성들이 구원을 받는다고 주장한다.

성경 연구를 바탕으로 우리는 다음 사항들을 확신 있게 말할 수 있다. 성경은 많은, 심지어 경합하는 죄 개념을 포함하며, 죄에 대한 성경의 설명은 대체로 상징적이고 은유적이다. 히브리 성경이나 신약성경 어느 것도 우리가 발전된 원죄 교리로 부를 만한 것을 포함하지 않으며, 우리가 신학적인 죄 개념 구성에 성경의 내러티브를 사용하려면 그 내러티브의 역사적 가치와 이데올로기적 요소들에 관한 의심의 해석학도 채택해야 한다.

18_ 바울 서신과 제2 바울 서신에 수록된 진정한 요소들과 진정하지 않은 요소들을 분류하려는 노력은 나의 저서 *Encountering Paul: Understanding the Man and His Message*, Come and See Series(Lanham, MD: Rowman & Littlefield, 2010)를 보라.

이론의 세계

예: 하나님에 관한 교리와 창조

죄와 관련된 이론을 향하는 경향은 원죄 개념의 발달과 함께 찾아왔다. 나는 먼저 기독교의 하나님 교리 발달에 있어서 이론을 추구하는 경향과 밀접히 관련된 경향을 지적함으로써 그 발달을 소개하고자 한다. 진화가 창조와 원죄에 대한 우리의 이해에 큰 문제가 되어왔기 때문에 나는 이 언급들을 진화와 연결할 것이다.

하나님을 창조주로 생각할 때 교부 저자들은 창조 이야기들의 세부 사항에서 시작하지 않고 창세기 1장에서 가장 명백한 판단, 즉 존재하는 모든 것에 대한 궁극적인 원천이 있다는 사실에서 시작했다. 그들은 수 세기에 걸쳐 그리고 "이해를 추구하는 신앙"을 통해 고대의 철학과 대화하는 가운데 이 판단을 이해하기 쉽게 만들려고 했다. 이해에 대한 절박성은 추가적인 질문들을 제기했고 그들은 좀 더 비유적인 용어들이 더 이상 충분하지 않을 때 그들의 생각을 표현하기 위한 기술적인 용어들을 도입했다.

그들이 하나님을 신학적으로 물질이 아니라 영으로 생각하기 시작했을 때 이론적인 의미를 향하는 경향이 만들어졌다.

교부들과 중세 신학자들은 철학적 범주들의 도움을 받아서 하나님에 대한 상상에서 하나님에 대한 설명(또는 토마스 아퀴나스처럼 하나님은 무엇이 아닌가에 대한 설명)으로 추가로 이동—**마음**의 이동—했다. 하나님은 우주의 **작용인**(efficient cause)이다. 하나님은 우주에 존재하는 모든 이차적 원인으로 우주를 존재하게 하셨다. 그런 이론적 맥락에서 "창조"

는, 상징적인 내러티브에서 묘사된 바와 같이, 과거의 사건이 아니라 **의존 관계**를 가리킨다. 창조는 하나님이 사물들을 만드시는 것에 관한 것이 아니다. 로너건의 말마따나 "절대적인 존재만이 존재를 만들어내기에 충분한 토대다."[19]

실제로 토마스 아퀴나스에게 있어서 "창조주"는 하나님의 근본적인 의미다. 그것은 만물이 하나님께 절대적인 의존 관계에 있음을 의미한다. 이 관계는 "외부적"인 것이 아니라 창조물들에 내재한다. 존재는 우발적이다(contingent). 창조된 존재는 존재(being)를 **지니는** 반면에 하나님은 존재 **자체시다**. 하나님은 존재하지 않았던 것에게 존재를 부여하신다.

창조와 그것의 궁극적인 원천에 관해 얘기하기 위해서 근대 이전의 신학자들은 인과관계 개념을 탐구했다. 원인의 무한 회귀(infinite regression of causes) 설명이 왜 통하지 않는가? 우리는 원인의 이미지를 (어느 정도) 멀리 확장할 수 있지만, 그것은 우주를 설명하지 못하고 이해하기를 원하는 우리를 만족시키지도 못한다. 우주의 데이터는 우발적이다. 사물들은 자신을 만들어내지 않는다.

그러나 우리는 이미지를 넘어 우발적인 우주와 그것의 원인 사이의 **관계**를 상정할 수 있다. 모든 것의 원인이 되려면 그것은 우주와 구별되는, 스스로 존재하는(또는 절대적인) 원인이어야 한다. 우리는 설사 스스로 존재하는 원인을 상상하지 못하더라도 그것을 긍정할 수 있다.

19_ Bernard J. F. Lonergan, "On God and Secondary Causes," in Crowe and Doran, *Collection*, 56.

로너건이 설명하듯이 "하나님은 하나님 자신의 본질에 들어 있는 모든 것을 아신다."

> 나는 **세상의 질서(world-order)가 유한한 자연에 앞선다**는 것과 하나님이 본질상 먼저 가능한 모든 세상의 질서를 역사적인 세부 사항까지 완전히 알고 계시며, 그 결과로 자연과 그 속성과 긴급한 사정 등을 알고 계신다는 것을 긍정할 것이다.[20]

그는 이어서 이렇게 말한다.

> 나는, 이 입장과 일치하게, 유한한 본성은 파생된 가능성이고, **자연이 현재의 모습을 하고 있는 것은 세상의 질서 때문**이며, 세상이 현재의 모습을 하고 있는 것은 유한한 본성들 때문이 아니라 신적 지혜와 선함 때문이라고 말하고자 한다.[21]

우리가 창조 교리를 이런 식으로 이해하면 존재한다고 주장되는 창조와 진화 사이의 모순은 사라진다.[22] 그것들이 서로 반대하는가? 창조에

20_ Bernard J. F. Lonergan, "The Natural Desire to See God," in Crowe and Doran, *Collection*, 85.

21_ Lonergan, "Natural Desire to See God," 88.

22_ Lonergan, "Natural Desire to See God," 90: "그러므로 하나님이 하나의 구체적인 세상 질서를 아심으로써 존재하는 모든 것을 아시듯이 하나님이 하나의 구체적인 세상 질서를 원하시는 한 모든 존재하는 것을 원하신다면, 하나의 의지의 행동, 하나의 자유의 행사와 하나의 명세(specification)의 자유만 존재할 것이다." 나의 저서 *Creationism and the Conflict over Evolution*에 수록된, 이 문제들에 관한 좀 더 자세한 논의도 보라.

관한 혹자의 아이디어가 창세기 1장이라면 그 대답은 "그렇다"이다. 그것들은 대안들이어야 한다. 그러나 우리가 진화의 증거가 "압도적"이라는 과학계 일반의 합의를 공유한다면 창세기 1장과 진화는 틀림없이 완전히 다른 평면들 위에 놓여 있는 진리들일 것이다. 하나는 우주와 인간의 기원에 대한 상징적인 이해이고 다른 하나는 과학적인 이해다. 그것들은 비교되어서는 안 되며, 우리가 그중에서 선택해야 하는 두 개의 대안을 나타내는 것도 아니다.

사실 창세기 1장은 창조를 설명하지도 않는다. 빅뱅이 창조를 설명하는 것도 아니다. 빅뱅은 발달에 관한 것이다. 기독교의 이해에 있어서 창조는 신화가 아니고 역사적 사건도 아니며 과학 이론도 아니다. 우리가 강조한 바와 같이 창조는 유한한 실재와 무한한 실재 사이의 **관계**다. 그것은 (만물의) **존재**(being)를 설명한다. 창조주로서 하나님은 우주에 실존(existence, 즉 시간 안에서 각각의 사물의 실제 존재)을 부여하신다. 하나님은 전체로서의 진화적인 세상 질서를 원하신다. 세상의 질서가 존재론적으로 사물들에 선행한다. 하나님이 사물들을 어떤 방식으로 창조하신 후에 진화가 등장해서 그것들을 인계받은 것이 아니다. 그것은 계속된다. 하나님께는 놀라운 일이 없다.

이론 틀로서의 원죄

교부들이 예수에 관한 선포를 설명함으로써 죄 자체와 관련된 체계적인 의미의 탐구가 시작되었다.[23] 그들은 그리스도가 모두의 구속자라는

23_ 교부 시대와 중세 시대의 원죄 교리 발달에 대한 좀 더 충분한 설명은 Wiley, *Original Sin*,

신앙의 확신으로 시작했다. 그것은 다른 원천으로부터의 구원의 여지를 남기지 않는 배타적인 선포였다. 사도행전이 예수에 관해 선포하듯이 "다른 이로써는 구원을 받을 수 없나니 천하 사람 중에 구원을 받을 만한 다른 이름을 우리에게 주신 일이 없"다(행 4:12).

예수가 필수적이라는 이 근본적인 확신이 "교회 밖에는 구원이 없다"는 오리게네스의 언명을 통해 강화되었다. 그들은 모든 인간에게 예수를 통한 구원이 필요하다면 틀림없이 모든 인간에게 죄가 있을 것이라고 추론했다. 그런데 왜 그렇게 되었는가? 무엇이 인간의 죄의 보편성의 원인인가? 그들은 물려받은 죄에서 설명의 원칙을 발견했다. 죄는 모든 사람의 최초의 부모에게서 나온 실제 죄로서 후대에 전해진다. 그들이 원인을 "무언가"에서 찾아냈다는 사실은 체계적인 의미가 상식과 얼마나 가까웠는지를 보여주지만, 그들은 자기들 스스로의 노선을 따랐다. 그들은 죄와 악에 대해 하나님을 비난하지 않기 위해서 완벽의 인간학을 고안해냈다. 완벽의 인간학과 우리가 현재 처해 있는 길을 표시하기 위해 **타락 전**과 **타락 후**라는, 성경에 등장하지 않는 용어가 사용되었다.

타락 전과 타락 후의 인간

교부 저자들은 죄가 세상에 들어오기 전에는 하나님이 아담과 하와가 선을 선택하도록 도와주셨다고 생각했다. 특히 그들은 자기들이 원의(original justice) 또는 무결성(integrity)으로 부른 "은사"를 통해 하나님

2-4장을 보라.

이 아담과 하와의 도덕적 역량을 향상시키셨다고 보았다. 그것은 인간의 본성의 영원한 부분이 아니었기 때문에 은사였다. 중세의 어투로 초자연과 자연 사이의 구분을 사용하여 얘기하자면, 원의는 빼앗길 수 있는—그리고 빼앗기게 될—초자연적인 은사였다. 아담과 하와는 하나님께 불순종해서 이 은사를 상실했다. 그들은 초자연적 범주를 사용함으로써 인간의 본성이 자체로는 그런 무결성을 포함하지 않는다는 점을 명확히 했다.

타락 후에도 인간의 본성에 특유한 이성적 능력과 도덕적 능력은 유지되었다. 그러나 그 능력들은 죄로 말미암아 감소했고, 아우구스티누스가 보기에, 인간은 이제 선을 행하기로 선택하더라도 그것을 행할 힘을 지니지 않게 되었다. 그들은 성경에 나오지 않는 또다른 용어인 협력적 은혜(cooperative grace)의 도움을 필요로 한다.[24]

성경 이야기가 교부 신학자들에게 그 교리에 대한 권위 있는 근거와 내러티브 토대를 제공했다. 교부들은 그것을 역사적 기사이자 신적 계시로 보았다. 역사로서의 성경 이야기는 그들에게 "무슨 일이 일어났는지"를 말해주었다. 신적 계시로서의 성경 이야기는 그들에게, 디모데전서의 말로 바꿔 말하자면, 여성이 나중에 창조되고 먼저 죄를 지었다고 말해주었다. (흥미롭게도 아우구스티누스는 죄가 없었다고 하더라도 여성이 남성에게 종속했을 것이라고 생각했다.) 계시로서의 성경 이야기는 그들

24_ Lonergan은 효과적인 은혜(operative grace)와 협력적 은혜(cooperative grace)의 의미를 좀 더 친숙한 용어로 명시한다: "효과적인 은혜는 종교적 회심이다. 협력적 은혜는 종교적 회심의 효과성, 즉 사람의 삶과 감정, 사고, 말, 행위, 부작위들 전부의 완전한 변화다." *Method in Theology*, 241.

에게 죄의 결과—자기의 남편에게 종속하라는 하와의 벌, 연대적인 (그리고 영원한) 정욕의 벌, 불멸성의 상실, 원의라는 초자연적인 은사의 상실—를 말해주었다. 원죄는 이 모든 것에 대한 암호였다.

아우구스티누스는 각각의 인간이 생물학적 생식을 통해 죄를 물려받았기 때문에 모든 인간에게 죄가 있다고 추측했다.[25] 이 맥락에서 **원죄의 의미**는 "최초의" 죄가 아니라 "물려받은" 죄다. 이 죄는 기독교에 독특하다.[26] 이것이 구속이 필요한 이유였고 따라서 그리스도가 필요한 이유였다. 많은 그리스도인이 구속과 그리스도를 계속 이런 식으로 생각하며, 원죄가 그렇게 생각되어야 한다고 믿는다.

모든 사람이 출생 때 아담의 죄를 물려받는다는 아이디어 외에 교회가 구원에 대한 독점권을 지닌다는 추가적인 함의도 있다. 모든 사람이 하나의 교회와 그 교회의 세례를 필요로 한다.

몇몇 이의도 있었다. 아우구스티누스의 반대자인 펠라기우스와 아우구스티누스 모두 죄가 보편적이라고 생각했다. 아우구스티누스는 죄가 필연적으로 보편적이라고 생각했고, 펠라기우스는 죄가 실제적으로 보편적이라고 생각했다. 그러나 펠라기우스는 아우구스티누스가 인간의 실존의 구분되는 두 영역—자유의 영역(그것은 악을 선택했다)과 생

25_ 아우구스티누스에 관해서는 Wiley, *Original Sin*, 56-75에서 좀 더 자세하게 다룬 내용을 보라. 아우구스티누스는 창세기에 관한 다음 세 편의 저술에서 아담과 하와 이야기를 해석했다: *On Genesis Against the Manichees* (387); *Literal Commentary on Genesis, an Incomplete Work* (392); 그리고 *Literal Commentary on Genesis*(401쪽에서 시작해서 415쪽에서 마쳤다).

26_ 내가 알기로는 다른 어떤 종교도 죄를 이렇게 정확한 방식으로 설명하지 않는다. 업보 개념이 다소의 유사성을 갖고 있지만 말이다.

식이라는 생물학적인 영역─을 혼동했다고 믿었다.[27] 아우구스티누스는 펠라기우스의 이의로 인해 어려움을 겪지 않았다. 그는 자기가 결혼 관계 안에서의 성관계를 정욕으로 생각함으로써뿐만 아니라 생식을 원죄의 운반수단으로 삼음으로써도 결혼 관계 안에서의 성관계를 사악한 것으로 만든다고 생각하지도 않았다.

펠라기우스의 견해에서 아우구스티누스를 놀라게 한 요소는 만일 사람이 **의로울 수 있다면**─사람이 죄짓는 것을 피할 수 있다면─그리스도의 절대적인 필요성이 없을 것이라는 점이었다. 그렇다면 근본적인 기독교의 선포(즉 모든 사람이 그리스도의 죄 용서를 필요로 한다는 선포)가 허위가 될 것이다. 펠라기우스는 그 가능성을 무시하지 않았다.

아우구스티누스의 설명에서 하나님이 아담과 하와의 죄에 대해 그들에게 부과하신 영원한 벌은 정욕이었다. 정욕의 영향은 우리의 욕구들이 "난잡하다"는 것이다. 사실 아우구스티누스가 말하는 정욕은 난잡한 욕구로서 단순한 성적 욕구보다 훨씬 넓은 범주다. 그는 『고백록』(*Confessions*)에서 다음과 같이 쓴다. "주께서 질서를 부과하셨으므로 모든 무질서한 마음의 벌은 그것 자체의 무질서다"(11.19). 예컨대 의지가 이성에 복종해야 하는 곳에서 복종하지 않는다. 바울이 말한 바와 같이 사람이 선택하는 선을 **행하는 데** 어려움이 존재한다. 아우구스티누스는 역사적 영역에 있어서 정욕의 누적적인 효과를 도덕적 무기력(moral impotence)으로 묘사한다. 그는 자신의 시대가 만연하는 악에 의해 부패

27_ 중세 신학자인 아벨라르는 아담과 하와에 관해 애처롭게 말했다. "하나님이 그들을 용서하시지 않을 수밖에 없었는가?"

했다고 보았다. 그는 인간의 본성이 중립적으로서 선이나 악에 대해 열려 있는 것이 아니라, 악을 행해 기울어져 있다고 생각했다. 인간이 기술적으로는 선택의 자유(*liberum arbitrium*)를 보유하고 있지만 아담의 죄이후 그것은 악을 선택할 자유다.

중세 시기에 안셀무스는 원죄를 자연과 초자연 사이의 구분과 하나님과 인간 사이의 관계의 거의 봉건적 또는 사법적 개념에 연결함으로써 명시적으로 이론적인 틀을 진척시켰다.[28] 창조물이자 하급자로서 아담은 하나님께 자신의 의지를 복종시켜야 했다. 아담은 하나님의 명령을 위반함으로써 하나님께 영광을 드리는 것이 적절함에도 영광을 드리지 못했다. 그의 불순종은 보상되어야 했지만―범죄에 보상이 요구되듯이 말이다―신적 존재에 대해 치러야 할 보상은 너무도 막대해서 인간 전체로도 충분하지 않을 정도였다. 신이시기도 하고 인간이시기도 한 예수 그리스도는 하나님께 진 이 빚을 갚으실 수 있었다. 그의 용서를 통해 예수는 인간을 하나님과 연합에 도달할 수 있는 가능성, 인간의 본성이 창조된 초월적인 목적을 회복하셨다.

안셀무스는 진정한 인간의 자유를 죄의 부재로 정의했는데, 그것이야말로 하나님께 적절히 영광을 돌리는 행위다. 하지만 아우구스티누스는 원죄의 상태(*peccatum originale originatum*)를 **결핍**과 대조되는 **어떤 것**으로 이해했다(안셀무스에게 있어서 원죄는 결핍이었다). 아우구스티누

28_ 안셀무스에 관해서는 다음 문헌들을 보라. G. R. Evans, *Anselm and a New Generation* (Oxford: Clarendon Press, 1980); R. W. Southern, *Saint Anselm: A Portrait in a Landscape* (Cambridge: Cambridge University Press, 1990). 좀 더 충분한 논의는 Wiley, *Original Sin*, 76-83을 보라.

스에게 있어서 원죄는 하나님께 반항하는 의지의 패씸한 성향(*amor sui,*
cupiditas[자기애, 욕망])이었다. 그의 신학적 표현들은 성경 전통의 은유적
성격을 공유했다. 예컨대 그는 죄의 문제를 인간의 의지가 악에게 예속
된 것으로 묘사한다.

후대의 중세 신학자인 토마스 아퀴나스에게 있어서 죄는 존재론적
인 문제로서 아우구스티누스에게 있어서와 같이 오로지 도덕적인 문제
라기보다는 본성의 문제다. 아퀴나스 신학의 중심은 타락이 아니라 인
간 본성의 초자연적인 운명이다.

하나님을 아는 것이 인간의 자연적인 욕구다.[29] 아퀴나스의 견해에
서 욕구의 충족은 초월적인 목적이기 때문에 이 욕구는 자연적인 수단
을 통해 충족될 수 없다. 인간의 이성이 인간의 실존은 하나님과의 연합
을 통해서만 실현된다는 진리를 독립적으로 발견할 수도 없다. 그것은
계시되어야 한다. 따라서 그리스도가 필요하다. 아퀴나스는 죄의 힘과
성령이라는 바울의 실존의 언어와 은혜의 이론적 초기 적용(효험이 있는
은혜와 협력적 은혜)을, 그것을 통해 유한한 자연이 초자연적인 목적에 도
달할 수 있는 수단으로서의 신적 은혜라는 형이상학인 개념으로 바꿔
놓았다.[30]

29_ 아퀴나스의 원죄에 대한 논의는 *Summa Theologica*(『신학 대전』, 이후 *ST*로 칭한다)(New
York: Benziger Brothers, 1947), I-II, q. 81-83에 수록되었다. 그는 다음과 같이 쓴다: "그
것을 통해 의지가 하나님께 복종하게 되어 있던 원의의 결핍이 원죄의 형상적 요소다", *ST*
I-II, q. 82, art. 3. 은혜 신학의 역사에 관해서는 Quentin Quesnell, "Grace," in *The New
Dictionary of Theology*, ed. Joseph Komanchak et al. (Collegeville, MN: Liturgical Press,
1987), 437-50을 보라. 아퀴나스에 관해서는 특히 440-41을 보라. 아퀴나스는 원죄를 *ST*
q. 82, art. 1, ad 2m and q. 82, art. 4에서 "본성의 죄"로 지칭한다.
30_ "그러므로 인간의 최종 목적은 우주의 선이 아니라 하나님 자신이다." Aquinas, *ST* I-II, q. 2,
art. 8.

루터의 도전

펠라기우스주의라는 말은 가톨릭 교인들과 개신교 교인들이 상대방에 대해 할 수 있는 최악의 말로서 서로 주고받는, 종교개혁 시대의 가장 인기 있는 무기가 되었다.

16세기에 종교개혁자 마르틴 루터는 아우구스티누스의 원죄 개념을 회복하고 안셀무스와 아퀴나스의 형이상학적 개념들을 버렸다. 루터에게는, 부분적으로는 그의 성경 주석과 그의 심원한 개인적 경험에 기초해서, 원죄가 단순히 (아우구스티누스에게서와 같이) 도덕적인 문제나 (안셀무스와 아퀴나스에게서와 같이) 존재론적인 문제가 아니라 종교적인 문제—사람들과 그들의 창조주 사이의 관계에 관한 문제—였다. 그는 바울의 가르침, 특히 의지의 속박과 인간이 죄를 피할 수 없음에 전적으로 공감했다. 루터에게 있어서 원죄란 악을 향하는 불가항력적인 경향이다. 루터는 정욕과 죄 자체를 구분하지 않고서 이 경향이 모든 행동과 관계에 영향을 주는 것으로 보았다. 그에게 있어서 칭의는 원죄의 용서와 관련이 있었지만, 그것은 죄 자체나 죄가 인간의 본성에 끼친 영향들의 제거가 아니었다.

루터의 신학의 토대인 믿음만을 통한 칭의[이신칭의]는 교회가 성례전의 집전을 통해 독점적으로 구원을 중재한다는 교회의 주장에 도전했다. 따라서 루터는 원죄의 실재에 관해 이의가 없었지만, 중세의 모델과 교회의 주도권 주장을 부인하는 방식으로 그것의 개념을 재정립했다.

이와 대조적으로,[31] 트리엔트 공의회(1563년)는 약간의 변경만 가한 채 아우구스티누스의 "어떤 것"(의지의 비난받을 만한 성향)과 안셀무스의 결핍(원의의 상실)을 긍정했다. 토마스 아퀴나스가 이미 이 두 이해의 종합을 제공했었다. 트리엔트 공의회는 [준수하지 않는 자에 대한] **저주**(*anathema*)의 벌 아래, 다음과 같이 단언했다.

- 아담은 하나님의 명령에 불순종했을 때 거룩함과 [정]의라는 초자연적인 은사를 상실했고 그 결과로 죽게 되고 그의 본성이 변했다.
- 아담의 죄는 아담뿐만 아니라 모든 인류에게 영향을 준다.
- 아담의 죄는 생식을 통해 전달되었고, 세례를 통해 그리스도에 의해서만 용서된다.
- 유아들은 원죄를 지니고 태어나며 세례를 받아야 한다.
- 원죄는 세례 안에서 그리스도를 통해 완전히 사라지지만, 죄를 짓는 성향으로서의 정욕은 남는다.

트리엔트 공의회의 진술은 로마 가톨릭교회의 교의가 되었다. 원죄 교리가 가톨릭 전통에서는 추가적인 변화를 겪지 않았고 현대에 이르기까지 그 교리에 문제가 제기되지 않았다.

31_ 마르틴 루터를 이해하기를 위한 좀 더 충분한 설명, 특히 트리엔트 공의회에 대조되는 입장은 Wiley, *Original Sin*, 88-93을 보라. 장 칼뱅 역시 형이상학적인 틀을 버리고 원죄의 효과는 인간의 전적 타락이라고 말했다. 비록 칼뱅은 인간이 선을 행할 수 있는 능력에 관해 루터와 의견이 일치하지 않았지만 말이다. David Steinmetz, *Calvin in Context*, 2nd ed. (Oxford: Oxford University Press, 2005), 262-63을 보라.

이론에서 내부성으로: 오늘날 원죄 교리 개념을 재정립하기

20세기에 몇몇 신학자들이 용감하게 특별히 우리 시대를 위해 원죄 교리를 재해석하려고 시도했다. 네덜란드 신학자 피트 스후넨버그의 견해에 따르면 "원죄와 원죄가 우리에게 미친 영향을 제거하더라도 [죄 안에서의] 이 연대는 존재한다."[32]

그가 의미한 바는 우리에게 대체 신화가 필요하다는 것이 아니라 진화적인 세상에서 죄 안에서의 이 연대에 대한 설득력 있는 설명이 필요하다는 것이었다. 그런 설명을 할 때 우리는 원죄 자체에 대해 설명하는 것이 아니라, 죄와 악의 신비에 대해 설명한다. 원죄, 즉 생식 과정에서 전달되어 죄를 피할 수 있는 우리의 능력에 영향을 주거나 우리의 본성을 변화시키는 실제 죄 개념은 전근대 시대의 공식이었지만 이제 그것은 설명력을 상실했다.

라인홀드 니부어와 로즈메리 래드퍼드 류터는 그 주제를 다룬 두 명의 저명한 신학자였다.[33] 니부어는 우리의 원죄로서 이기주의를 적시한 반면에, 류터는 모든 형태의 가부장제를 적시했다. 최근에 짐 월리스는 인종 차별주의를 미국의 원죄로 거명하는 책을 썼다. 그러나 우리는 원죄에 대한 새로운 은유만이 아니라 새로운 시대에 적합한, 급진적인

32_ 그의 저서 *Man and Sin: A Theological View*(Notre Dame, IN: University of Notre Dame Press, 1965)를 보라.

33_ Reinhold Niebuhr에 관해서는 특히 그의 저서 *The Nature and Destiny of Man* (New York: Charles Scribner's Sons, 1941), vol. 1, 특히 7-10장을 보라. 이제는 고전이 된 Rosemary Ruether의 원죄 비평과 해석은 *Sexism and God-Talk: Toward a Feminist Theology*(Boston: Beacon, 1983)에 수록되어 있다.

악의 문제에 관한 새롭고 좀 더 포괄적인 이해를 필요로 한다. 테렌스 틸리는 그 문제를 냉혹하게 지적한다. "전통이…지속되려면, 우리가 전통을 수용할 때 전통을 변경해야 한다."[34] 진화적인 세상에서는 에덴동산이 존재할 자리가 없으며 완전한 성인인 우리의 최초의 부모는 **호모 사피엔스**의 발달에 관해 우리가 알고 있는 내용과 더 이상 부합하지 않는다. 그 전통이 지속되려면 그것이 변해야만 한다.

로너건은 죄와 악의 신비에 대한 분석을 이론의 세계에서 내부성의 세계로 이동시키기 위해 필요한 범주들을 도출한다. 그는 이것을 초월적 방법(transcendental method)으로 부르는데, 이는 인간의 마음의 기본적인 작동 양상이다. 마음들은 개별적이지만 데이터와 의식의 구조는 모두 개인적이면서 보편적이다. 달리 말하자면, 그런 경험적인 인류학에서 시작할 때 우리는 상징적인 또는 심지어 형이상학적인 이론적 토대를 넘어, 우리로 하여금 개인적인 의식적 행동들에 관해서 및 그 행동들이 만들어내는 역사적 과정에 관해서도 말할 수 있게 해주는 토대로 옮겨온 것이다. 로너건은 옳은 결정과 그릇된 결정의 원천을 개인적인 영역과 집단적인 영역 모두에 걸쳐 추적한다.

개인적인 양심과 사회 질서의 윤리 모두에 대해서 옳은 결정들은 상황들에 대한 누적적인 세심한 주의, 가능한 행동 경로에 관해 생각함에 있어서의 지능, 사실 판단에 있어서의 합리성, 그리고 그 상황에 대해 적절하고 유익한 행동들을 수행함에 있어서의 책임감에서 나온다. 부적절하거나,

---

34_ Terrence W. Tilley, *Inventing Catholic Tradition* (Maryknoll, NY: Orbis, 2000).

그릇되거나, 악한 결정들은 부주의, 간과, 무책임의 혼합에서 비롯된다.[35]

사람에 대한 현대의 이해는 단순하게 인간의 본성이 모든 장소와 시대에서 동일하다고 본 형이상학적 인류학의 이해와 다르다. 새로운 이 견해는 문화 다원론을 허용할 뿐만 아니라, 문화와 발달 단계를 불문하고 모든 인간이 씨름하는 긴장들과 규범들을 찾아내는 것을 겨냥한다. 초월적 방법은 "인간의 잠재력의 범위를 상상하고 그 잠재력의 진짜 실현을 가짜 실현과 구분하고자 노력한다. 이 접근법에서 인간이 된다는 것은 양면성이 있다. 우리는 참으로 진짜 인간이 될 수도 있고 가짜 인간이 될 수도 있다."[36]

『신학 방법』(Method in Theology)에서 로너건은 인간의 삶의 문제를 "지속적인 비진정성"에서 찾아낸다.[37] 『통찰력』(Insight)에서 그는 "본질적으로 문제는 지속적인 개발 역량이 없음에 놓여 있다"고 진술한다.[38] 그가 말하는 **비진정성**이라는 말이 무슨 뜻인지를 알면 우리는 왜 "지속적인 비진정성"이 죄와 악의 문제에 접근하는 데 유용한, 입증할 수 있는 범주인지를 알게 될 것이다.

35_ Lonergan, *Insight*, 628.
36_ Bernard J. F. Lonergan, "The Response of the Jesuit as Priest and Apostle in the Modern World," ch. 12 in *A Second Collection*, 2nd ed., ed. William F. J. Ryan and Bernard J. Tyrrell (Toronto: University of Toronto Press, 2016), 140.
37_ Lonergan, *Method in Theology*, 1장. 『신학 방법』, 가톨릭출판사 역간.
38_ Lonergan, *Insight*, 630.

죄와 악을 이해하기 위한 토대로서의 경험 인류학

경험 인류학은 의식적인 의도성에서 용어들을 도출한다. "의식에서 영혼, 영혼의 본질, 영혼의 능력, 영혼의 습관들은 어느 것도 주어지지 않기 때문에" 경험 인류학은 그런 것들을 고려하지 않는다.[39] 그것들은 추상적인 용어들이다. 우리는 그것들이 무엇을 의미하는지 알지만, 그것들은 경험상의 실재들이 아니다. 로너건은 의식적인 의도성의 데이터에 관심을 둔다. 모든 특정한 방법들―예컨대 자연 과학에서의 방법들―의 배후에는 인간의 마음의 절차들이 놓여 있다.

의도성은 역동적인 과정으로서 그것 자체를 규합한다. 로너건은 경험적, 지적, 합리적, 그리고 책임감이 있는 의도성이라는 의식의 네 단계를 구분한다. 앞의 세 단계는 인식의 단계이고 네 번째 단계는 의사 결정과 사랑의 실존의 단계다. 네 번째 단계에서 우리는 로너건이 말하듯이 우리의 진정성이 불확실하고 언제나 비진정성으로부터의 철수라는 것과, 우리의 선택과 결정을 통해 우리가 우리 자신을 만들어 간다는 것에 대한 실존적인 발견을 한다.[40]

로너건은 훗날 네 번째 단계를 사랑과 종교의 단계와 다섯 번째 단계로서의 종교적 회심의 단계로 나눴다. 도덕적 결정은 사람들이 대인 관계를 향해 마음을 열게 만들기 때문에, 우리가 사랑해야 할 추가적인 긴급성이 대두된다. 그리고 진리와 가치에 대한 인간의 욕구는 자연 질서에 한정되지 않고 초월적인 신비에 열려 있기 때문에, 신적 존재의 내

39_ Bernard J. F. Lonergan, "The Subject," in Ryan and Tyrrell, *Second Collection*, 63.
40_ Lonergan, *Method in Theology*, 55.

주는 거룩하라는 요구와 마찬가지로 내부성 안에서 경험된다.[41]

로너건은 그의 생애 동안 죄에 대해 점점 더 실존적으로 이해하게 되었다. 『통찰력』(Insight)에서는 "기본적인 죄"가 합리성의 문제였다. "기본적인 죄는 합리적 의식의 실패다."[42] 그것은 합리적인 (따라서 도덕적인) 행동 경로에 대한 이해와 일관성 있게 행동하지 못하는 것이다. 『신학 방법』(Method in Theology)에서는 기본적인 죄가 실존적인 문제다. 그것은 자아 초월의 거절 또는 부재로 말미암아 생긴 모순이다.[43] 로너건은 죄가 도덕적인 악 이상이라고 말하면서 죄가 근본적으로 "사랑 없음의 급진적인 측면"[44]—즉 비진정성의 특징인, 사랑하지 않는 것—이라고 적시했다.

그 안에서 진정성과 비진정성이 출현하는 역학 관계의 기초를 쌓기 위해 이 단계들을 좀 더 개괄할 필요가 있다. 아는 것과 행하는 것의 구조는 역동적이다. 활동(operation)의 네 단계를 통해서 우리는 연속적으로 우리 자신을 초월하여 실재를 이해 및 긍정하고, 이어서 우리가 그것에 기초해서 행동하기 위해 식별한 가치들 가운데서 선택한다. 우리가 각각을 경험할 때 순차적으로 만나는 것이 "좀 더 완전한 자아"이기 때문에 로너건은 활동들 또는 행동들의 집단들을 "단계들"로 부른다. 활동들의 첫 번째 집단은 우리의 경험의 데이터를 알아채는 것이다. 그러고 나서 우리는 우리의 경험의 데이터에 관해 질문한다. 그것은 무엇

41_ Wiley, *Original Sin*, 188에 수록된, 이 다섯 번째 단계에 관한 논의를 보라.

42_ Lonergan, *Insight*, 666.

43_ Lonergan, *Method in Theology*, 364.

44_ Lonergan, *Method in Theology*, 243.

인가? 어떻게 그렇게 되었는가? 왜 그런가? 따라서 활동들의 두 번째 집단은 이해하기 위한 질문을 포함한다. 질문하기와 더불어 궁금해하기, 생각하기, 개념화하기, 그리고 이해의 핵심적 행동인 통찰의 활동들도 존재한다. 활동들의 세 번째 집단은 우리의 이해를 점검한다. 그것이 그러한가? 진리와 진실인 것을 결정하기에 충분한 증거가 필요하다. 그것은 사실에 관한 판단을 낳는다.

활동들의 네 번째 단계는 인식적이 아니라 실존적이다. 이 대목에서 우리는 가치와 책임의 문제들을 묻는다. 나는 어떻게 해야 하는가? 무엇이 가치가 있는가? 이 단계에서 대안들이 제시되고, 선택이 이뤄지며, 결정이 내려지고, 책임 있는 행동들이 구상되고 실행된다. 이 단계에서의 결정들은 실행에 옮겨질 때까지는 불완전하다. 우리는 책임 있는 행동을 **한다**. 가장 큰 의미에서 우리는 도덕적인 자아 초월을 위해 존재한다. 로너건은 세 개의 인식 단계들과 좀 더 실존적인 단계 사이의 관계를 설명한다.

> 우리는 도덕적으로 되어가는 것을 경험하고 이해하고 판단한다. 우리의 결정이 사안들에 영향을 주기 때문에 실제로 도덕적이 되며, 우리의 결정이 다른 사람들에게 영향을 주기 때문에 대인 관계상 도덕적이 되고, 우리는 자신의 결정을 통해 우리가 어떤 존재인지를 구성하기 때문에 실존적으로 도덕적이 된다.[45]

45_ Bernard J. F. Lonergan, "Mission and the Spirit," in *Third Collection*, ed. Frederick E. Crowe, SJ (New York: Paulist Press, 1985), 29.

그는 인간은 "자신이 영위하는 삶에 대해 개인적으로 책임이 있고, 그들이 그 안에서 살아가는 세상에 대해 집합적으로 책임이 있다"고 말한다.[46]

로너건은 내부성에서 시작해서 독특한 인격(person) 개념을 제시한다. 그의 인격의 관점에서 "진정한 존재(authentic being)는 자아를 초월한다." 우리는 올바로 이해하고, 책임 있게 결정하고, 책임 있는 행동 방식으로 우리의 결정을 이행할 때 우리에게 기대되는 바를 실행하는 존재가 된다.

내부성의 경험적 토대도 로너건에게 앎과 행함의 전체 구조에 대한 규범을 제공한다. 로너건이 단계들에 상응하는 짧은 말들—주의를 기울이라! 이해하라! 합리적이 되라! 책임 있게 행동하라! 사랑하라!—을 통해 표현하는 초월적 개념들 또는 "긴급성들"을 통해 계기(momentum)와 활력(dynamism)이 주어진다.[47] 진정성은 의식의 이런 긴급성에 대해 장기간 충실한 데서 나온다. 로너건은 진정성을 통해 의 또는 거룩이라 불리는 성경적 또는 신학적 전통을 바꿔 놓는다. 그는 비진성성이라는 말로써 죄를 의미했다.

우리의 진정한 발달은 세 가지 방향 전환을 필요로 하는데, 그것들 각각은 인간의 사악함에 대한 하나님의 구제책의 요소다. 로너건은 그

46_ "The Subject," in Ryan and Tyrrell, *Second Collection*, 80에 수록된 Lonergan의 말을 다른 말로 바꿔 쓴 것임.

47_ 고전적인 용어로 표현하자면 이런 것들은 초월적인 개념들, 즉 의식에 의해 의도된 내용으로 나타내진다. 초월적인 개념들은 그가 의식적인 활동들의 연속적인 다른 그룹들로 부르는 수준을 진척시킨다. 구체화하자면 초월적인 개념들은 이해할 수 있는 것, 실제적인 것, 참된 것 그리고 선한 것이다.

것들을 지적, 도덕적, 종교적 "회심들"로 부른다.

우리가 아는 것(knowing)이 보는 것(seeing)과 같다는 신화를 뛰어넘을 때 지적인 회심이 일어난다. 그것은 아는 것을 구성하는 자아 초월 과정의 발견이다. 통찰은 틀릴 수도 있기 때문에 이해만으로는 불완전하다. 이해를 위한 질문들은 판단을 위한 질문들로 나아간다. "그것이 그러한가?" 아는 것은 정확하게, 즉 통찰의 올바른 확인을 통해 이해하는 것이다. 이해하는 것과 이 과정을 전용하는 것은 우리의 지적인 삶과 노력에 대한 급진적인 방향 전환을 가능케 해준다.

도덕적 영역의 방향 전환에서도 회심이 있는데, 이 대목에서의 회심은 도덕적 자아 초월과 의사 결정에 적절한 과정을 발견하고 이해관계, 만족, 쾌락에 기초한 의사 결정에서 가치에 기초한 의사 결정으로 옮기는 것이다.

로너건은 종교적 회심을 "다른 세상을 사랑하는 것"으로 묘사한다.[48] 그것은 내주하는 신적 신비의 현존을 통해 발생되고 유지되는 방향 전환이다. 여성에 대한 남성의 사랑, 자녀에 대한 부모의 사랑 등 많은 종류의 사랑이 있는데, 로너건은 이런 사랑들에 대해 따뜻하게 말한다. 그러나 궁극적으로 역류로 경험되든 또는 극적인 사건으로 경험되든 간에 종교적 회심은 신적 신비와의 사랑에 빠지기에 관한 것이다.

방해물이 무엇이든 간에 정확한 이해나 인간의 선 달성의 부재는 개인에 대해서뿐만 아니라 역사상 집합적인 발전에 대해서도 큰 영향을 미친다. 진정성에서의 성장은 종교적, 도덕적, 지적 회심으로 말미암

48_ Lonergan, *Method in Theology*, 289.

아 효력이 생기는 방향 전환을 요구한다. 그것들의 부재는 우월성 이데올로기의 정당화(바울의 그림자들) 및 그에 따른 정치적, 경제적, 종교적 힘의 불평등을 낳는다.

자아 초월에서의 실패는 내부성의 이러한 긴급성들을 충족하지 못하는 것이다. 로너건이 위에서 말하듯이 "부주의, 간과, 불합리, 무책임의 혼합"이 존재한다.

죄는 자신의 진정한 존재로부터의 소외다. 죄는 이데올로기를 통해서 스스로를 정당화한다.[49] 로너건은 **이데올로기의 기본적인 형태**는 소외를 정당화하는 모든 교리라고 말한다. 이 기본적인 형태들에서 다른 모든 형태가 도출될 수 있다. 이데올로기의 기본적인 형태들이 사회적 선을 타락시킨다.

아우구스티누스가 말하는 도덕적 무기력이 로너건에게서는 **사회적 불합리**(social surd)다. 사회 질서는 더 이상 진정한 통찰력의 집합이 아니다. 그것은 다소간 합리성과 불합리의 모호한 혼합이다. 그것은 부분적으로는 지성과 사려분별의 산물이고, 부분적으로는 지성과 사려분별로부터의 일탈의 산물이다. 사회적 불합리는 "그릇된 사실" 즉 "존재하지 않아야 할 것이 실제로는 존재하는 것"이다.[50] 그 상황에서의 사실들은 "점점 더 부주의, 간과, 불합리, 무책임에서 나오는 부조리들이다." 그것이 역사적 변화의 뿌리에 놓여 있다. "자아 초월이 진보를 조장하듯이 자아 초월을 거부하는 것은 진보를 누적적인 쇠퇴로 바꾼다."[51]

49_ Lonergan, *Method in Theology*, 364.
50_ Lonergan, *Method in Theology*, 55을 보라.
51_ Lonergan, *Method in Theology*, 55.

우리가 왜 참으로 중요한 한 가지 과제, 즉 완전히 성숙한 인간이 되는 과제에서 실패하는가? 이 질문에 답하는 것이 원죄 교리를 내부성의 세계에서 도출된 용어로 개조하는 고역이 교리를 삶에 연결하는 데서 가장 많은 열매를 낳는 지점이다. 우리의 근원적인 죄는 지속된 비진정성이다. 전통적인 패러다임에서 추상적인 용어들은 우리의 경험에 빛을 비추지 않았다. 우리는 죄를 지니고 태어났기 때문에 거의 하나님으로부터 소외될 운명에 처해 있으며, 우리가 선택할 자유를 유지하고 있지만 아우구스티누스가 가르친 바와 같이 아담 후로는 악을 선택할 자유만을 가지고 있다.

그러나 내부성의 관점에서 의식의 규범에 대한 불성실은 경험적이다. 진정으로 인간이 되는 데 대한 방해물—이해 관계, 편견, 특권—이 많지만 우리는 지속된 비진정성을 향해 운명지어지지 않았다. 더욱이, 편견들과 불성실들을 탐구함으로써 우리는 비진정성이 어떻게 개인들뿐만 아니라 사회적 및 문화적 영역 그리고 심지어 문명들까지도 감염시키는지를 알 수 있다.[52]

그리고 그런 설명은 현대의 신학 학계 및 예수의 가르침에 대한 우리의 이해와 좀 더 직접적으로 일치한다. 예수는 그의 **바실레이아**(*basileia*) 설교에서 진보·쇠퇴·구속, 자아 초월의 현존, 초월의 부재, 세상의 변형 같은 실재들을 다뤘다. **바실레이아**는 종종 "왕국" 또는 "통치"로 번역되지만 "제국"을 의미하기도 한다. 앞서 언급된 바와 같이 월터 윙크는 "복음은 개인이 세상으로부터 구원되는 메시지가 아니라 세상의

52_ 특히 Lonergan, *Insight*, 6장과 7장을 보라.

기본적인 구조까지 변화되는 메시지"라고 말했다. 예수는 두 제국을 대조한다. 하나는 실제로 존재하는 제국이고 다른 하나는 존재해야 할 제국이다. 후자는 하나님의 제국이고 전자는 로마의 제국이다. 로마의 배제적인 관행과 달리 하나님의 제국에서의 최고 가치는 포용이다. 악으로부터의 구속은 사악한 개인 관계와 사회 구조를 뒤집는다. 그의 복음은 가난한 사람들에게 좋은 소식이었다. 그는 평등과 동정심을 옹호했다. 바울이 갈라디아서 3:28에 포함시킨, 예수의 추종자들의 세례 의식에 사용된 짧은 문구는 특권이 없는 세상을 특징짓는다. "너희는 유대인이나 헬라인이나, 종이나 자유인이나, 남자나 여자나 다 그리스도 예수 안에서 하나이니라." 세 가지 우월성 이데올로기, 즉 세상의 세 가지 왜곡이 적시된다. 하나님의 **바실레이아**는 배고픔과 가난이 없는 세상, 종속되고 소유를 박탈당한 사람들에 대한 복지를 회복하는 정치 전략과 경제 정책을 만들어내는 진정한 가치들을 포용하는 세상이다. 예수의 비유, 치유, 관계, 설교는 모두 그의 메시지에 이바지했다. 우리의 구속자이자 하나님께로 가는 길로서 그는 우리를 위해 하나님과의 사랑 안에서 십자가를 온전히 직면하셨다.

결론

물려받은 죄를 통해 죄와 악의 신비를 설명하는 것이 거의 2,000년 동안 설득력이 있었다. 오늘날 그 설명이 설득력을 지니지 못하리라는 것이 예상되어야 한다. 그 설명의 내러티브 토대는 더 이상 역사적 기사로 여겨질 수 없고 상징적인 내러티브, 저자의 감독과 통찰의 혼합인 너무도 인간적인 이야기일 뿐이다. 우리가 원죄의 전통적인 표현 방식에 계속 갇혀 있다면 그것은 종종 성육신 교리가 우리의 신학을 지배하고 그 표현 방식을 요구하는 것으로 보이기 때문이다. 원죄는 수 세기 동안 중심을 차지해왔고, 다른 교리들은 그것을 중심으로 돌아갔다. 우리는 경험적인 인류학을 사용하고, 그것을 넓혀서 역사적 과정을 포함하며, 오늘날 우리가 발견하는 세상의 특성을 존중하고, 성에 대한 편견을 제거하고, 우리의 인간성을 긍정하며, 세상의 다른 종교 전통들이 구원에 대해 지니는 중요성을 재고하는 새로운 중심을 필요로 한다.

따라서 나는 원죄 교리를 한층 더 발전시킬 것을 촉구한다. 원죄 교리가 한때 대체로 은유적이고 상징적인 이해에서 좀 더 이론에 기초한 이해로 옮겨갔듯이, 이제 그 교리는 좀 더 확인 가능한 내부성의 범주들 안에 기초한 추가적인 차별화를 통해 변화될 필요가 있다. 그곳에서 우리는 "지속된 비진정성", 즉 인간이 진정성을 지속할 수 없음이 우리의 "근원적인 죄"의 핵심적인 의미임을 발견한다.

2

답변들

한스 마두에미

나의 네 명의 대화 상대자들의 훌륭한 논문들을 읽은 뒤 나는 몇몇 신
학자들이 왜 전통적인 원죄 교리가 타당하지 않다고 생각하는지 상기
하게 되었다. 그러나 기독교 신앙에 대해 간략하게 묵상해보면 우리는
"타당성"은 고정된 개념이 아니고 광범위한 요인들에 의존한다는 것을
알게 된다. 예컨대 신자들은 삼위일체 하나님, 하나님의 아들의 성육신,
그의 죽음과 부활, 그리고 내주하는 성령을 고백한다. (유감스럽게도) 동
료 신자들 사이에 광범위한 교리상의 사실들의 타당성에 관한 갈등들
도 흔하며, 종종 그 갈등들의 뿌리에 무엇이 놓여 있는지를 이해하기도
어렵다.

사정이 좋을 때조차 교리상의 불일치는 간단하지 않다. 그러한 불
일치들은 종종 신적 계시, 받은 전통들에 대한 책임, 과학 이론들에 대
한 증거의 뒷받침 등에 관한 판단의 차이에서 비롯된다. 타락과 원죄 교
리도 마찬가지다. 아래의 논의에서 나는 내가 왜 아우구스티누스-개혁
주의 관점이 성경에 나타난 하나님의 계시를 가장 잘 반영한다고 믿는
지를 다시 한번 설명하기 위해 노력할 것이다. 기록을 위해 말하자면,

나는 올리버 크리스프와 가장 가깝고 타샤 와일리와 가장 멀다(앤드루 라우스와 조엘 그린은 중간의 어느 지점에 위치한다). 다른 토론에서라면 내가 다리를 놓고 공통점을 강조하는 방향으로 좀 더 노력할 수도 있을 것이다. 하지만 그것이 내게 주어진 임무도 아니고 이 책의 목적도 아니므로 나는 독자들이 이 점을 관대히 봐주기를 바란다.

와일리의 견해에 대한 평가

타샤 와일리의 설명에서는 다윈 이후 세상에 대한 과학적 이해가 우리로 하여금 전통적인 원죄 교리를 거부하도록 강제한다. 예컨대 그녀는 다음과 같이 쓴다.

> 원죄 교리는 죄와 악의 신비와 그것들이 기독교 신앙의 틀 안에서 어떻게 부분적으로 이해될 수 있는지를 설명하고자 한다. 우리의 세계관이 고대의 세계관과 현격히 다르다는 점에 비추어볼 때 우리는 우리의 삶과 우리의 신앙의 심원하고 영원한 신비를 탐구할 때 다른 지점에서 출발할 필요가 있다(175쪽).

그 요점은 그녀의 논문 전체에서 되풀이된다. "우리는 한때 우리가 사실일 뿐만 아니라 실재 자체—창조, 타락, 구속, 심판 등. 어떻게 그렇지 않을 수 있었겠는가?—라고 생각했던 세상에 대해 편안한 관점을 갖고 있었는데, 그것이 지금은 매우 중요한 측면들에서 우리가 오늘날 실재를 이해하는 방식과 조화되지 않는 것처럼 보인다"(178쪽). 그녀는 원죄 개념은 과학과 성경에 대한 역사비평에 의해 의문이 제기된 주해에 기초한다고 주장한다. 와일리는 대신 새로운 원죄 개념을 개발하기 위한 대인적인 토대로 삼기 위해 아우구스티누스 이전의 전통을 살펴본다.

하지만 나는 와일리가 원죄 교리의 개념을 재정립할 필요를 느끼는 이유를 알 수 없다. 그녀는 아담과 하와가 존재한 적이 없고, 창세기 1-11장이 역사적이지 않으며, 아담에 관한 바울의 견해가 거부되어야 한다는 것 등을 믿으며, 그럼으로써 애초에 원죄 교리를 알려준 정경의 데이터를 부인한다. 와일리는 역사적 및 형이상학적 요소가 없는 원죄의 핵심적인 통찰을 원하는데 이는 꿩도 먹고 알도 먹으려는 처사다. 나는 그녀가 여전히 원죄에 관심을 기울이는 것이 반갑지만, 그녀가 원죄에 관심을 기울이는 이유가 내게는 확실하지 않다. 그녀 자신의 방침이 애초에 원죄 교리가 꽃을 피웠던 뿌리를 잘라낸다.

그 문제는 부분적으로 인식론상의 문제다. 와일리는 현대의 과학적 주장들과 인간의 경험을 우선시한다. 그녀는 "우리의 교리 구성은 우리의 과학적 세계관과 일치할 뿐만 아니라 우리가 오늘날 진정한 가치들로 이해하는 것들과도 일치**해야 한다**"고 주장한다(179쪽). 그녀는 자기의 입장이 교리의 발달에 미치는 함의를 붙들고 씨름하지 않고서 교리가 과학적 합의에 비추어 변해야 한다는 것을 당연하게 여긴다. 그녀의 방법은 과학에 전례 없는 힘을 부여하며 계시 신앙으로서의 기독교라는 아이디어 자체를 위협한다. 나의 몇몇 대화 상대자들은 와일리를 옹호하면서 이 점에 있어서 (비록 덜 급진적이기는 하지만) 그녀와 공명한다. 그녀가 가장 적극적일 뿐이다.

와일리는 버나드 로너건의 사상을 사용해서 원죄 교리를 "이론"에서 "내부성"으로 옮긴다. 이 이동은 "우리 자신의 경험에서 직접 확인 가능한 범주들을 통해" 죄를 이해할 수 있는 문을 열고, 그녀로 하여금 로너건의 "지속된 비진정성" 개념에 호소하게 한다. 그녀는 이어서 이 그림을 "배고픔과 가난이 없는 세상, 종속되고 소유를 박탈당한 사람들에 대한 복지를 회복하는 정치 전략과 경제 정책을 만들어내는 진정한 가치들을 포용하는 세상"을 포함하는 신약성경의 주제들과 관련시킨다 (207쪽). 그녀의 논문에 환영할 만한 몇몇 언급이 존재하지만 인간의 악행, 회개, 신적 분노 등에 대한 언급이 없다는 점이 두드러진다. 그녀의 죄 개념 변경이 단순히 그녀의 현대의 가치들을 반영하는 것이 아닌지 의심스럽다. 그녀는 우리에게 "우리 자신의 경험"과 "인간의 의식 구조"를 우선시하라고 말하지만, 우리가 왜 이것들이 그 위에 새로운 원죄 교리를 세울 신뢰할 만한 토대라고 생각해야 하는가? 아마도 그것들은 신뢰할 만하지 않을 것이다.

그녀의 성경 교리로 말미암아 이 문제들이 악화된다. 예컨대 그녀는 "의심의 해석학"을 칭찬하고 "계시적 텍스트들의 진정하지 않은 측면들"을 적시한다(183쪽). 그녀는 독자들에게 "바울 서신과 제2 바울 서신에 수록된 진정한 요소들과 진정하지 않은 요소들을 분류하도록" 조언한다(184쪽). 그녀는 "죄의 사회적 의미를 수용할 수 없는" 개인주의적인 독법과 달리 예언자 아모스에게 초점을 맞추는데, 이는 아모스가 "세상을 사회적 렌즈를 통해" 보았기 때문이다(181쪽). 실로 그녀는 바울에게 있어서 근원적인 죄는 **특권**이었다고 주장한다. 그녀의 말로 표현하자면 "죄에 관한 바울의 확신은 실존적이고, 공동체적이며, 종말론적이다"(183쪽). 그러나 선택적인 바울 서신 읽기는, 다른 모든 옹호 해석학과 마찬가지로, 정경 안의 "정경"으로 이어진다. 어떤 학자가 단언하듯이 "그런 연구는 결코 그것이 이미 생각하고 있는 것을 확인하는 것 외에 하나님의 음성을 듣지 못한다."[1] 내가 무자비하게 말하려는 것은 아니지만 성경이 와일리 자신의 문화적 가정들을 비추는 거울이 되었다.

그린의 견해에 대한 평가

조엘 그린은 타락 교리에 대해 두 가지 주요 이의를 제기한다.[2] 첫째, 그는 창세기 3장에 **타락**과 **죄**라는 단어가 나오지 않는다고 주장한다. 둘째, 그는 구약성경 자체가 "아담과 하와 또는 그들의 불순종에 대해 거의 말하지 않는다"고 생각한다(123쪽). 성서학자들 사이에 그런 약한 주장들이 흔하다. **타락**이라는 단어의 부재는 창세기 3장에 그 개념 자체가 존재하는지와 무관하기 때문에 그린의 이의는 단어와 개념을 혼동하는 오류에 빠진 처사다. 아는 체한다는 위험을 무릅쓰고 말하자면, 그

1_John Goldingay, "Hearing God Speak from the First Testament," in *The Voice of God in the Text of Scripture: Explorations in Constructive Dogmatics*, ed. Oliver Crisp and Fred Sanders (Grand Rapids, MI: Zondervan, 2016), 75.

2_그는 또한 아담의 이야기를 아우구스티누스식으로 읽는 것은 "하나님의 사역을 창조 자체로 적시할 수 있는 가능성을 간과하고 대신 하나님의 사역은 그것이 작동할 수 있기 위해 인간의 위반을 기다린다는 견해를 채택하게 된다"고도 주장한다(123쪽). 그러나 이것은 불합리한 추론으로 보인다. 견고한 타락 교리가 하나님의 창조 사역을 인정하는 것과 반드시 충돌하는 것은 아니다(나는 Louth의 견해에 대한 평가에서 이 점을 다시 다룰 것이다).

렇게 단어들에만 초점을 맞추면 성경을 피상적으로 읽게 될 수 있다. 그 기준으로 보자면 성경에 삼위일체라는 단어가 나오지 않기 때문에 교회가 삼위일체를 고백한 것은 잘못이었다. C. 존 콜린스의 말마따나 창세기 3장은, 성경의 나머지와 마찬가지로, 말하는 것보다는 보여주는 것에 훨씬 더 많이 의존한다.[3]

구약성경이 대체로 아담과 하와에 관해 침묵한다는 주장은 논쟁의 여지가 있다. 우리의 최초 조상들에 대한 직접적인 언급은 차치하고, 적실성이 있는 에덴 이야기에 대한 좀 더 많은 인유가 존재한다.[4] 구약성경이 아담과 하와 또는 그들의 불순종에 관해 **명시적으로** 말하는 것이 별로 없다는 그린의 말이 옳을지도 모른다. 그러나 성경 이야기에는 하나님이 **암묵적으로** 계시하시는 내용이 많다. 그러나 우리가 논의를 위해 그린이 주장하는 바에 동의한다고 하더라도, 앙리 블로셰가 우리에게 상기시켜 주듯이 "발생 빈도가 중요성의 유일한 척도여서는 안 된다. 정경에서 에덴 이야기의 위치는 중요하다. 그것은 주변적인 일화나 여백에 추가한 내용이 아닌 것이 분명하다. 그것은 확실히 창세기의 구조 및 토라의 구조에 속한다."[5] 타락 교리는 성경에서 이미 암묵적으로 존재하는 것을 명시적으로 말하며, 그것이 없이는 성경 내러티브의 나머지가 거의 말이 되지 않는다.

3_ C. John Collins, *Reading Genesis Well: Navigating History, Poetry, Science, and Truth in Genesis 1-11* (Grand Rapids, MI: Zondervan, 2018), 175-79.

4_ 예컨대 C. John Collins, *Did Adam and Eve Really Exist? Who They Were and Why You Should Care* (Wheaton, IL: Crossway, 2011), 51-71을 보라. 『아담과 하와는 실재로 존재했는가』, 새물결플러스 역간.

5_ Henri Blocher, *Original Sin: Illuminating the Riddle* (Grand Rapids, MI: Eerdmans, 1999), 32.

그린은 초기 교회사에 타락 교리가 없다고도 주장한다. 그는 세 개의 보편적인 신경(사도신경, 니케아 신경, 아타나시오스 신경)이 그 교리를 언급하지 않는다고 지적한다. 그러나 이 주장은 너무 많이 말하는 동시에 너무 적게 말한다. 동일한 신경들이 초기 기독교의 이해에 핵심적이었던 다른 교리들도 무시한다는 점에서 이 주장은 너무 많이 말한다. 이 교리들에 대한 언급이 없다고 해서 그것들이 초기 그리스도인들에게 중요하지 않았음을 암시하지는 않는다. (이 신경들 중 어느 것도 성경론에 관해 언급하지 않는다. 우리가 초기 그리스도인들에게 성경의 권위 개념이 없었다고 생각해야 하는가?) 그 신경들은 타락을 입증하려고 하지 않으면서 그것을 가정할 가능성이 있기 때문에, 그린의 주장은 또한 너무 적게 말한다. 예컨대 니케아 신경에서 하나님의 아들이 "우리를 구원하기 위해" 하늘에서 내려왔는데, 이는 우리가 어떤 것으로부터 구원을 받을 필요가 있음을 암시한다. 구원의 필요는 아타나시오스 신경 전체에 엮여 있다(가령 다음 표현들을 보라. "누구든 구원을 받을 것이다"; "영원한 구원"; "진실하고 굳게 믿지 않는 한 구원을 받을 수 없다"). 다시 말하지만, 우리가 무엇으로부터 구원을 받는가? 이 모든 언급들은 인간의 죄 자체와 일치한다고 할 수도 있지만, 초기 그리스도인들은 죄에 기원이 있다고 가정했다. 즉 창조 세계는 원래 선했고 하나님의 선하심을 반영했다. 그들이 본 바와 같이 아담의 최초의 죄는 성경 이야기에서 매우 중요하다.[6] 길지 않은 사도신

6_ 늦어도 2세기 후반부터 그리스도인들은 아담의 타락에 호소해서 하나님의 원래의 창조세계의 선함을 보존했으며 마니교의 악의 교리를 저지했다. 초기 신경들은 이 신정론을 전제한다. 참조. N. P. Williams, *The Ideas of the Fall and of Original Sin* (London: Longmans, Green & Co., 1927), 183-84.

경조차 "죄 용서"를 말하는데 역사적 맥락에서 그 절은 아마도 타락을 가정할 것이다. J. N. D. 켈리의 말마따나 그것의 원래 표현은 "세례의 깨끗이 씻는 효과"였다.[7] 아우구스티누스는 가톨릭교회 전체에서 원죄가 믿어졌다는 증거로 이 유아 세례 관행을 인용했다.[8]

하지만 아우구스티누스가 옳았는가? 그린은 아우구스티누스의 원죄 교리, 특히 그의 로마서 5:12 주해가 암브로시아스터의 로마서 주석에서 나왔다고 주장한다. 그린은 암브로시아스터 전에는 물려받은 죄 교리가 "사도 교부 시대 교회의 신학 주해 저술에서 빠져 있었다"고 주장한다(108쪽). 아우구스티누스의 로마서 5:12 이해에 대해 암브로시아스터를 비난하는 사람은 그린만이 아니다. 실로 현재 교부 문헌은 그린의 편을 든다.[9] 하지만 나는 아우구스티누스의 로마서 5장 주해에 사용된 원천 자료를 재구성하려는 이런 시도들을 어떻게 이해해야 할지 확

7_ J. N. D. Kelly, *Early Christian Creeds*, 3rd ed. (New York: Continuum, 2006), 384. 4세기 중반이 되자 그 표현은 고백과 사죄를 통한 용서라는 추가적인 의미를 띠게 되었다.

8_ 우리는 또한 초기 신경들이 결코 기독교 교리의 완전한 설명(우리의 신앙의 "내용")으로 의도되지 않았다고 주장할 수도 있다. 신경들의 목적은, 특히 세례 시에, 우리가 신뢰하는 세 신적 위격(우리의 신앙의 "대상")에 대한 충성을 맹세하는 것이었다. 그것들은 교리적으로 모든 것을 포함할 의도가 아니었다. 예컨대 Donald Fairbairn, "*Fides Quae Creditur?* The Nicene Background to the Reformation," in *Reformation Celebration: The Significance of Scripture, Grace, Faith, and Christ*, ed. Gordon Isaac and Eckhard Schnabel (Peabody, MA: Hendrickson, 2018), 191-203을 보라.

9_ 그 논쟁에 관한 검토는 Dominic Keech, *The Anti-Pelagian Christology of Augustine of Hippo, 396-430* (Oxford: Oxford University Press, 2012), 107-15을 보라. 이 문제에 관한 최근의 연구들은 특히 다음 문헌들을 보라. 특히 Aäron Vanspauwen and Anthony Dupont, "The Doctrine of Original Sin Amongst Augustine's African Contemporaries: The Case of Evodius of Uzalis' *De fide contra Manichaeos*," *Zeitschrift für antikes Christentum* 21, no. 3 (2017): 459-71; Anthony Dupont, "Original Sin in Tertullian and Cyprian: Conceptual Presence and Pre-Augustinian Content?" *Revue d'Études Augustiniennes et Patristiques* 63, no. 1 (2017): 1-29.

신이 서지 않는다. 아우구스티누스가 암브로시아스터로부터 뭔가를 취했을 가능성이 있지만 그것이 확실하지는 않다. 내가 보기에는 이런 현대의 추측들이 자신의 견해를 성경과 자기 이전의 교부들의 광범위한 합의로부터 도출했다는 아우구스티누스의 분명한 주장들을 훼손하지 못한다.[10] 아우구스티누스는 전형적인 사례에서 자신의 교리가 새롭다는 것을 부인하며, 자신이 말하는 교리는 "보편적인 진리에 대한 거룩하고, 뛰어나고, 저명한 많은 교사들—이레나이우스, 키프리아누스, 레티키우스, 올림피우스, 힐라리우스, 그레고리오스, 바실레이오스, 암브로시우스, 요한네스, 인노켄티우스, 히에로니무스와 그들의 다른 상대들 및 동료들—과 그리스도의 전체 교회에 의해 유지된 교리"라고 주장한다.[11] 비록 그것이 소수 의견이지만 나는 버나드 리밍의 좀 더 오래된 판단에 끌린다.

아우구스티누스는 원죄에 관한 자신의 교리가 신앙의 일부로 전해져 내려와서 모든 그리스도인에게 신봉되었고 이단자들과 종파 분리주의자들조차 다른 것을 믿지 않았다고 주장했다. 만일 그가 진리를 말했다면 누가 그것을 의심할 수 있는가? 따라서 우리는 그의 의견의 기원에 관한 설명을 갖고 있다. 그리고 그것은 약 5, 60년 전에 암브로시아스터에게서 등장하는 동일한 교리에서도 가능한 설명이다. 그는 그것을 보편적인 가르침에서 도출했다. 여기에 아우구스티누스와 암브로시아스터 사이의 특정한

10_ 나는 이 문제에 관한 유익한 대화에 대해 Pete Sanlon에게 감사한다.

11_ Augustine, *Answer to Julian* 2.10.37, in *Answer to the Pelagians*, vol. 2 (Hyde Park, NY: New City, 1998).

유사성이 놓여 있다.[12]

원죄에 대한 그린의 잠정적인 그림에서 현대의 과학적 이해가 어려운 작업의 대부분을 수행한다(130쪽). 그러나 그의 진화적 제안에는 펠라기우스와 아우구스티누스를 괴롭혔던 영원한 문제가 여전히 남아 있다. 그린이 우주적인 죄악성을 인정한다면 그는 "왜 모든 사람이 죄를 짓는가"라는 문제를 어떻게 설명하는가? 타고난 죄성을 답으로 제시하는 것은 죄의 본질에 관한 문제를 제기한다. 예컨대 죄가 진화적 발전에서 비롯되는가? 아니면 죄는 생물학적으로 유전된 경향들에 대한 묘사인가? 그린은 하나님이 인간을 선천적으로 죄악된 존재로 **창조하셨다**고 주장할 정도로까지 하나님의 선하심을 위험에 빠뜨린다. 아마도 그린은 생물학적으로 매개된 성향들과 경향들은 **아직** 죄가 **아니라고** 생각할 것이다. 그것들은 우리가 자신의 자유 의지에 따라 행동할 때 비로소 죄가 된다.[13] 하지만 그것은 단순히 질문을 자유 의지 문제로 바꾸는 것에 지나지 않는다. 즉 왜 모든 인간이 그들의 자유 의지를 죄악되게 사용하는가? (그리스도를 제외하고) 죄 없는 사람이 없다면 자유 의지의 논거가 무너진다. 즉 **보편적인** 죄는 자유 의지만으로는 설명될 수 없다.

　나는 신학적 숙고가 창조 질서를 무시하지 말아야 한다는 그린의 의견에 동의하지만, 그는 과학적 합의와 자연의 책을 섞는 것처럼 보인

12_ Bernard Leeming, "Augustine, Ambrosiaster and the Massa Perditionis," *Gregorianum* 11, no. 1 (1930): 74.

13_ 예컨대 Frederick Tennant, *The Origin and Propagation of Sin*, 2nd ed. (Cambridge: Cambridge University Press, 1906), 172-73을 보라.

다. 현대 진화 생물학—그것은 지구상의 모든 생물이 하나의 공통 조상인 최후의 보편적 공통 조상(Last Universal Common Ancestor)에서 나왔다고 주장한다—이 인식론적으로 확고하다는 그린의 가정은 논쟁의 여지가 있다.[14] 타락과 원죄 같은 기독교 교리들은 주요 정의를 틀리기 쉬운 과학 이론들로부터가 아니라 성경으로부터 제공받아야 한다. 동시에 신적 계시를 진지하게 취한다고 해서 신자들이 성경이 구원에 아무 영향이 없는 모든 주제에 대해 오류가 없이 말할 것으로 기대하는 "백과사전적 오류"에 빠져서는 안 된다. 성경은 그런 책이 아니다. 그럼에도 성경은 구원의 길을 전개함에 있어서 복음 이야기에 연루된, 구원과 관련이 없는 지식의 영역에서 **실로** 권위 있게 말한다. 이런 성경의 통찰들은 때때로 우리의 최상의 과학 이론들과 겹치고 심지어 그것들을 수정하기도 할 것이다.[15] 타락에 대한 정경의 증언은 인간의 기원에 관한 과

14_ 이론 생물학 및 역사 생물학에서의 의견의 다양성에 관해서는 다음 문헌들을 보라. Colin Patterson, "Evolutionism and Creationism," *The Linnean* 18 (2002): 15-33; 미국 내셔널 아카데미의 미생물학자이자 생물물리학자인 Carl Woese에 따르면 "생물학이 공통 조상 교리를 넘어설 때가 왔다. 그것 또는 (가령 몇몇 원시의 형태들에 호소하는) 그것의 어떤 이형도 세포 조직을 낳은 진화 과정의 방향, 원동력, 핵심을 포착할 수 없다." "On the Evolution of Cells," *Proceedings of the National Academy of Sciences of the United States of America* 99, no. 13 (2002): 8745. Malcolm Gordon, "The Concept of Monophyly: A Speculative Essay," *Biology and Philosophy* 14 (1999): 331-48도 보라. 물론 그리스도인들 사이에서 진화는 지속적인 논쟁거리다. 예컨대 다음 문헌들을 보라. Norman Nevin, ed., *Should Christians Embrace Evolution? Biblical and Scientific Responses* (Nottingham, England: Inter-Varsity Press, 2009); J. P. Moreland, Stephen Meyer, Chris Shaw, Ann Gauger, and Wayne Grudem, eds., *Theistic Evolution: A Scientific, Philosophical, and Theological Critique* (Wheaton, IL: Crossway, 2017).

15_ 이 주장은 명백히 신학자들 사이에서 논쟁의 대상이 될 것이다. 하지만 나는 그것이 전통적인 입장이고 성경의 자기 이해에 부합한다고 생각한다. 최근의 방어는 Mark Thompson, "The Divine Investment in Truth: Toward a Theological Account of Biblical Inerrancy," in *Do Historical Matters Matter to Faith? A Critical Appraisal of Modern and Postmodern*

학 이론들에 올바른 한계를 설정한다.

요컨대 그린의 성경 교리는 인식론적으로 너무 얇다. 그렇기는 하지만 그는 "제한적인" 무오류성을 채택해서 성경의 권위를 구원론의 요소들로 한정함으로써 그의 입장을 강화할 수 있었다.[16] 제한적인 무오류성에는 심각한 결함이 있지만, 이 조치는 그의 입장에 훨씬 큰 자체의 일관성을 제공할 것이다. 그렇지 않다면 그의 원죄 교리는 두 세계 사이에 어색하게 낄 것이다. 한편으로 그는 진화 생물학의 많은 것을 받아들인다. 다른 한편으로 그는 그것이 죄 교리와 일치함을 보이려고 노력한다. 하지만 그가 갈등이 있는 중요한 영역들을 둘러대기 때문에 그의 종합은 설득력이 없다. 주로 신적 계시가 아니라 과학을 통해 정보를 제공받은 그의 원죄 교리는 전통적인 교리와는 다른 인식론적 규범을 갖고 있다. 제한적인 무오류성은 그의 제안의 논리를 좀 더 잘 반영한 설명일 것이다. 비록 그것은 극복할 수 없는 자체의 문제를 지닌 해법이지만 말이다.

Approaches to Scripture, ed. James Hoffmeier and Dennis Magary (Wheaton, IL: Crossway, 2012), 71-97을 보라.

16_ 갈릴레이가 말한 바와 같이 "성령의 의도는 우리에게 사람이 어떻게 하늘에 가는지를 가르치기 위한 것이지 하늘이 어떻게 운행하는지를 가르치기 위한 것이 아니다." "Galileo's Letter to the Grand Duchess (1615)," in *The Galileo Affair: A Docuentary History*, ed. and trans. Maurice Finocchiaro (Berkeley: University of California Press, 1989), 96.

크리스프의 견해에 대한 평가

올리버 크리스프는 원죄책 개념을 부정한다. 그는 하나님이 아담의 죄책을 아담의 모든 후손에게 전가하시는 것이 부당하며, 따라서 신학적으로 타당하지 않다고 생각한다. 그러나 신적 정의에 관한 크리스프의 직관들은 명백히 사실이 아니며 공정성에 관한 현대의—그리고 오도하는—가정들을 반영할 가능성이 크다.[17] 나는 죄책의 신적 전가가 있다면 그것이 일반적인 인간의 죄책과 비난 가능성 귀속과는 아주 다를 것이라는 그의 말에 동의한다. 그러나 그 사실만으로는 전가된 죄책을 **반박하는** 논거가 아니다. 결국 성경에서 명확하게 입증되는 신학의 많은 영역에는 인간의 경험에서의 유비가 존재하지 않는다. 세 가지만 예를 들자면 삼위일체, 위격들의 연합, 영화된 성도들의 무죄 같은 것들이 이에 속한다. 그런 교의적인 실재들을 이해하기 위한 유비적인 방법이 없다고 해서 그것들이 사실이 아닌 것은 아니다. 만일 원죄책이 확실히 신적 계시를 전달한 것이라면, 그것이 우리가 필요로 하는 모든 토대가 된다.

그러나 크리스프는 물려받은 죄책이 성경의 근거를 지니고 있음을 부인한다. 그는 로마서 5:12-19에 관해 다음과 같이 쓴다. "내게는 이 구절이 원죄책을 암시하는지가 전혀 명확하지 않다. 그 구절은 죄가 어떻게 전달되는지에 관한 아우구스티누스의 현실주의 그림 같은 것과

17_ 예컨대 Alasdair MacIntyre, *Whose Justice? Which Rationality?* (Notre Dame, IN: University of Notre Dame Press, 1988), 1-11, 326-48을 보라.

일치할지도 모른다. 그것은 도덕적으로 손상된 상태의 상속 같은 것에 상응하는 것으로 보인다." 그리고 그는 좀 더 집요하게 "원죄책은 강력한 성경의 토대를 가지고 있지 않다. 그 교리를 방어하기 위해 사용되는 주요 텍스트인 로마서 5:12-19은 원죄책 교리 같은 내용은 아무것도 가르치지 않는 것처럼 보인다"라고 주장한다(81쪽). 나는 크리스프가 오해하고 있다고 생각한다. 로마서 5:12-19은 우리의 원죄책의 부담이 그리스도의 속죄를 통해 확보된 구속과 분리될 수 없음을 암시한다. 로마서 5:12-21(특히 18-19절)에 등장하는 아담과 그리스도 사이의 평행 관계는 아담의 죄책의 전가와 그리스도의 의로움의 전가를 암시한다.

게다가, 원죄책의 진리는 논란이 있는 한두 개의 증거 텍스트에만 의존하는 것이 아니라 성경 전체에서 나오는 주제들을 종합하며, 중추적인 다른 교리들과 불가결하게 연결된다.[18] 무차별적으로 **모든** 이스라엘 백성을 위해 마련된 구약의 제사 제도는 아이들을 포함하여 모든 사람이 죄책이 있음(유죄임을) 암시했다. **모든** 사람이 유죄이기 때문에 모든 인간을 위해 그리스도의 속죄가 필요하기도 하고 충분하기도 했다(고후 5:15). 실제 죄를 지을 수 있는 능력이 없거나 제한된 유아들과 지적 장애인들까지도 말이다. 우리 모두는 이미 죄가 있다고 판단을 받았고 정죄되었기 때문에(가령 시 51:5; 엡 2:3) 율법을 지킴으로써 의롭다 함을 받을 수 없다(참조. 롬 3:20; 갈 2:16). 원죄책은 복음 자체의 성격에서 암시되는데, 그리스도의 속죄제사는 바로 아담 안에 있고 따라서 영

18_ 개념상의 이 요점에 관해서는 Ben Dunson, "Do Bible Words Have Bible Meaning? Distinguishing Between Imputation as Word and Doctrine," *Westminster Theological Journal* 75 (2013): 239-60을 보라.

원한 죽음의 저주 아래에 있는 사람들을 위해 의도되었다. 물려받은 죄책은 주로 모든 사람이 태어날 때부터 하나님 앞에서 정죄받은 상태로 세상에 온다고 말하는 것이 정경적으로 무엇을 의미하는지에 관한 교리상의 설명이지 주해상의 설명이 아니다.[19] 크리스프는 좀 더 심오한 이 교리상의 근거를 인식하지 못하며 그것에 대해 비평하지도 않는다.

크리스프는 또한 스코틀랜드 신앙고백, 네덜란드 신앙고백과 성공회의 39개 신조들이 원죄책 교리들을 가르치지 않는다고 주장한다. 하지만 이 주장은 스코틀랜드 신앙고백에서부터 오도하고 있다. 물려받은 죄책이 없다는 크리스프의 말은 옳지만, 우리가 그 사실로부터 너무 많은 주장을 하지는 말아야 한다. 고백적 진술에서 어떤 교리가 빠진 것이 그 진술문의 기안자들이 그 교리를 부정했음을 암시하는가? 반드시 그런 것은 아니다. 가령 그 신앙고백이 신이 고통을 당할 수 없음과 전능함에 관해 침묵하는 것이 스코틀랜드의 신학자들이 하나님의 그런 속성들을 부인한 것이라고 우리가 생각해야 하는가? 신앙고백은 그런 식으로 작성되지 않는다. 그것들은 주로 역사적 맥락을 위해 쓰이지 교리상의 완전성을 위해 쓰이지 않는다.

마찬가지로, 네덜란드 신앙고백은 유아들이 "그들의 모친의 태에서" "매우 **비열하고** 하나님의 눈에 **혐오스러운**" 상태로 오염되었다고 묘사한다(15조, 강조는 덧붙인 것임). 20조에 따르면 "그러므로 하나님께서 자신의 아들에게 자신의 정의를 나타내셔서 우리의 불의를 그분에게

19_ 원죄책과 유아 세례에 관한 개혁주의의 관점은 J. Mark Beach, "Original Sin, Infant Salvation, and the Baptism of Infants: A Critique of Some Contemporary Baptist Authors," *Mid-America Journal of Theology* 12 (2011): 47-79을 보라.

두셨다.····**우리는 죄책이 있었고 마땅히 파멸될 존재였다**"(강조는 덧붙인 것임). 이 두 조항이 함께 취해져서 원죄를 암시하는 것으로 보인다. 성공회 신조에 관해서는 2조에 어떤 모호함도 없다.

> 아버지의 말씀이신 아들은 영원하신 아버지께로서 나셨고, 바로 영원한 하나님이시고, 아버지와 하나의 본체이시며, 복된 처녀의 태에서 그녀의 본체인 인간의 본성을 취하셨다. 따라서 두 개의 온전하고 완벽한 본성들, 즉 신격과 인격이 한 위격 안에서 결합해서 결코 나눠지지 않는데 그분은 바로 하나님이시자 인간이신 그리스도시다. 그분은 자신의 아버지를 우리에게 화해시키시기 위해, 그리고 인간의 **원죄책뿐만 아니라** 실제적인 모든 죄를 위한 희생 제물이 되기 위해 참으로 고난을 받으셨고, 십자가에 못박혀 죽으시고 장사 지내어지셨다.[20]

크리스프의 단언과 달리 개혁주의 신앙고백들에 원죄책이 그가 인식하는 것보다 좀 더 편만하게 나타난다.

크리스프가 제안하는 "특정한 교리에 대해 교리적으로 가능하면서도 좀 더 넓은 신학적 헌신 및 고백적 헌신과 일치하는 '얇은' 설명을 지지하려고 하는 접근법"(71쪽)인 일반적인 유형의 교의적 최소주의에는 칭찬할 점이 많다. 합법적으로 전개된 교의적 최소주의는 텍스트상의 진정한 모호성이나 침묵에 의해 동기가 부여된다. 특정한 경우에는 과

20_ John Leith, ed., *Creeds of the Churches*, 3rd ed. (Louisville: Westminster John Knox, 1982), 267, 강조는 덧붙인 것임. Crisp는 9조("원죄 또는 타고난 죄에 관해")만 보기 때문에 이 언급을 놓친다.

학적 질문들이 우리로 하여금 텍스트로 돌아가서 언제나 존재해왔지만 우리가 전에는 놓쳤던 텍스트상의 모호성을 인식하게 하기도 한다. 하지만 성경은 아담과 하와의 역사성에 관해 모호하지 않다는 나의 판단이 옳다면, 교의적 최소주의를 사용해서 이런 문제들에 대해 불가지론적인 접근법을 정당화하는 것은 근거가 없다. 인간의 기원에 관한 현재의 과학적 합의에도 불구하고 말이다.

크리스프의 원죄 교리에 관한 마지막 우려는 신적 정의와 관련이 있다. 그는 우리가 아담의 최초의 불순종에 대해 비난받을 수 없지만, 우리가 여전히 도덕적 부패 상태를 물려받고 불가피하게 그것으로부터 발생하는 죄들에 대해 비난받을 만하다고 주장한다. 하지만 나는 이 견해에서 하나님이 왜 우리의 실제 죄들에 대해 정죄하시는지를 알고 싶다. 크리스프는 우리의 부패한 상태에 대해 우리가 비난받을 수 없다고 믿는데, 그렇다면 우리가 왜 바로 그 상태로부터 **불가피하게** 발생하는 죄들에 대해 비난을 받아야 하는가? 크리스프의 입장은 내가 **나의 잘못이 아닌 사유로** 필연적으로 죄를 짓는다고 암시하기 때문에 그것은 불공정해 보인다. 확실히 죄는 우발적인 진리(contingent truth)다. 그것은 인간의 원래의 본성이 아니다. 그러나 아담의 타락 후 죄는 필연적인 것이 되고 따라서 죄가 보편적인 현상이 된다. 타락한 인간은 필연적으로 죄를 짓는다. 내가 옳게 이해했다면 크리스프는 이 상황이 왜 대단히 불공정한 것이 아닌지 설명할 필요가 있다.

라우스의 견해에 대한 평가

앤드루 라우스는 서방 교회가 인간의 딜레마의 정점으로 죄와 죄책이 아니라 죽음을 강조해야 한다고 주장한다. 그는 다음과 같이 말한다.

> 죄책이 아니라 죽음이 인간을 따라다닌다. 죽음은 무의미함을 통해 인간의 모든 노력을 위협하는데 그것은 타락한 세상―타락한 인간만이 아니라―이 흐트러졌고, 무의미라는 화살로 관통된 방식의 측면이자 상징이다(139쪽).

그는 죄가 인간의 필멸성과 부패의 결과라고 말한다. 그러나 그의 입장은 사도의 증언에 모순된다. 바울에 따르면 "죄의 삯은 사망"이고(롬 6:23) "한 사람으로 말미암아 죄가 세상에 들어오고 죄로 말미암아 사망이 들어왔나니 이와 같이 모든 사람이 죄를 지었**으므로** 사망이 모든 사람에게 이르렀다"(롬 5:12). 죽음은 죄, 궁극적으로 아담의 죄에서 기인한다(참조. 창 2:17). 죽음의 우선성에 관한 라우스의 주장들은 명시적인 성경의 이런 진술들과 일치하지 않으며, 그리스도인들의 경험과도 부합하지 않는다. 우리가 자신의 죽음을 두려워해서 죄에 이끌리는 것이 아니다.

이 곤경은 조상의 죄에 관한 라우스의 이해와 관련이 있는데, 그는 조상의 죄를 다음과 같이 정의한다.

> 조상의 죄 개념이 죄의 그물―우리의 모든 남녀 조상들의 축적된 죄와 그

결과—안으로 태어난 우리 인간들 각자에게서 발견된다. 우리 앞의 모든 세대의 죄들이 우리가 했을지도 모르는 선행을 침식했기 때문에 우리는 자신이 불가피하게 이 죄의 그물에 참여하고 있음을 발견한다. 더욱이 그들은 우리가 부적절하거나 유해하다고 인식할 수 있을지라도 관습의 힘을 누리는 행동 기준에 전통의 힘을 실어주었다(145쪽).

라우스는 이와 대조적으로 원죄가 "아담의 최초의 죄를 멋진 고립의 상태로" 높인다고 비판한다. 아담이 모든 행동을 한다. 아우구스티누스의 설명에서는 우리의 "할아버지들"과 "할머니들"의 죄들은 적실성이 없다. 라우스는 아우구스티누스의 그림이 너무 암울하고 비관적이며 과도하게 타락과 구속 모티프에 집착하는데, 이 모든 점이 창조를 주변화한다고 생각한다. 그는 동방 교회의 신학이 창조와 신화(deificatiion)의 좀 더 낙관적인 균형을 보존한다고 생각한다.

아우구스티누스주의자들은 이런 유용한 주의사항들에 유념해야 하지만 그것들은 과장되었다. 원죄를 유지하는 것과 창조를 주변화하는 것 사이에는 필연적인 상관관계가 없다. 아우구스티누스주의자들이 때때로 창조를 희생시키면서까지 원죄를 지나치게 강조하지만, 그것이 원죄 교리의 잘못은 아니다. 그리고 그 주장에 반하는 예들도 많다. 예컨대 아브라함 카이퍼와 그의 후계자들의 신칼뱅주의는 (그것의 풍부한 창조 모티프와 함께) 일반 은총**과** 아우구스티누스주의의 견고한 죄론을 강조하며, 아우구스티누스의 신학 전통에 속한 다른 학자들도 마찬가지다.

게다가, 아우구스티누스주의가 (마치 아담의 죄만 중요하다는 듯이) 우리 조상들의 죄들을 하찮게 취급한다는 것은 사실이 아니다. 사실 견고한 원죄 교리는 **이미** 조상의 죄의 주요 통찰들을 통합한다. 내가 원죄에 대해 이해한 바로는, 우리 조상들의 죄들과 우리 이전의 죄의 상상할 수 없는 결과들이 개인들의 타고난 부패가 실제 죄들 안에서 발현**될 수 있게 한다**. 조상의 죄가 기원이 되는 죄는 아니지만—아담의 최초의 죄가 그 자리를 차지한다—그것은 라우스가 유용하게 묘사하듯이 **참으로** 죄와 불행을 증식시키고 수없이 많은 방식으로 우리에게 나쁜 영향을 준다.

그러나 인간이 낮은(창조된) 상태에서 높은(신화된) 상태로 옮겨간다는 그의 주장은 별로 도움이 되지 않는다. 동방 정교회의 신학에 핵심적인 이 그림은 하나님이 창조 때 우리에게 자신의 최선을 주시지 않았다는 우려를 자아낸다. 라우스의 견해에 따르면 아담과 하와가 애초에 불완전했고 따라서 좀 더 높은 상태로 올라갈 필요가 있었기 때문에 하나님이 원래의 인간의 부족한 상태에 대해 책임이 있게 된다. 타락 교리의 장점 중 하나는 이 곤란한 시나리오를 피한다는 것이다.

마지막으로 언급하자면, 조상의 죄의 "부패만 물려받는다"는 입장은 결함이 있는 교리다. 그것은 로마서 5:12-21과 고린도전서 15:21-22 및 전가된 죄책이 의존하고 있는 성경 전체의 좀 더 광범위한 종합(크리스프의 관점에 관한 나의 평가를 보라)에 암시된 전가(및 현실주의)의 진리들을 무시한다. 나는 라우스에게 묻는다. 그리스도 외에 완벽하게 죄가 없었던 사람이 있는가? 그가 그렇다고 대답한다면 그것은 그의 죄론과 그리스도론에 결함이 있음을 암시할 것이다. 성경은 그리스도를 제외하고 **모든** 사람이 죄인이라는 점을 명확히 밝힌다(예컨대 롬 3:9-20; 요일 1:8). 완벽주의자들이 주장해온 것처럼 죄가 없는 사람이 존재한다고 가정할 경우 그런 천진난만은 성육신의 영광을 손상하고 죄의 중대성을 경시하는 처사다. 나는 라우스도 동의할 것으로 생각한다. 그 경우 물려받은 부패 때문에 우리가 죄를 짓는 것이 불가피할 것이다. 그렇다면 이 시나리오가 어떻게 공정한가? 그의 견해에서는 어떤 인간도 타고난 부패에 책임이 없기 때문에, 그리고 그 부패가 불가피하게 죄로 이끌기 때문에 조상의 죄가 어떻게 원죄책보다 나은지 명확하지 않다. 그 견해에서도 신적 정의를 둘러싼 우려가 여전히 남는다.

결론

나는 이 어려운 질문들을 함께 생각하는 특권을 준 데 대해 네 명의 대화 상대자에게 감사한다. 나는 이 의견 교환에서 유익을 얻었다. 나는 그들 중 아무도 원죄책 교리에 미래가 있다고 보지 않는 데 대해서 놀라지는 않았지만, 정신이 번쩍 들었다. 요즘에 이 교리보다 멸시받는 교리는 발견하기 어렵다.

확실히 최초의 인간의 죄가 그로부터 멀리 떨어져서 그의 죄에 참여할 수 없는 것처럼 보이는 사람들을 죄책이 있게 만들었다고 말하는 것보다 우리의 이성을 놀라게 하는 것은 없을 것이다. 이러한 전달은 불가능할 뿐만 아니라 불공정한 것으로 보인다. 의지를 행사할 수 없는 유아가 참여할 수 없었던 것으로 보이는 죄, 즉 그가 존재하기 6,000년 전 (젊은 지구 창조론에서의 창조의 시기―역자 주)에 저질러진 죄로 말미암아 영원히 저주를 받는 것보다 우리의 정의 규칙에 반하는 것이 무엇이 있겠는가? 확실히 이 교리보다 우리를 화나게 하는 것은 없다. 그러나 가장 이해할 수 없는 이 신비가 없다면 우리는 자신을 이해할 수 없다. 우리의 조건의 매듭이 이 심연으로 얽혀 들어서, 이 신비가 우리에게 이해되지 않지만 이 신비가 없이는 인간이 더 이해되지 않는다.

나는 파스칼이 내가 그의 지혜를 내 것인 것처럼 사용한 것을 용서해주기를 희망한다. 원죄책과 마찬가지로 이 대목에서도 내 잘못이다 (*mea culpa*).[21]

21_ 앞 단락 전체는 Blaise Pascal, *Pensées*, trans. W. F. Trotter (Mineola, NY: Dover Publications, 2003), 121–22에서 인용된 것이다.

▶ 7장
▶ 온건한 개혁주의 관점의 답변

올리버 D. 크리스프

이 책에 대한 나의 건설적인 기고에서 나는 내가 온건한 개혁주의 원죄 교리로 부른 것을 제시하고 방어했다. 이 답변에서 나는 나의 동료 기고자들의 견해가 나의 견해와 어떤 식으로 수렴하는지 또는 갈라지는지에 초점을 맞추고서 그들의 논문에 대한 나의 몇몇 생각을 제시할 것이다. 나는 먼저 독자들에게 나의 기고는 개혁주의 전통 안에서의 건설적인 교의 신학의 한 조각으로서, 즉 개혁주의 신학을 형성한 교의적 또는 신앙고백적 전통을 진지하게 취하는 개혁주의 관점에서의 원죄 교리에 관한 사고방식의 하나로서 제시되었다는 점을 상기시킨다. 나는 성경과 일치하고 교회 일치를 지향하는 교리를 제공하는 데도 관심이 있었다. 나는 나의 건설적인 견해가 개혁주의 관점의 가능한 한 가지 관점일 뿐임을 명백히 밝혔다. 비록 내 견해가 츠빙글리와 칼뱅의 저술과 스코틀랜드 신앙고백, 네덜란드 신앙고백, 성공회 신조 등 초기 개혁주의 신학에서 상당한 지지를 받지만 말이다.

나는 신학적인 거리가 좀 더 먼 논문들에 관해 언급하기 전에 신학적으로 나의 입장과 가장 가까운 논문부터 시작할 것이다. 이 방식을 통해서 독자들은 나의 견해가 나의 동료 저자들의 견해와 어느 정도로 다른지 신속하게 평가할 수 있게 될 것이다.

마두에미에 대한 답변

한스 마두에미의 논문은 여러모로 나 자신의 논문과 가장 가깝다. 그는 결국 자신을 개혁주의 전통에 속하는 신학자로 밝힌다. 그의 논문은 여러 면에서 나 자신의 논문보다 좀 더 보수적인 개혁주의 원죄 관점의 좋은 예다. 그 논문은 원죄책 개념을 포함하고 역사적 타락, 최초의 부부, 인류 일원설(모든 인간이 한 쌍의 부부의 후손이라는 아이디어)의 신학적 생존력을 가정한다. 나는 전통과 보조를 맞추고 가급적 적게 수정하려는 노력을 존경한다. 하지만 나는 그의 논문에 대해 몇 가지 우려를 갖고 있다.

첫 번째 우려는, 나머지 보편적인 교회 대비 개혁주의 신학의 위치와 관련된 신학적 고려사항이다. 그 교리에 대한 신학적 성찰의 "위대한 전통" 안에 상당한 다양성이 존재하는데, 이 사실에 대해서는 마두에미도 때때로 솔직하게 인정한다. 비록 그는 자기 주장의 토대를 특정한 형태의 아우구스티누스주의에 두고 있지만 말이다. 교회 역사에서 원죄 교리에 관한 다양한 설명이 존재하며, 이 책에 수록된 다른 논문들이 명백히 보여주듯이, 고백 노선을 따라 심각한 차이들이 상존한다. 아우구스티누스주의―개혁주의 형태는 존중할 만한 해석 전통이지만 하나의 해석일 뿐이다. 그것은 동방 정교회와 (역사상 및 오늘날 그리스도인의 다수를 점하는) 로마 가톨릭교회 그리고 개신교 내의 다양한 관점들을 포함하는 많은 목소리 중 하나다. 개혁주의가 그것을 올바로 이해했는가? 우리의 신학적 이해가 취약하다는 점에 비추어 나는 나름의 의심을 갖고 있다. 하지만 마두에미의 논문을 읽어보면 완전한 아우구스티누스—개혁주의 관점의 진리가 확고한 사실인 것처럼 생각될지도 모른다. 비록 내가 동일한 신학적 전통에 속하지만, 나는 우리 개혁주의 그리스도인들이 이 특정한 문제의 진리에 관해 독점권을 보유하고 있다고 주장하는 데 대해 좀 더 조심한다.

하나만 예를 들자면, 마두에미 교수는 그리스 교부들처럼 죄악된 행위에 대한 책임은 이런 행동들을 일으키는 도덕적 부패에 대한 책임을 암시하기 때문에 원죄책을 부인하는 사람들은 오해한 것이라고 생각한다. 하지만 이 말은 옳지 않다. 내가 고결하게 행동하는 것은 나의 본성 덕분이기 때문에 나의 본성이 칭찬받을 만하다는 것을 암시하는가? 확실히 그렇지 않다. 대안적으로, 그는 인간이 타고난 부패에 대해 책임이 없다면 우리는 그런 부패에서 나오는 사악한 행동들에 대해 책임이 있을 수 없다고 추론한다. 그러나 그 말도 옳지 않다. 그 자신의 견해에 따르면 인간은 선천적으로 고결한 존재가 아니라 죄인들이다. 하지만 그것이 타락한 인간이 그들이 행하는 고결한 행동에 대해 칭찬받을 만하지 않음을 의미하지는 않는다.

요점은 도덕적 인가나 비난은 (필연적으로) 인간이 그것을 지니고 창조된 도덕적 본성에 부착되는 것이 아니라 행위자가 수행하는 행동들에 부착된다는 것이다.

둘째, 근대 이전에는 원죄 교리의 핵심적인 요소들에 관해 합의가 이뤄졌었는데 현대의 신학자들에게 점진적으로 수용된 과학의 진보로 말미암아 그 합의가 깨졌다는 아이디어는 지나치게 단순하다. 더욱이 그것은 신학자들이 최근에 신학적 판단을 내림에 있어서 성경과 전통의 권위 있는 위치에 진지한 관심을 기울이면서 그 교리의 건설적인 형태들을 재정립하려고 세심한 노력을 기울인 데 대한 공정한 평가도 아니다.[1]

신학자들은 성경 텍스트들의 해석 전통과 신조, 신앙고백, 특정한 신학자들의 저술 등 이에 관한 신학적 권위가 있는 일련의 다른 자료들에 비추어 항상 성경의 텍스트들과 대화한다. 이 대화에는 자연 과학 등 다른 지식 분야와의 신학적 대화도 포함된다. 때때로 신학자들은 특정한 종류의 형이상학적 자연주의(대략적으로 말하자면, 물리적 세상이 존재하는 모든 것이고 따라서 물리적 세상에 대한 설명은 존재하는 것에 관해서만 설명하면 된다는 아이디어)처럼 "과학적" 합의로 인식된 것에 반대하는 특정한 신학적 입장을 유지해야 한다.[2] 그러나 때때로 현저한 증거가 있는 경우 우리는 과학자들에게 귀를 기울이고 성경을 읽는 방법을 재고**해야 한 다.**

우주론에서의 코페르니쿠스 혁명은 이 점에 관한 악명 높은 예로서, 그것은 특정한 성경 텍스트들(가령 시 19:1-6)에 대한 특정한 이해에 기초한 신학적 실수에 의해 방해를 받았다.[3] 그러나 자연 과학으로부터

1_ Ian A. McFarland, *In Adam's Fall: A Meditation on the Christian Doctrine of Original Sin* (Oxford: Wiley-Blackwell, 2010)은 이와 관련한 좋은 예다.

2_ 형이상학적 자연주의가 종종 자연 과학의 진술인 것처럼 인용되지만, 그것은 과학적 아이디어가 아니라 철학적 아이디어다.

3_ 성경의 우주론 및 그것이 우리의 우주론과 어떻게 다른지에 관한 이해하기 쉬운 개요는

적실성이 있는 증거가 있는 인간의 발달의 경우 우리는 이전의 문제들에 관해 새롭게 생각하는 방법들에 주의를 기울이기를 두려워하지 않아야 한다. 이것이 반드시 우리의 종교적 견해를 과학의 주도권에 맞추는 문제인 것은 아니다. 오히려 그것은 우리가 특정한 종교적 주장들의 성격을 오해했다고 암시하는 과학적 증거에 비춰서 특정한 종교적 견해들을 재해석하는 것에 관한 문제다. 코페르니쿠스의 사례의 경우 당시 종교 지도자들은 지구가 문자적으로 움직이지 않고 천체들이 지구 주위를 돈다고 암시하는 성경 텍스트들을 오해했다. 인간의 기원의 경우 나는 그 사례와 유사하게 적실성 있는 변화가 일어나고 있다고 주장한다.

그린에 대한 답변

조엘 그린의 논문은 몇몇 측면에서 나의 견해와 한 걸음 떨어져 있다. 그는 웨슬리주의-아르미니우스주의 원죄 교리에 대한 명확하고 그럴법한 논거를 제공하며 그것을 일종의 수정된 (아마도 **온건한**) 아우구스티누스주의로 간주한다. 그러나 우리의 입장들 사이에는 중요한 공통점이 존재한다. 나는 가장 현저한 몇 가지를 말하려고 한다.

우선 웨슬리주의의 개념적 내용을 제시하면서 그린은 다음과 같

Robin A. Parry, *The Biblical Cosmos: A Pilgrim's Guide to the Weird and Wonderful World of the Bible*(Eugene, OR: Cascade Books, 2014)을 보라.

이 쓴다. "웨슬리의 원죄 교리는 인간의 부패한 본성과 죄의 편재성을 강조했지만, 그는 원죄의 전달이 죄책의 전달을 포함한다는 아이디어를 배제했다. 아무도 아담의 죄책 때문에 영원한 저주를 받지 않을 것이다." 웨슬리주의의 이 설명에서는 원죄책이 배제될 뿐만 아니라 죄가 질병으로 간주되는데, 이 요소들은 모두 내가 옹호해온 온건한 개혁주의 입장과 일치한다. 그린은 자신의 논문의 말미에서 웨슬리에게 있어서 인간의 죄의 주된 의의는 구원론적이었음을 긍정한다. 즉 그것은 인간이 그리스도 안에서의 구원, 즉 질병의 치유를 필요로 한다는 점을 명확히 했다. 나는 이 점도 옳다고 본다.

그린 교수는 또한 우리가 죄 교리를 특별한 원인론, 즉 죄의 기원에 대한 특정한 방식의 이해와 결합하지 않는다고 생각한다. 모든 인간의 공통 조상이 되었고 인간 가족에 죄를 들여온 역사적인 최초의 부부가 있었는가? 그린은 그런 견해에 대해 회의적이며, 인류 일원론을 요구하지 않는 원죄 교리에 관해 생각하는 하나의 방법을 제공하는 이야기로써 그의 논문을 마무리한다. 이 점 역시 내가 이 곤란한 신학적 문제에 관해 판단을 내리는것과 떼어내어 생각하는 방식과 궤를 같이한다.

하지만 우리의 견해들은 곳곳에서 갈라진다. 예컨대 그린 교수는 웨슬리의 선행 은총 교리를 인정한다. 한 각주에서 그는 역사신학자인 로저 올슨의 의견에 동의하면서 그를 인용한다.

아르미니우스의 신학과 고전적인 아르미니우스주의에 나타난 인간의 자유 의지는 자유롭게 된 의지로 지칭하는 것이 좀 더 적절하다. 은혜가 의지를 죄와 악에 대한 속박으로부터 해방하고, 의지에게 구원하는 은혜에 저항하지 않음으로써 그 은혜와 협력할 수 있는 능력을 준다(그것은 은혜의 사역에 기여하는 것과는 다르다!)[4]

이 설명은 개혁주의의 의지의 속박에 대한 설명과 일치하지 않으며, 개혁주의 전통의 (나 자신을 포함한) 대다수 학자에게 있어서 그것은 신학적 양립론의 한 형태다.[5] 그러나 이 점에 관해 좀 더 언급하면 본론을 너무 벗어나게 될 것이다. 아무튼 이 문제에 관한 웨슬리주의의 견해와 개혁주의의 견해 사이의 차이는 잘 알려져 있다.

이제 나는 두 번째 불일치 영역을 언급하고자 한다. 그린 교수는 그의 논문의 중간 지점에서 다소 시간을 들여서 원죄 교리에 관한 성경의 토대에 관해 생각한다. 그는 원죄 개념에 관한 성경의 토대가 별로 없다는 입장을 유지한다. 그에 따르면 타락 내러티브는 훗날 구약성경이나 중간기의 작품들에서 죄에 관해 논의할 때 자명하지 않으며, 바울(또는 야고보)의 죄에 관한 설명에서 출발점도 아니다. 그는 로마서 5:12에 대한 아우구스티누스의 번역은 실수라는 상당히 흔한 주장을 한다(이 점은 이 책에 대한 앤드루 라우스의 건설적인 기고문에서도 다소 다른 방식으로 논의되었다). 그린 교수에 따르면 **에프 호 하마르톤**(ἐφ' ᾧ πάντες ἥμαρτον)이라는 어구는 아담이 "그 안에서" 모든 사람이 죄를 지은 인물임을 암시하지 않는다(아우구스티누스는 이 어구를 오해했다). 오히려 그 어구는 "모든 사람이 죄를 지었기 때문에"로 번역되어야 하는데, 그린은 그것을 전체

4_ Roger E. Olson, *Armininan Theology: Myths and Realities* (Downers Grove, IL: InterVarsity Press, 2006), 142.

5_ 신학적 양립론은 (아주 대략적으로 말하자면) 하나님이 일어나는 모든 것을 결정하시는 데 이것이 인간의 자유와 일치하거나 양립가능하다는 아이디어다. 다른 곳에서 나는 인간의 자유 의지와 관련해서 개혁주의자이면서 자유 의지론자일 수도 있다고 주장했다. 예컨대 Oliver D. Crisp, *Deviant Calvinism: Broadening Reformed Theology*(Minneapolis: Fortress Press, 2014)를 보라.

구절의 맥락에서 "한 사람을 통해 죄가 세상에 들어오고 죄를 통해 죽음이 들어온 것과 같이, 모든 사람이 죄를 지었기 때문에 죽음이 모든 사람에게 왔다"로 번역한다. 그린 교수는 바울 신학의 좀 더 넓은 맥락에서 볼 때 바울의 입장은 전통적인 아우구스티누스주의자들이 생각한 것보다 훨씬 더 온건하다고 주장한다. 아담의 최초의 행동의 결과로서 "패권을 잡은 힘으로서의 죄가 세상에 풀어졌고, 아담의 불순종이 일련의 결과를 일으켜 하나의 죄가 다른 죄로 이어진다. 이것은 죄가 인간의 조건에 기본적이기 때문이 아니라 아담이 모든 인간에게 패턴을 정해 두었기 때문이다." 이 연결에서 그는 (내가 보기에는 올바로) 이 점에 관한 바울의 관심사가 우리의 관심사와 일치하지 않을 수도 있음을 지적한다. 우리는 후대에 발전된 아우구스티누스의 원죄 교리를 바울에 소급해서 해석하는 시대착오를 주의해야 한다.

나는 그린 교수가 이 논문에서 말하는 많은 내용에 공감하지만 몇 가지 주의사항을 열거하고자 한다. 우리는 특정한 전통에서 어떤 개념이 언급되는 빈도와 그것의 중요성을 혼동하지 않아야 한다. 성경에 삼위일체라는 단어가 등장하지 않으며, 성경은 삼위일체 교리에 관한 명확하고 모호하지 않은 진술을 포함하고 있지도 않다. 그러나 나는 **삼위일체** 교리가 신약성경이 완성되고 나서 몇 세기가 지난 후에야 명확하게 진술되었기 때문에 기독교 신앙에서 그 교리를 삭제할 수 있다고 진지하게 주장하는 신학자를 상상할 수 없다. 나는 성경에 나타난 죄와 원죄에 관해서도 마찬가지라고 생각한다. 원죄라는 단어가 성경 텍스트에서 언급되지 않고 그 교리가 어느 곳에서도 명확하게 진술되지 않지만, 그렇다고 해서 원죄 교리가 성경 텍스트의 올바른 이해에 들어맞지 않는 교리인 것은 아니다.

둘째, 로마서 5:12이 어떻게 해석되어야 하는가에 관해 그린 교수 등이 옳다는 것과 따라서 아우구스티누스의 번역이 틀렸다는 것을 인정한다고 하더라도, 그것이 필연적으로 "아담의 타락 안에서 우리 모두 죄를 지었다"는 아우구스티누스의 주장(『뉴잉글랜드 초급 독본』[New England Primer]에서 반복되었다)이 틀렸음을 의미하지는 않는다. 로마서의 이 단락의 아담 기독론을 둘러싸는 로마서 5:19절이 "한 사람이 순종하지 아니함으로 많은 사람이 **죄인 된 것** 같이 한 사람이 순종하심으로 많은 사람이 의인이 되리라"라고 말하기 때문이다. 이 대목에서 적실성이 있는 어구는 **하마르톨로이 카테스타테산 호이 폴로이**(ἁμαρτωλοὶ κατεστάθησαν οἱ πολλοί)—즉 "많은 사람들이 죄인들로 만들어졌다[죄인들이 되었다]"—다. 한 사람(아담)의 죄가 많은 사람을 죄인으로 만드는 것처럼 한 사람(그리스도)의 의로움이 많은 의인을 만들어낼 것이다. 이 말이 옳다면 이 구절은 바울의 아담 기독론에 관해 그린의 독법이 제안하는 것보다 아우구스티누스의 독법에 훨씬 더 가까운 것으로 보인다. 모형론은 아담이 행하는 뭔가가 하나님이 보시기에 많은 죄인을 **만들어내고** 그리스도가 하시는 뭔가가 많은 의인을 **만들어낸다**고 말하기 때문이다.

이것이 모든 사람이 아담 안에서 죄를 지었다고 말하는 것과 동일하지는 않지만 그것은 우리가 모두 아담**처럼** 죄를 지었다고 밀하는 것보다는 상당히 강하다.[6]

6_ 이와 관련해서 적실성이 있는 또다른 신약성경 구절은 히 7:10이다. 그 구절은 멜기세덱의

게다가 그린은 자신의 인정을 통해 그의 독자들에게 원죄에 관해 생각하는 특정한 방식, 즉 웨슬리주의-아르미니우스주의 신학 전통과 일치하는 설명을 제공한다. 자연적으로, 그가 원죄 교리 및 신학의 역사에서 그 교리의 전개에 관한 성경의 토대를 이해하는 방식은 웨슬리주의-아르미니우스주의의 출발점이 되는 가정들을 반영한다. 물론 그렇다고 해서 그가 틀렸다는 뜻은 아니다. 그것은 단지 그의 입장이 성경과 교리에 일치하는 죄 교리에 관해 생각하는 **유일한** 방법이나 유일하게 **타당한** 방법이 아님을 의미할 뿐이다. 건설적인 신학적 입장을 제시할 때 해석상의 의사결정과 신학적 의사결정이 이뤄져야 하는데, 이 점은 조직신학자와 성경신학자 모두에게 해당한다. 나는 그린 교수(그 자신이 하찮은 신학자가 아니다)도 이 점에 동의할 것으로 확신한다.

라우스에 대한 답변

앤드루 라우스 교수는 인간의 죄―동방 정교회에서는 그것이 대개 조상의 죄로 불린다―와 그것이 창조세계 전체에 끼치는 영향에 대한 동방 정교회의 명확하고 간략한 이해를 제공하는 논문을 썼다. 신학적으로 말하자면 그것은 나의 입장과 한 걸음 더 떨어졌다고 할 수 있다. 그래서 나는 네 명의 대화 상대자의 입장 중 세 번째로 그의 입장을 다룬

제사장직이 레위의 제사장직보다 낫다고 주장하면서 레위는 "멜기세덱이 아브라함을 만날 때에 이미 자기 조상의 허리에 있었다"고 말한다. 이 구절은 몇 가지 재미 있는 형이상학적 문제들을 제기하는데, 나는 지면 관계상 이 대목에서 그것들에 관해 충분히 설명하지 못한다.

다. 라우스 교수가 그의 논문에서 독자들에게 제공한 내용은 그가 최근에 쓴 정교회 신학 개요에 대한 훌륭한 짝이다.[7]

그는 우리가 예상할 수 있는 바와 같이 자신의 관심사를 그리스어를 말하는 동방 교회와 라틴어를 말하는 서방 교회 사이의 개념상의 간극 관점에서 틀을 짠다. 하지만 그는 이것이 훨씬 깊은 차이를 잘못 나타낸다고 생각한다. 이것은 신학적 출발점의 차이다. 서방 교회들은 타락에서 시작해서 아담의 최초의 죄에 연루된 인간의 부패와 죄책에 대한 이해를 통해 구원 교리를 고려하는 방향으로 이동한다. 이와 대조적으로 동방 교회는 하나님의 형상으로 창조된 인간에서 시작해서 **신화**—그것은 타락의 우주적 함의에 의해 방해를 받았다—를 통해 하나님과 친교를 누리는 인간의 삶에 대한 이해로 이동한다. 정교회의 대안이 죄를 다루기는 하지만(엄밀히 말하자면 그것은 **원죄**가 아니지만 말이다), 그것은 그리스도를 통한 신적 생명에 참여하는 것에 관해 더 많이 말한다. 라우스의 말마따나 동방 정교회는 "타락-구속이라는 좀 더 작은 신학적 호(arc)가 창조-신화라는 좀 더 큰 신학적 호에 종속한다"고 생각했다.

내가 나의 기고문에서 명시하지는 않았지만 나는 이 대목에서 라우스의 관심사에 공감한다. 하지만 나는 이 점과 관련해서 개혁주의 전통의 중요한 대표자들이 그보다 전에 그런 관심을 표명했다고 말하지 않을 수 없다. 예컨대 20세기 스코틀랜드의 신학자인 토머스 F. 토랜스

7_Andrew Louth, *Introducing Eastern Orthodox Theology* (Downers Grove, IL: IVP Academic, 2013).

의 저술은 "인간이 하나님이 될 수 있도록" 하나님이 "인간이 되셨다"는 아타나시오스의 아이디어를 반향한다. 나 자신의 최근의 몇몇 저술은 라우스가 주장하는 바와 같이 인간을 신적 형상과 신화(이는 토랜스의 관점을 어느 정도 반향한다)에 대한 우리의 필요 관점에서 생각하는 개혁주의의 방식을 제공하려는 노력이었다.[8]

나는 라우스가 구원이 아담의 죄책으로부터의 해방에 관한 것이라기보다 사망의 패배에 관한 것이라는 교부의 개념을 지적하는 것도 옳다고 생각한다. 그러나 내가 나의 논문에서 지적하려고 한 바와 같이 이점에 관해서도 서방 교회의 신학에 적어도 이런 정서의 일부분을 반향하는 자료들이 있다. 마지막으로, 나는 라우스가 최초의 죄의 우주적 중요성과 (정교회의 사고 방식에서) 우리의 죄가 우리 조상들의 사악한 행동까지도 포함하는 축적된 죄의 그물의 일부임을 지적하는 것도 옳다고 생각한다. 우리는 이 그물에 얽혀 있으며 신적 은혜가 없이는 스스로 이 그물에서 빠져나올 수 없다.

하지만 나는 라우스의 설명에 존재하는 중요한 난점들도 열거하지 않을 수 없다. 조상의 죄 교리를 우리의 최초의 부모에게까지 거슬러 올라가는 인간의 사악함의 그물이란 관점에서 설명하는 맥락에서 그는 이것이 죄에 대한 설명으로 **충분한가**라는 문제를 제기한다. 그의 말마따나 나 자신과 같은 원죄 교리의 옹호자들에게는 조상의 죄 견해가 "누군가가 (비록 매우 예외적이기는 할지라도) 비난할 점이 없는 삶을 살 수

8_Oliver D. Crisp, *The Word Enfleshed: Exploring the Person and Work of Christ* (Grand Rapids, MI: Baker Academic, 2016)를 보라.

있는 가능성을 열어두는 것처럼 보인다." 그리고 이 점은 아우구스티누스가 펠라기우스의 교리에 대해 가졌던 근본적인 우려였다. 문제는 라우스가 그의 입장에 대한 이 반대를 결코 정면으로 다루지 않는다는 것이다. 그는 동방 정교회의 조상의 죄 교리가 실제적으로 죄가 없는 사람의 존재 가능성에 대한 개념상의 여지를 남겨둔다는 전통적인 아우구스티누스주의의 이의를 어떻게 피할 수 있는지를 결코 설명하지 않는다. 나는 이것이 그의 설명에서 심각한 공백이라고 생각한다.

온건한 개혁주의 원죄 교리에 공감하는 사람들은 원죄책 개념을 포용하고 싶지 않을 것이다. 하지만 우리는 확실히 인간 본성의 도덕적 타락에 관해 뭔가를 말할 필요가 있다. 즉 우리는 조상의 죄 이상의 뭔가를 긍정할 필요가 있다. 우리는 원죄 같은 뭔가를 확언할 필요가 있다. 내가 라우스의 견해나 좀 더 일반적으로 정교회의 견해가 펠라기우스의 교리라거나 그것을 암시한다고 주장하는 것이 아니다. 하지만 나는 라우스가 제시하는 정교회의 견해가 그 자체로는 충분치 않으며, 아우구스티누스주의 전통에 서 있는 그리스도인들에 의해 제기된 우려들을 다룰 필요가 있다고 제안한다. 그들의 입장에서는 신학적 인류학에 대한 만족스러운 설명을 제공하는 문제에 있어서 "누군가가 (비록 매우 예외적이기는 할지라도) 비난할 점이 없는 삶을 살 수 있는 가능성"은 참으로 큰 신학적 우려다.

와일리에 대한 답변

나는 원죄 교리의 발전에 관한 타사 와일리의 책[9]을 읽고 유익을 얻었다. 나는 이 책에 수록된 그녀의 논문으로부터도 배웠다. 하지만 그녀가 자신의 기고문에서 전개하는 입장은 나 자신의 입장과 가장 거리가 있다. 따라서 나는 그녀의 기고문을 가장 나중에 고려한다. 와일리는 20세기 예수회 신학자인 버나드 로너건의 저술에 의존해서 진화적 발달에 비추어 원죄 교리를 재구성하려고 한다. 로너건의 초월적인 방법이 와일리의 논문에 배어 있다. 그녀의 사고방식에서는 창세기 1-3장에 수록된 원시의 서막에 발생한 인간의 타락 이야기와 인간의 발달에 관한 진화적 이해가 양립할 수 없는 내러티브를 통해 같은 데이터를 설명하려고 하는 경쟁자가 아니다. 오히려 이것들은 "완전히 다른 평면에 있는 진리임에 틀림 없다." 창세기 내러티브는 상징적일 뿐이고 과학적 내러티브는 현실적이다. 로너건과 마찬가지로 와일리는 죄를 근본적으로 **진정성**의 실패로 여긴다. 그녀는 과학적 변화에 직면해서 창세기의 이야기를 강화하려는 현대의 노력을 넘어 "그 교리가 한층 더 발전하기를" 원한다. 그녀는 다음과 같이 쓴다.

원죄 교리가 한때 대체로 은유적이고 상징적인 이해에서 좀 더 이론에 기초한 이해로 옮겨갔듯이, 그 교리는 이제 좀 더 확인 가능한 내부성의 범주들 안에 기초한 추가적인 차별화를 통해 변화될 필요가 있

9_ Tatha Wiley, *Original Sin: Origins, Developments, Contemporary Meanings* (Mahwah, NJ: Paulist Press, 2002).

다. 그곳에서 우리는 "지속된 비진정성", 즉 인간이 진정성을 지속할 수 없음이 우리의 "근원적인 죄"의 핵심적인 의미임을 발견한다(208쪽).

와일리의 설명에 대해 두 가지를 언급하고자 한다. 첫째, 나는 현대의 신학자들이 과학의 발전으로 말미암아 제기된 원죄 교리에 대한 도전을 진지하게 여길 필요가 있다는 데 동의하지만, 이것을 위해 현대의 신학자들이 와일리가 주장하듯이 수정주의자가 되어야 하는지가 내게는 전혀 명확하지 않다. 나는 원죄 교리의 본질적인 내용에 관해 주의 깊게 반추할 좋은 이유가 있다고 생각한다(나는 나의 건설적인 논문에서 그 점을 명확하게 밝혔기를 바란다). 하지만 내가 염두에 두고 있는 온건한 수정(만일 그것이 수정이라면 말이다)은 그 교리의 전면적인 재구성(내게는 와일리가 그것을 추천하는 것으로 보인다)과는 다르다. 나 자신의 견해는 고백주의 전통 안에 위치하는 반면에, 와일리의 견해는 중요한 면에서 고백주의를 넘어 신학적으로 구성적인 방향으로 나아간다. 신학에서 전통에 대해 중대한 수정을 가하려면 그에 상응하는 중대한 논거가 필요하다. 혹자가 코페르니쿠스주의자일 경우—오늘날 거의 모든 현대인은 코페르니쿠스주의자일 것이다—성경의 우주론의 순진한 견해에 대한 조정을 비교해보라. 그런 변화가 오늘날 우리에게는 직관적으로 보이지만, 우리는 그런 변화에 대한 좋은 이유들, 즉 설득력이 있는 이유들도 제시할 수 있다. 이 대목에서 내가 주장하는 요점은 내게는 와일리의 논문으로부터 그녀가 옹호하는 종류의 교리 재구성이 **설득력이 있는** 이유가 무엇인지 명확하지 않다는 것이다. 그녀가 나로 하여금 자기가 제안하는 상당히 포괄적인 변화가 필요한 이유를 인식하게 만들려면 그녀가 이곳에서 말한 것보다 더 많이 말할 필요가 있을 것이다.

둘째, 그리고 좀 더 간단하게 말하자면, 와일리가 채택하는 논증의 많은 부분이 로너건의 초월적인 토마스 아퀴나스주의에서 발견되는 개념들에 의존하는 점에 비추어볼 때, (나처럼) 로너건이 전개하는 토마스 아퀴나스주의에 우호적이지 않은 사람들에게는 그녀의 (그리고 그의) 인도를 따를 이유가 거의 없을 것이다. 그 결과 나는 나 자신의 입장이 중요한 측면에서 와일리의 설명과는 거리가 멀다고 생각한다.

8장
웨슬리주의 관점의 답변
조엘 B. 그린

먼저, 이 책에 수록된 대화 상대자들에게 감사의 말을 하고 싶다. 나는 그들 각자로부터 배웠다. 나는 앤드루 라우스가 원죄에 대한 정교회의 접근법에 대해 주의 깊게 설명한 것과 그의 논문이 그의 교회 전통과 신학 전통의 심오한 뿌리에 관한 뭔가를 제시한 방식에 대해 감사한다. 나는 한스 마두에미가 아우구스티누스-개혁주의 견해―그것은 그가 지적하는 바와 같이 종종 원죄 교리로 여겨져왔다―를 열렬하게 방어한 데 대해 감사한다. 나는 원죄 교리 개념이 제시되어 왔고 지금도 계속 제시되고 있는 다양한 방식에 대한 타사 와일리의 이해와 우리의 신학 연구가 현대 과학을 소홀히 할 수 없다는 그녀의 인식, 그리고 그에 따라 원죄 교리를 재구성하려는 그녀의 노력에 대해 감사한다. 나는 또한 올리버 크리스프가 제시하는 온건한 개혁주의 관점의 모범적인 평화주의와 명확성에 대해 감사한다. 존 웨슬리는 칭의 교리에 관해 저술했는데 그의 입장은 칼뱅의 입장과 "머리카락 넓이"만큼도 차이가 없었다.[1]

1_John Wesley, "Letter to John Newton, 14 May 1765," in *The Letters of John Wesley*, ed. John

원죄에 대한 크리스프의 칼뱅주의 설명과 웨슬리주의의 설명에 대해서는 그렇게 말할 수 없지만, 그의 제안은 이 문제에 관한 웨슬리주의자와 개혁주의자 사이의 대화를 위한 문을 연다. 물론 내가 나의 원래 논문에서 지적한 바와 같이 웨슬리주의의 원죄 신학은 동방 교회의 신학자들을 포함하여 초기 교회의 견해로부터 많은 영향을 받았다. 따라서 많은 웨슬리주의자들이 라우스의 글을 읽고 마음이 따뜻해지는 것은 놀랄 일이 아니다.

둘째, 나는 대화 상대자들과 상호작용할 때 각자를 순서대로 다루고 그럼으로써 동의하는 점과 동의하지 않는 점을 나타내는 방법을 피하고자 한다. 그 대신 나는 내가 그들의 기고문을 읽고서 제기된 세 가지 전반적인 관심사를 적시할 것이다. 그중 두 가지는 신학 방법의 문제, 특히 신학적 성찰을 위한 주요 자료로서 무엇이 중요한가와 관련이 있다. 신학에서 성경의 역할은 무엇인가? 신학이 자연 과학을 어떻게 설명해야 하는가? 세 번째는 긴급성은 덜하지만 그럼에도 중요한 문제로서, 우리가 교회의 원죄 교리 이해를 어떻게 특징지우는가에 집중된다.

Telford (London: Epworth, 1931), 4:298. Don Thorsen, *Calvin vs. Wesley: Bringing Belief in Line with Practice*(Nashville: Abingdon, 2013)에 수록된, 이 점 및 관련 사안들에 관한 Wesley와 Calvin의 입장 비교를 보라.

성경과 신학

나는 나의 대화 상대자 중 일부 학자가 성경의 증언이 별로 필요치 않다고 생각하거나 성경 연구에 관심이 별로 없거나 성경 연구를 별로 인정하지 않는 것으로 보이는 것이 곤혹스럽다. 마치 성경과의 대화가 없이도 교리 형성이 진행될 수 있다거나 신학적 주해라는 어려운 작업과 무관하게 특정한 어구들의 의미가 자명하기라도 한 것처럼 말이다. 역사적으로 및 오늘날 많은 논의에서 중추적인 로마서 5-7장이 많은 해석 작업의 초점이었음을 생각할 때 후자의 요점에 관한 나의 우려가 악화된다. 이 우려를 제기하면서 나는 무엇이 학문적인 성경 연구를 구성하는지에 관해 동방 교회의 전통이 서방 교회의 이해와 다르다는 것도 알고 있다. 동방 교회 전통은 유비적인 해석과 동방 교회가 교부들의 주해에 부여하는 특권을 강조하는 반면에, 서방 교회의 전통은 다양한 형태의 역사적 분석에 대한 헌신을 유지한다. 나는 성경 연구와 조직신학 사이에 수십 년간의 난처한 관계가 있다는 것도 알고 있다. 현대에 들어와서 성경학자들은 점점 자신을 역사가로 규정했고, 그 결과 점점 (에른스트 브라이자흐의 말로 표현하자면) "교훈, 헌신, 오락 또는 선전에 대한 실제적인 관심이 없는" 방향으로의 이동에 몰입하는 프로젝트에 참여했다.[2] 성경 연구들은 신학 연구가 기독교 성경에 나타난 관점의 다양성을 강조하기 때문에(아주 많은 음성이 말하는데 우리가 어떻게 성경에서 하나님의 음

2_Ernst Breisach, *Historiography: Ancient, Medieval, and Modern*, 2nd ed. (Chicago: University of Chicago Press, 1994), 323.

성을 들을 수 있는가?), 그리고 현대의 신학 연구들이 "성경의 낯선 세계"를 현대의 삶과 비교할 때 심오하게 다른 것으로 묘사하는 경향이 있기 때문에 신학 연구에 우호적이지 않았다. N. T. 라이트는 다음과 같이 올바로 지적한다. "많은 조직신학자들이…역사적 각주들의 산이 신학적 통찰의 생쥐를 낳기를 기다리는 것을 참지 못하게 되었다."[3] 하지만 이런 문제들을 인식한다고 해도 성경의 증언이 어떻게 원죄 교리의 형성에 기여할 수 있는가라는 핵심적인 문제를 해결해줄 수 없다.

예컨대, 잠시 바울의 로마서에 초점을 맞춰보자. 바울은 실제로 로마서 1-7장에서 죄에 관한 세 개의 설명을 제공한다.[4] 첫 번째 설명(롬 1:18-5:11)에서 그는 조물주보다 피조물을 선택하고 그 결과 자신의 욕망과 왜곡에 굴복한 인간 가족의 이야기를 서술한다(롬 1:18-32). 이 대목에서 원형적인 죄는 우상숭배다. "그들은 썩어지지 아니하는 하나님의 영광을 썩어질 사람과 새와 짐승과 기어다니는 동물 모양의 우상으로 바꿨다"(롬 1:23).[5] 우상숭배에 이어 사악한 행동의 긴 목록이 열거된다. 인간의 행위는 신적 반응으로 이어지는데, 하나님은 인간의 선택을 반사해서 인간을 그들의 욕심에 넘겨주신다(롬 1:24, 26, 28). 결국, 영리한 언어 유희로 표현하자면, "그들이 하나님을 인정하는 것이 가치가

3_ N. T. Wright, "The Letter to the Galatians: Exegesis and Theology," in *Between Two Horizons: Spanning New Testament Studies and Systematic Theology*, ed. Joel B. Green and Max Turner (Grand Rapids, MI: Eerdmans, 2000), 206.

4_ 다음 문헌들을 참조하라. Susan Grove Eastman, *Paul and the Person: Reframing Paul's Anthropology* (Grand Rapids, MI: Eerdmans, 2017), 109-25; Simon Gathercole, "Sin in God's Economy: Agencies in Romans 1 and 7," in *Divine and Human Agency in Paul and His Cultural Environment*, ed. John M. G. Barclay and Simon J. Gathercole (London: T&T Clark, 2007), 158-72.

5_ 달리 언급되지 않는 한 이 장의 영어 성경 텍스트의 번역은 Common English Bible을 따른다.

있다고 생각하지 않았기 때문에" 하나님이 그들을 가치가 있는 것을 구분하지 못하는 사고방식에 넘겨주셨다(롬 1:28. 개역개정을 사용하지 아니함).[6] 그 이야기의 배후에서 창세기 2-3장의 아담 이야기가 어렵지 않게 상기된다. 제임스 D. G. 던의 말마따나 로마서 1:18-32은 "하나님을 아는 지식을 악용하고 창조물의 지위를 벗어나려고 해서" 이스라엘과 실로 모든 인간을 특징지울 우상숭배의 패턴을 수립한 아담의 삶을 반영한다.[7] 기본적인 죄를 이렇게 우상숭배로 적시하는 점에 비춰볼 때 로마서 1장은 우리에게 이스라엘의 사악한 성향의 대표적인 사례인 황금 송아지 이야기(출 32장)를 상기시킬 수도 있다. 로마서의 이 단락 곳곳에서 우리는 거듭해서 죄를 인간의 행동의 발현으로 언급하는 것을 발견한다.

인간은 죄를 짓고(롬 2:12; 3:23), 악한 일을 하라고 서로 조언하며(3:8), 사악한 행동을 실행한다(1:32; 2:1-3).

두 번째 설명은 죄―더 적절하게 표현하자면 **죄의 힘**(악의가 있고 노예화하는 힘)―를 사악한 행동에 관여하도록 영향을 주거나 그렇게 하도록 야기하는 동인으로 적시한다(롬 5:12-7:6. 이에 관해서는 이 책에 수록된 나의 본 논문에서 좀 더 자세하게 언급했다). 한편으로는 **죄의 힘**이 세상에 들어왔고 사망 안에서 다스렸다(5:12-21). 다른 한편으로 모든 사람이 죄

6_ 즉 그들이 하나님을 인정하지 않은 것(οὐκ ἐδοκίμασαν τὸν θεόν)이 그 후 그들의 부적합한 마음(ἀδόκιμον νοῦν)에 반영된다.

7_ James D. G. Dunn, *Romans 1-8*, Word Biblical Commentary 38A (Dallas: Word, 1988), 53, 『로마서 상』, 솔로몬 역간. 창 2:9과 롬 1:19에 **그노스토스**(γνωστός, 알려진)가 반복된 것과 창 2:17; 3:5, 7, 22과 롬 1:21에서 동사 형태 **기노스코**(γινώσκω, 알다)가 사용된 것을 주목하라.

를 지었기 때문에 모든 사람에게 사망이 왔다. 즉 아담**과** 그의 불순종이 인간 가족에게 파급 효과를 끼쳤기 때문에 **죄의 힘**이 세상에 들어왔다. 이 파급 효과를 어떻게 설명하는 것이 가장 좋은가가 원죄 교리에 있어서 곤란한 문제들 중 하나다. 혹자는 카오스 이론(인간 가족을 초기 조상들의 행동을 통해 정상적인 상태에서 벗어난 시스템으로 이해한다)이나 창발 이론(**죄의 힘**/죄를 인간을 사로잡기도 하면서 인간의 행동을 통해 발생하는, 창발하는 실체로 이해한다)과의 유비에 의존할지도 모른다.[8]

본론에서 벗어나서 나는 로마서 5:12에 관한 라우스의 언급에 대해 답변하고자 한다. 아우구스티누스의 라틴어 텍스트는 바울의 그리스어에 대해 완벽하게 수용할 만한 번역이기 때문에 아우구스티누스가 바울 서신의 이 텍스트를 오해했다는 라우스의 주장은 옳지 않다. 나는 라우스가 번역자들이 어떻게 작업하는지 또는 어느 텍스트의 **가능한** 의미와 **실제** 의미를 구별하는 기본적인 어의론을 모르지 않는다고 확신하기 때문에 이 언급을 어떻게 이해해야 할지 알기 어렵다. 하나만 예를 들자면 2018년 NBA 결승전에서 IBM의 수퍼 컴퓨터 왓슨(Watson)을 농구 분석가로 묘사한 광고가 방송되었다. 왓슨은 익살스럽게 3점슛을 "인구가 밀집한 도시 지역에서 도약한 선수가 못을 박은 것"(nail[ing] a jumper from a densely populated urban area)으로 묘사했다. 인간 해설자가 컴퓨터의 표현을 바로잡았다. "그 슛은 '먼 번화가'에서 던져졌습니다"(미국에서 3점슛을 관용적으로 downtown에서 던졌다라고 표현함─역자 주).

8_후자에 관해서는 Matthew Croasmun, *The Emergence of Sin: The Cosmic Tyrant in Romans* (Oxford: Oxford University Press, 2017)를 보라.

나는 다소 어색하기는 했어도 왓슨의 용어가 정확했지만 그 방송 상황에서는 의미가 그다지 잘 통하지 않았다고 생각한다. 마찬가지로 우리는 바울이 사용한 그리스어를 라틴어나 영어로 번역하는 것은 이 단어를 저 단어로 대체하는 문제나 단순히 무엇이 가능한지를 결정하는 문제가 아님을 인식한다. 따라서 주석가들이 아우구스티누스의 텍스트가 바울의 그리스어를 잘못 번역한 것이라고 말할 때 그들은 바울의 그리스어가 다른 방식으로 읽힐 수 없다고 말하는 것이 아니라 바울의 담론은 그 단어들이 아니라 이 단어들로 가장 잘 표현된다고 말하는 것이다.[9] 따라서 바울이 사용한 어구 **에프 호**(ἐφ' ᾧ)가 암브로시아스터와 아우구스티누스가 해석한 것처럼 "그 안에서", 즉 아담 안에서 죄를 지었다는 언급이 아니라 인과 관계의 표지로서, 즉 "모든 사람이 죄를 지었으므로"로 번역된다는 우리의 이해는 큰 차이를 만들어낸다.[10] 모든 사람이 아담 안에서 죄를 지었다는 해석은 바울을 아우구스티누스주의자로 삼는 셈인데, 이는 교회사의 처음 몇 세기에 바울의 말을 읽었던 사람, 즉 그곳에서 아우구스티누스와 그의 동류들 가운데서 대두된 원죄 개념의 토대를 발견하지 못한 사람들에게는 놀라운 처사일 것이다.

인간의 죄악성에 관한 바울의 세 번째 설명(롬 7:7-25)은 "그런즉 우리가 무슨 말을 하리요? 율법이 죄냐?"라는 질문에 대한 사도의 답변을 구성한다. 바울의 즉각적인 답변은 "그럴 수 없느니라!"다(롬 7:7). 이 대목에서 우리는 로마서 1장에 제시된 바울의 설명과 그가 로마서 5-6

9_*Experiences in Translation*, Toronto Italian Studies (Toronto: University of Toronto Press, 2001)에 수록된 Umberto Eco의 설명을 참조하라.
10_나의 논문 중 119-122쪽에 수록된 내용을 보라.

장에서 주장한 내용에 기초한 **죄의 힘**에 대한 그의 관점의 핵심적인 내용 사이의 접촉점을 발견한다. 따라서 로마서 1장에 등장하는 두 행위자(인간과 하나님)가 **죄의 힘**과 율법으로 대체되며, 바울의 설명은 **죄의 힘**이 인간에게 가하는 책략으로 향한다. 이것을 예리하게 표현하자면 죄가 (율법을 거부하는 것이 아니라 율법에 대한 인간의 이해를 왜곡함으로써) 인간이 율법을 인식하는 방식과 인간이 자신의 행동을 인식하는 방식에 영향을 주어서(즉 인간이 선하다고 생각한 것이 사악한 것으로 드러난다), 율법이 금지하는 욕심을 일으킨다.[11]

바울에게 있어서 인간은 **죄의 힘**과 능력에게 희생당하지 않는다. 이 점은 로마서 1:18-32에서 명확히 드러나는데, 그 구절에서 하나님이 각 사람을 넘겨주는 것은 그 전의 인간 의지의 사악한 행사에 대한 대응이다. 로마서 5장에서도 인간은 의지를 지닌 존재, 즉 죄인이고 약한 존재이며 하나님의 원수로 묘사된다(6, 8, 10절). 더욱이 바울의 인간에 대한 묘사는 전체 인간 가족—연못 안에 자갈을 던질 때 물결이 바깥쪽으로 퍼지듯이 우리의 최초 조상들의 죄가 모든 시간과 공간을 망라하여 모든 인간에게 퍼진, 서로 연결되어 있고 서로 의존하는 인간 가족—에 관련된다. 바울은 인간 가족 전체의 죄 안에서의 연대를 강조하며, 인간의 죄악성은 인간의 연약성과 유죄의 표지이고 그 결과 모든 인간이 예외 없이 그리스도의 사역을 필요로 한다고 해석한다.

나의 앞선 논문을 부연 설명하자면 나는 로마서 1-7장에 제시된 죄와 죄악성에 관한 바울의 이해에 관해 몇 가지를 간략히 제시했다. 바

11_ 참조. Gathercole, "Sin in God's Economy."

울에 관해, 내가 앞에서 논의했던 다른 텍스트들(창 3장과 야고보서)에 관해, 그리고 다른 성경 자료들에 관해 좀 더 말할 수도 있다. 하지만 나는 나의 답변 섹션에서 내가 제기한 우려를 정당화하고 그것을 보여주기에 충분할 만큼 말했기를 희망한다. 이 대목에서 나는 이 책에 기고한 나의 몇몇 대화 상대자에게 좀 더 성경을 가지고 작업하고 성경 연구를 좀 더 참조하라고 촉구한다. 우리가—마치 우리의 신학적 성찰에서 다른 요인들은 작용하지 않는다는 듯이, 또는 우리가 하나님의 말씀의 다른 원천에 대해 마음이 열려 있지 않다는 듯이—성경 텍스트에서 교회의 교리로 순진하게 옮겨가지는 않지만 기독교 신학자들은 오랫동안 신학의 자료 중에서 성경이 가장 중요하며 권위 있는 역할을 한다고 주장해왔다.

성경의 관점을 교리의 융단 안으로 짜 넣는 유일한 방법은 없다. 그러나 우리가 로마서를 바울의 유대적 환경의 배경에 비추어, 그리고 로마서에 나타난 바울 자신의 주장과 관련해서 읽으면 바울은 단지 원죄 교리의 전통적인 많은 관심사에 답변하거나 기여하는 데 관심이 없음을 알 수 있다. 바울은 인간 가족 전체가 아담의 죄에 연루되었다고 단언하지 않고 대신 성경과 성경 밖의 유대교 텍스트들처럼 인간의 선택과 책임을 단언한다. 이는 우리가 원죄 교리의 몇몇 측면은 성경의 근거로부터 발전했다고 말할 수 있지만, 완전히 발달한 원죄 교리가 성경의 페이지들로부터 읽히기를 기다리고 있다고 주장할 수는 없음을 의미한다. 인간의 마음이 죄를 향해 기울고 죄가 인간 가족에 편만하다는 신학적 주장은 이 상황에 놓여 있다. 성경에서 **죄의 힘**에 관한 원인론은 덜 명확하며 이 명확성 결여도 원죄에 대한 우리의 설명을 제약해야 한다.

과학과 신학

신학이 세계를 포괄하는 학문 분야라는 말이 사실이라면, 신학은 연구를 수행할 때 모든 탐구 분야와 상의할 가능성이 있을 것이다. 그런데 나는 나의 대화 상대자 중 일부가 과학에 관해 거의 또는 전혀 알지 못하며 과학적 발견에 관해 중립적인 입장을 취하거나 과학에 대한 적대감을 나타낸 데 대해 당혹스럽다. 신학이 교회의 신앙, 증언, 실천들에 대한 비판적이고 건설적인 탐구라면 그것이 어떻게 자연 과학의 영향을 받지 않을 수 있는지 이해하기 어렵다.

　　나는 과학의 중요성에 관해 좀 더 말하기 전에 두 가지 주의 사항을 제시하려고 한다. 첫째, 나는 과학이 신학의 과제에 **어떻게** 영향을 줘야 하는지에 관해 어떤 주장도 하지 않는다. 마이클 풀러는 가능한 다섯 가지 반응을 개괄했는데, 이는 교회가 다윈을 최초로 수용한 것과 관련해서는 역사적인 것이고 인공 지능의 급격한 발달과 관련해서는 예기적인 것이다. 이 반응들은 (1과 2) 종교나 과학을 거절하는 것과 (3) 과학적 발견을 무시하는 것을 포함한다. 내가 보기에 이러한 세 가지 반응은 신학 연구에 적절하지 않다. (4) 과학 연구가 전통적인 신학적 아이디어에 어떻게 빛을 비춰줄 수 있는지 알기 위해 과학의 발달을 분석하는 과학의 "부드러운"(soft) 이용과, (5) "과학의 발견 사항들을 연구해서 그것들이 논박될 수 없다고 판단될 경우 그 발견 사항들에 비추어 전통적인 신학적 교리를 개조하는" 과학의 "딱딱한"(hard) 사용을 통해 과학에 좀 더 긍정적인 역할이 부여될 것이다. 풀러는 계속해서 다음과 같이 말한다.

이 개조는 순전히 문제가 되는 과학적 혁신의 영향하에 수행될 수도 있지만, 그 영향의 결과 문제가 되는 신학 자료에 대한 비판적인 재조사나 수세기 전의 대안적인 교리 설명의 재발견을 통해 수행될 가능성이 좀 더 클 것이다.[12]

풀러의 예표론을 사용해서 말하자면 나는 특히 원죄에 대한 논의에서 나의 대화 상대자들로부터 이 두 선택지에 관해 좀 더 많은 것을 기대했을 것이다.

두 번째 주의사항으로서, 나는 오늘날 소위 하드 과학(hard sciences)의 환원적 자연주의를 인식하기를 원한다. 이와 관련해서 신학자들과 자연 과학자들은 종종 특유의 마음의 습관을 통해 분리된다. 한쪽은 관찰할 수 있고 반복할 수 있는 자연의 인과 관계 사슬에 관심이 있고, 다른 한쪽은 타자(the Other)와 신비에 대해 좀 더 마음이 열려 있으며 초월적 의의를 포함하여 의미에 좀 더 초점을 맞춘다. 따라서 나는 신학과 과학 사이의 대조를 내러티브 관점에서 생각하는 경향이 있다. 같은 데이터 포인트(서사론 학자들은 이를 이야기의 요소로 부른다)를 사용해서 연구하면서도 과학자들과 신학자들은 그 데이터를 다른 방법으로 구성하며, 그 결과 그들은 그 데이터의 의미를 다른 줄거리상에서 설명한다(어느 쪽도 그런 데이터를 깡그리 무시하지 않아야 하지만 말이다).[13] 요컨대, 과학

12_ Michael Fuller, "A Typology for the Theological Reception of Scientific Innovation," *Science & Christian Belief* 12 (2000): 119-20.

13_ 이 구분에 관해서는 예컨대 Seymour Chatman, *Story and Discourse: Narrative Structure in Fiction and Film*(Ithaca, NY: Cornell University Press, 1978)을 보라.

이 경험적 관찰을 통해 우주를 훈련되고 체계적인 방식으로 조사하고, 하나님을 그것의 설명 범위 밖에 둔다고 하더라도, 그렇다고 해서 과학이 우리에게 하나님과 하나님의 방식에 관해 무언가를 말해줄 가능성을 부인하는 것은 아니다. 그리고 21세기 서양에서 과학의 발견 사항을 고려하지 않는 것은 신학 연구에 치명적인 것으로 보인다. 이 점은 우리의 문화가 점점 더 그런 발견 사항들을 인식하는 문화이기 때문만이 아니라, 과학이 불가피하게 신학적 성찰에 필수적이며 또 필수적이어야 하기 때문이기도 하다.

1,600년대에 자연 과학이 발달하기 시작한 것은 성경과 자연 세상으로 구성된 하나님의 두 책이라는 오래된 개념에서 영감을 받은 결과였다. 토머스 윌리스는 자신의 연구를 "신적 말씀의 또 다른 판에 새겨진 자연 총람과 좀 더 위대한 성경"에 대한 연구로 묘사했다. "이는 실로 두 책 모두에서…책의 저자, 그의 힘, 선함, 신뢰와 지혜를 보여주지 않는 페이지가 없기 때문이다."[14] 하나님이 세상을 만드셨다면 세상은 하나님의 성품을 나타낼 것이다.

많은 사람에게 있어서 자연 질서에 관한 이 관점은 바울의 말—"이는 하나님을 알 만한 것이 그들 속에 보임이라. 하나님께서 이를 그들에게 보이셨느니라. 창세로부터 그의 보이지 아니하는 것들 곧 그의 영원하신 능력과 신성이 그가 만드신 만물에 분명히 보여 알려졌나니 그러므로 그들이 핑계하지 못할지니라"(롬 1:19-20)—또는 시편에 등장하는

14_ Thomas Willis, *The Anatomy of the Brain and Nerves* (1681; repr., Birmingham: McGill-Queens University Press, 1978), 51-52.

말—"하늘이 하나님의 영광을 선포하고 궁창이 그의 손으로 하신 일을 나타내는도다"(시 19:1)—에 뿌리를 두고 있다. 예수는 꽃피는 식물들과 들의 새들이 하나님의 선하심에 대한 통찰을 제공하지 않느냐고 물으신다(마 6:25-34). 요컨대 하나님의 자기 계시가 궁극적으로 예수 그리스도 안에서 표현될지라도("하나님의 영광의 광채이자 그 본체의 형상"[히 1:3]), 하나님은 자신이 창조한 만물을 통해 말씀해오셨다. 따라서 그를 섬기는 우리는 하나님이 우리에게 자신을 알려 주신 이 수단들에 대한 지속적인 탐구를 통해 하나님에 대한 우리의 이해가 어떻게 다듬어지고, 심지어 교정될 수 있는지 주의를 기울여야 한다.

이런 숙고가 원죄에 관한 우리의 사고에 어떤 영향을 주는가? 요점을 말하자면, 진화 생물학은 인간의 역사가 한 쌍의 부부로 시작했고 우리의 역사는 "타락"에 의해 낙원과 실낙원이라는 두 시대로 나눠질 수 있다는 믿음을 훼손했다. 혹자는 전통적인 원죄 교리의 이런 요소들을 유지할 수 있다고 생각하지만, 다른 사람들은 그런 인식상의 곡예를 할 수 없다는 것이 점점 명백해지고 있다.[15] 원죄에 관해 진화 생물학을 아우구스티누스주의의 내용보다 우선시하는 설명을 구성하기 시작한 학자들도 있다.[16]

바울이 아담에게 부여한 신학적 무게 때문에 오늘날 바울 서신의

15_ 참조. 예컨대 David Kinnaman with Aly Hawkins, *You Lost Me: Why Young Christians Are Leaving Church, and Rethinking Faith* (Grand Rapids, MI: Baker, 2011), 131-48.

16_ 가령 다음 문헌들을 보라. Patricia Williams, *Doing Without Adam and Eve: Sociobiology and Original Sin,* Theology and the Sciences (Minneapolis: Fortress, 2001); Daryl P. Domning and Monika K. Hellwig, *Original Selfishness: Original Sin and Evil in the Light of Evolution* (Aldershot, UK: Ashgate, 2006).

몇몇—아마도 많은—독자들은 확실히 진화 생물학의 영향으로 인해 어려움을 겪을 것이다. 진화 생물학이 주장하는 바와 같이 인간 가족이 한 사람 또는 한 쌍의 부부에게로 거슬러 올라갈 수 없고 이 세상에 존재하는 죽음이 인간이 출현하기 수백만 년 전에 존재했다면 우리는 아담에 관한 바울의 주장을 어떻게 이해해야 하는가? 내게는 바울 자신이 아담을 역사적 인물로 생각했다는 것을 의심할 이유가 없지만, 그렇다고 해서 그의 주장의 성패가 반드시 최초의 인간 아담의 역사적 존재(또는 역사적 타락)에 좌우되는 것은 아니다. 나는 이에 관한 세 가지 이유를 간략히 제시할 것이다.

첫째, 내가 앞에 제시한 나의 논문에서 보여준 바와 같이 우리가 전통적인 의미에서의 "인간의 타락" 관점에서 말할 성경의 토대가 없다. 즉 역사적 타락은 후대의 신학적 구성을 위한 절실한 요구였을 수도 있지만, 죄의 기원을 기록하지 않고서 죄의 보편성을 가정하는 죄에 관한 성경의 숙고는 역사적 타락을 필요로 하지 않는다. 따라서 이것은 과학이 성경에 반대하는 경우가 아니다.

둘째, 이것이 성경의 저자들이 편만하지만 잘못된 과학적 견해들에 의존해서 하나님과 하나님이 세상과 관련을 맺으시는 것에 관해 진실되게 말하는 최초의 또는 유일한 경우는 아니다. 나는 두 가지 예를 제시할 것이다.

누가복음 11:34-36에서 예수는 다음과 같이 말씀하신다.

네 몸의 등불은 눈이라. 네 눈이 성하면 온 몸이 밝을 것이요 만일 나쁘면 네 몸도 어두우리라. 그러므로 네 속에 있는 빛이 어둡지 아니한가 보라.

네 온 몸이 밝아 조금도 어두운 데가 없으면 등불의 빛이 너를 비출 때와 같이 온전히 밝으리라.

확실히 예수는 어둠과 빛을 윤리적인 삶에 대한 은유로 사용하신다. 하지만 어떻게 그러한가? 우리가 그의 말씀의 요점을 이해하기 위해서는 고대 안과학에 관한 어느 정도의 배경 지식이 필요하다.[17] 두 견해가 유명했다. 플라톤과 갈레노스는 눈을 몸 자체의 빛을 방출하는 통로로 보았다. 예수 역시 방출(extramission) 이론이라 불리는 이 견해를 가정하신다. 아리스토텔레스가 선호한 관점인 내입(Intromission) 이론은 눈은 신체 외부에서 온 빛을 탐지하고 시각을 위한 출입구 역할을 한다고 주장했다. 방출 이론에서 눈은 회중 전등과 같다. 예수에게 있어서 좋은 눈은 좋은 빛을 발하는 반면에 나쁜 눈은 나쁜 빛을 발한다(또는 전혀 빛을 발하지 않는다). 그렇다면 눈이 병들었는지 또는 건강한지가 중요한 문제다. 이것이 어떤 사람이 어둠으로 차 있는지 빛으로 차 있는지에 관해 우리에게 말해주기 때문이다. 누가가 그 이야기를 할 때 예수는 한 때 유행했던 안과학을 사용해서 신실한 삶을 묘사하셨다. 우리는 누가의 메시지가 토대를 두고 있는 과학을 거절할지라도 그 메시지로부터 배울 수 있다. 복음서에서 취한 이 예는 성경 텍스트들이—성경 해석자들만이 아니라—어떻게 과학적 이해에 연루되는지를 강조하는데, 이 점은 고린도전서 15장에서도 마찬가지다. 바울은 부활한 몸의 성격을 적

17_David C. Lindberg, *Theories of Vision from al-Kindi to Kepler* (Chicago: University of Chicago Press, 1976), 1-17을 보라.

시하기 위해 노력하면서 흙, 불, 바람, 물(이것들은 모두 이 세상의 물질이다) 과 별들 및 다른 천체들과 관련된 제5 원소라는 다섯 가지 원소의 관점에서 생각한다. 바울 사도는 이처럼 시대에 뒤진 주기율표를 사용해서 땅의 물질들로 구성되어 이 땅의 삶에 적합한 부서지기 쉬운 몸과 하늘의 물질로 구성되어 하늘의 삶에 적합한 몸을 대조한다(고전 15:47-49).[18]

셋째, 좀 더 좁게 로마서 1-7장에 수록된 바울의 주장에 초점을 맞춰 생각할 때 우리는 사도 바울의 논제가 아담과는 관련이 적고 그리스도와 관련이 더 많다는 점을 간과하지 말아야 한다. 그는 그리스도가 유대인과 이방인 곧 모든 인간의 구주이심을 보여주기 원하며, 따라서 모든 사람이 구원받을 필요와 관련해서 동등한 입장에 서 있음을 입증할 필요가 있다. 바울은 아담이라는 이름의 최초의 조상의 역사성에 대한 믿음이나 아담의 죄가 인간의 상태에 본질적인 것을 정의한다는 견해를 필요로 하지 않는다. 바울의 주장이 필요로 하는 것은 죄 안에서의, 따라서 죽음 안에서의 인간—유대인과 이방인—의 연대다. 이 단언의 첫 부분은 이미 로마서 1-3장에서 제시되었다. 그가 로마서 5장에서 아담의 죄에 호소하는 것은 1-3장의 내용에 대한 부가물의 역할을 한다. 따라서 바울은 로마서 5장에서 죽음에 연루된 모든 인간이 "우리 주 예수 그리스도로 말미암아 영생"(5:21)을 필요로 한다고 추가로 단언하기 위한 근거로서 죄의 보편성을 가정할 수 있다.

성경과 과학이 불가분하게 관련되어 있는 것처럼 신학과 과학도

18_Alan G. Padgett, "The Body in Resurrection: Science and Scripture on the 'Spiritual Body' (1 Cor 15:35-58)," *Word & World* 22 (2002): 155-63을 보라.

불가분하게 관련되어 있다. 우리는 항상 우주에 관한 우리의 가정을 갖고서 성경을 읽거나 신학적 숙고를 한다. 실로 해석자들은 항상 그들 자신의 과학적 이해를 갖고서 성경을 읽는다. 추가로, 성경의 저자들은 그들 시대에 존재했던 과학적 견해에 의존해서 하나님 및 하나님이 세상에 관여하시는 것에 관해 말했기 때문에 고대의 과학적 견해들이 성경자체 안으로 완전히 통합되었다. 그렇다면 과학이 영향을 줄 것인지가 문제가 아니라, 어떤 과학과 누구의 과학이 영향을 줄 것인지가 문제다. 우리가 세상에 관해 오래 간직되어온 과학적 견해가 계속 영원한 진리로 행세하도록 허용할 것인가, 아니면 우리가 계속 우주를 탐구해서 그것이 우리에게 하나님과 그분의 길에 대해 뭐라고 말하는지 알아볼 것인가?

원죄 교리가 존재하는가?

마지막으로, 나는 우리의 논의에서 원죄 교리가 어떻게 제시되는가에 관한 한 가지 우려를 표명하고자 한다. 우리는 초기 교회를 조금만 조사해봐도 죄의 원인론에 대한 일반적인 관심이 결여되었음을 알 수 있다. 창세기 2-3장은 후대의 인간의 타락 개념에 대한 근거를 제공하지 않는 방식으로 읽혔고, 인간은 자신의 자유를 마음껏 행사할 수 있고 그것에 대해 책임을 지는 것으로 여겨졌다. 보편적 공의회들은 원죄 문제에 관해 의견을 말하지 않으며, 세계교회는 결코 그 교리에 대해 하나의 이해를 지녔던 적이 없다.[19] 더욱이 개신교는 개혁주의 전통보다 좀 더 다채롭다. 아우구스티누스의 원죄 교리가 거대한 영향을 끼쳤지만 현대의 복음주의 진영을 포함한 몇몇 개신교 교파는 아우구스티누스의 깃발을 날리지 않는다. (나는 예컨대 나 자신이 속한 웨슬리주의 전통을 염두에 두고 있지만 몇몇 재세례파도 마찬가지다.[20]) 따라서 입장의 다양성은 환원주의에 저항할 것이기 때문에, 나는 원죄에 관한 향후의 대화에서 복음주의자들이 주장하는 내용이라거나 개신교의 견해라는 식의 언급이 사라지면 좋겠다. 우리가 말해 온 내용은 보편적인 신조들과 교회의 역사적 입장들에 일치하며, 성경 자체는 전통적인 교리가 제안할 수 있는 것보다 더 많은 숙고와 건설적인 사고의 여지를 제공한다.

웨슬리주의의 장래

나는 성경의 권위를 강조하고 과학적 발견을 환영하는 웨슬리주의-감리교 세계에서 양육된 데 대해 감사한다. 나는 이 말이 모든 웨슬리주의자나 모든 감리교도에게 해당하지는 않는다는 것을 인정하지만 웨슬리주의란 샘의 깊은 곳에서 나온 물을 마신 사람들에게는 이 말이 사실이다. 그 결과 웨슬리는 진화 생물학의 발견 사항들을 예견하거나 성경 연

19_ 이 책에 수록된 Tatha Wiley의 기고 논문 외에 그녀의 *Original Sin: Origins, Developments, Contemporary Meanings*(New York: Paulist Press, 2002)를 보라.

20_ 참조. John E. Toews, *The Story of Original Sin* (Eugene, OR: Pickwick, 2013); Toews는 "침례교도"인 James McClendon과 메노파 교도인 Thomas Finger 같은 현대 신학자들에게 의존한다.

구가 취할 수도 있는 방향을 예측할 수는 없었지만 초기 교회의 지혜에 의존해서 과학으로부터 배우고 성경에 우선권을 부여하는 방법을 예상했다. 그리고 원죄에 대한 웨슬리주의의 견해의 특정한 내용들은 계속 설득력이 있다.

웨슬리에게 있어 원죄는 창조에서 새 창조까지 이어지는 구원론의 여정이라는 호 안에 위치했을 것이다. 그 여정은 하나님의 능력을 부여하는 은혜를 특징으로 하고 인간이 사랑 안에서 완벽해지는 것으로 이어진다. 그는 선행 은총을 강조함으로써 원죄와 믿음만을 통한 구원이라는 개신교의 핵심적인 주장들 사이를 항해하는 길을 발견했다. 모든 사람이 죄 가운데 죽었고 따라서 하나님께 반응할 수 없지만, 아무도 하나님의 은혜에서 제외되지 않는다. 선행 은총은 모든 인간의 삶에서 역사해서 "하나님을 기쁘시게 해 드리려는 최초의 바람, 하나님의 뜻에 관한 최초의 여명, 그리고 하나님께 죄를 지었다는 최초의 희미한 확신"을 만들어낸다.[21] 그렇다면 원죄 교리가 수행하는 일은 구원론적이며 죄의 편재성과 힘은 근본적이다. 비록 우리는 결국 선행 은총이 인간 안에 약간의 자유를 복구해서 그들로 하여금 하나님의 주도권에 반응할 수 있게 만든다고 단언하지만 말이다.

21_John Wesley, "On Working Out Our Own Salvation," §2.1, in *The Works of John Wesley*, vol. 3, *Sermons III* (71-114), ed. Albert C. Outler (Nashville: Abingdon, 1986), 203.

► 9장
► 동방 정교회 관점의 답변
앤드루 라우스

나는 우선 다른 네 편의 기고 논문을 읽은 후의 첫 인상부터 시작할 것이다. 우선, 나는 참으로 자유주의적인 그리스도인의 기고, 즉 내가 1960년대에 케임브리지 대학교에서 모리스 와일즈, 스티븐 사이크스, 제프리 람페 같은 스승들 밑에서 배웠을 때 내게 신학을 가르쳤던 대다수 학자의 입장에서 쓰인 기고가 없는 것으로 보여 놀랐다. 당시에 신학에서 우세한 풍조로 보였던 입장(나는 그 입장에 반대했다)이 지금은 전혀 존재하지 않는 것으로 보인다. 나는 이것이 기고자들을 선정한 편집자들의 편견 때문이라고 생각하지 않는다. 나는 그것이 지난 반 세기 동안 서방 교회 그리스도인들 사이에서 일어난 일반적인 태도의 변화를 나타낸다고 생각한다. 타락과 원죄에 관한 "자유주의적인" 입장은 그 교리들을 과거로부터 온 무거운 짐으로서 현대의 지성적인 세계관 안에서는 주의를 기울일 가치가 (거의) 없다고 여길 것이다(이에 대한 근거는 이 책의 기고자 중 아무도 언급하지 않은, N. P. 윌리엄스의 『타락 개념과 원죄 개념』[*The Ideas of the Fall and of Original Sin*, 1927] 같이 영향력은 없지만 박식한 학자의 책에 잘 제시되어 있다). 네 편의 논문들은 타락과 원죄를 기독교 신학 전통에서 중요한 주제로 여긴다. 서방 교회 전통에 속한 네 명의 저자들이 이 교리들에 관여하는 방식은 확실히 다르고 그들 중 몇몇은 이 교리들을 진지하게 여기지 않는 다른 그리스도인들이 있다고 암시하지만 (마두에미가 가장 예리하게 그렇게 생각한다), 사실은 그들 모두 이 교리들을 물려받은 신학 전통의 일부로 다룬다. 이 책에서 발견되는 모든 접근법에서처럼 물려받은 신학 전통과 관여하는 한 가지 중요한 이점은 21세기에 속하는 우리 시대의 관점과는 상당히 다른 관점을 지녔던 사상가, 설교자, 기도의 사람들의 고찰로 가득찼던 교회 안의 신학적 숙고의 전통에서 나온 아이디어들과 개념들을 받아서 어떤 면에서는 그것을 수용하는 것이다. 나는 이것이 오늘날의 성찰—우리 자신의 제한된 문화적 맥락에 속하지 않는 아이디어들과의 대화—에 어느 정도의 담력을 주고 엄밀한 사고에 대한 자극제 역할을 할 수 있다고 생각한다. 나는 다른 네 견해에 이에 관한 증거가 많다고 생각한다(나는 나의 기고문도 그러하기를 바라지만, 나의 기고문에 대해 답변하는 것은 내 일이 아니다).

타락과 원죄는 반드시 논의되어야 하고 (지금은 슬프게도 나뉜) 기독교적 성찰의 전통 안에서 특정한 위치에서 논의되어야 하는 역사적, 신학적 전통의 일부다. 각각의 논문은 저자가 어떤 전통에 속해 있는지를 명확히 밝힌다. 즉 올리버 크리스프는 "온건한 개혁주의자"이고, 조엘 그린은 감리교도이며, 한스 마두에미는 아우구스티누스-개혁주의자이고, 나의 기고는 정교회의 접근법을 반영한다. 타사 와일리는 그녀의 논문의 제목에서 그녀의 접근법이 (로마) 가톨릭의 접근법임을 명시하지 않지만, 우리는 그녀의 논문을 몇 페이지만 읽어봐도 그녀의 입장이 그 전통에 속한다는 것을 알 수 있다("교회"의 입장은 교황 비오 9세와 제2차 바티칸 공의회에 대한 언급을 통해 추적되며, 그녀의 신학적 길잡이는 지난 세기에 캐나다의 예수회에 속했던 버나드 로너건이다). 모든 경우에 **전통**은 어느 정도 명확하게 인식할 수 있는 방식으로 이해된다. 더욱이 서방 교회 전통들에서 나온 네 편의 논문들 사이에 다른 공통점들도 존재한다.

모든 논문은 나름의 방식으로 신학적 이해에는 한계가 있음을 인정한다. 크리스프는 어느 지점에서 "온건한 개혁주의 관점"(명시적으로 "기독교 전통의 다른 가닥들과의 전반적인 화해의 토대"로 제시되었다)에서 자신이 제시하는 입장이 인류 일원설(모든 인간이 아담과 하와의 자손이라는 입장)에 관한 "어떤 판단도 내리지 않는다"는 점을 강조한다. 마두에미는 어느 지점에서 "몇몇 사안들은 우리의 이해의 범위를 넘어서므로(신 29:29) 우리가 이 대목에서 신비에 의존하는 것을 변명할 필요가 없다"고 말한다. 그리고 와일리는 "어떻게 개념 구성을 하든 그것들은 신비 자체가 아니다"라고 단언한다. 나는 그린의 논문에서 신학적 이해의 한계에 관한 명시적인 언급을 발견할 수 없었지만 그가 말하는 내용에는 신학이 제한된 영역에서만 권위를 가진다는 웨슬리의 견해가 배어 있다. 그렇다면 어느 정도 마지 못한 측면이 있기는 하지만 기고들에서 소위 신학의 부정적인 측면(apophatic dimension)이 일반적으로 인정되는 셈이다. 와일리를 제외하고 그것은 신학의 한계를 인정하는 것이지, 그런 부정적인 측면이 하나님과 그리스도의 신비를 이해하려는 노력에 필수적이라고 생각하는 것이 아니다. (와일리의 논문을 제외하고) [그들의 기고에는] "동방 교회 신학의 부정적인 방법은 살아계신 하나님의 면전에 있는 인간의 회개다"라는 블라디미르 로스키의 단언에 필적할 만한

것이 없다.[1]

또다른 공통점―그것은 별로 놀랍지 않다―은 모든 저자가 다윈의 진화론과 상호작용할 필요가 있다고 생각한다는 것이다. 놀라운 점은 이 상호작용이 일어나는 방식이 다양하다는 것이다. 마두에미는 성경의 가르침과 현대 과학이 제시하는 내용 사이에 뚜렷한 선―과학적이고 역사적인 내용과 계시적이고 교의적인 내용을 구분하는 선―을 그으려고 하지만, 이 점에서 그는 외톨이로 보인다. 하지만 크리스프는 혹자(또는 그?)가 예상할지도 모르는 것만큼 마두에미의 입장에서 멀지 않다. 그의 온건한 개혁주의 입장은 진화 이론과 양립할 수 있지만 그것을 필요로 하지는 않는다. "온건한 개혁주의 교리는 진화의 역사에 관한 특정한 견해에 몰입하지 않는다. 그 교리는 하나님이 특별히 무에서 세상을 창조했고 흙과 갈비뼈로 인간을 만들었다는 아이디어와도 일치한다." 내가 보기에는 이 대목에서 대서양의 반대편에서 가르침을 받은 진화론과 창조론 사이의 갈등이 반향되는 것 같다.

그린은 기독교 신학이 현대 과학의 발견 내용에 주의를 기울일 필요가 있다는 점을 훨씬 명확하게 밝히며, 웨슬리가 활동했던 18세기에 이런 발견들이 처음에는 신앙에 이질적인 것으로 인식되지 않았음을 우리에게 상기시켜준다(사실 종종 성직자들에 의해 과학적 발견이 이뤄졌다). 그린은 웨슬리라면 과학이 발견한 내용에 귀를 기울였을 것이고(그가 실제로 그렇게 한 몇 가지 예를 제시한다), 성경과 자연의 책에 나타난 하나님

1_ Vladimir Lossky, *The Mystical Theology of the Eastern Church* (London: James Clarke, 1957), 238.

의 계시를 나란히 두었을 것이라고 주장한다.

와일리는 한층 더 나아가 세상과 세상에서 우리의 위치에 대한 현대의 이해 방식에 있어서의 변화는 교회와 신학자들에게 전통적인 교리들을 근본적으로 "재구성"할 것을 요구한다고 본다(버나드 로너건이 사용한 말을 채택해서 "단순히 다시 쓰는 것이 아니라 **재구성**할 것"을 강조한다). 그녀에게 허용된 제한된 지면에서 와일리는 신학을 위한 급진적인 프로그램을 제안하고 이것이 무엇을 의미할 수 있는지를 가리키는 용감한 시도를 한다.

모두 창세기에 기록된 인간의 창조와 인간의 선조들의 최초의 죄(창 2장과 3장)에 관한 기사가 전통적인 타락과 원죄 교리의 원천임을 받아들인다. 마두에미를 제외하고 모두 창세기 기사를 재고해서 거기서 전통적인 서방 교회의 교리에서 전제된 이야기와는 다른 이야기를 도출하는 데 관심이 있다. 그들 모두에게 있어서 이 기사에 대한 아우구스티누스의 해석이 (서방 교회의) 기독교 교리에 매우 중요했다. 그린과 와일리는 창세기 기사의 의미를 재고할 것을 가장 명확히 주장하는 반면에, 마두에미는 아우구스티누스주의의 설명이 신학적으로 생존력이 있는 유일한 해석임을 매우 명확하게 주장한다. 그린은 우리가 창세기 3장을 어떻게 재인식할 필요가 있는지를 가장 정교하게 설명하고, "전통적인" 해석이 아우구스티누스에게 영향을 준 4세기 말 암브로시아스터 전에는 발견되지 않음을 지적한다. 그린은 몇몇 제2성전기 유대교 텍스트들로부터 창세기 3장에 대한 이전의 이해에서 아담의 불순종은 원죄의 얼룩이 아니라 필멸성을 초래했고, 인간은 자신의 행동에 대해 책임이 있었다는 결론을 도출한다. 그린은 이어서―아마도 놀랍게도―바울 서신을 살펴보기 전에 야고보서를 논의한다.

이런 식으로 접근하면 바울의 아이디어들은 근본적으로 새로운 출발이 아니라 제2성전기 유대교 세계에 잘 들어맞는 것처럼 보인다. 크리스프는 그린이 말하는 내용에 동의할지도 모르지만 그의 접근법은 받아들일 만하고 믿을 만한 원죄 교리를 정의하려는 노력을 통해 결정되며, 그의 기고문은 (크리스프 자신이 말하듯이) 성경과 주해의 관심사와 직접 상호작용하기보다 철학적-신학적 차원에 머문다.

와일리는 아마도 가장 급진적일 것이다. 그녀는 성경이 대체로 상징적인 이해의 수준에 머물러 있는데, 이는 "과학적 이해"와 현격하게 대조되고 이제 철저하게 재구성될 필요가 있다고 주장한다. 만일 내가 어떤 논문에 대해 근본적인 수준에서 문제를 삼는다면 그것은 바로 이 대목에서다. 나는 신학이 "상징적인 이해"가 아니라 과학적 이해에 관한 것(비록 더 이상 우리의 것이 아닌 과학적 전제들을 지닌 것이기는 하지만 와일리가 학문적인[scholastic] 신학의 방식이었던 것으로 간주하는 것)이어야 한다는 확신—이 대조는 그보다 조금 앞에서 "은유"에서 "좀 더 기술적인 용어로" 이동하는 관점으로 표현되었다—이 전혀 옳지 않으며 신학적 이해의 성격을 오해한 것이라고 생각한다. 확실히 이러한 전환이 서방 교회의 신학에서 일어났으며, 그것은 학문적인 신학 연구에 근본적이다. 와일리에게 있어서는 중세 시대와 우리 자신의 시대 사이에 일어난 "과학적" 이해의 변화—이 변화는 현대 초기의 과학적 발전뿐만 아니라 진화 이론, 아인슈타인의 특수 상대성 및 일반 상대성 이론, 그리고 양자 역학 같은 현대의 과학적 세계관에서의 최근의 발전을 통해서도 영향을 받았다—가 자세하게 고찰되어서 이 변화가 고려될 필요가 있다. 와일리는 현대 과학이 인간의 이해에 얼마나 근본적으로 영향을 주었는지에 관한 한스 게오르크 가다머 같은 학자들의 의심에 영향을 받지 않은 것처럼 보인다. (신기하게도 로너건 자신이 가다머를 연구했고 『신학 방법』, [*Method in Theology*]에서 적어도 간헐적으로 그를 가까이 추종했지만, 로너건은 "과학적" 이해 개념에 머물렀다. 비록 그것이 과학적 방법의 이전 개념들보다는 좀 더 다듬어졌지만 말이다.) 그러나 과학적 접근법이 (그것 자체의 관점에서 측정되었을 때) 성공적이라는 것이 입증된 것처럼 보이지만, 이 성공은 계량화될 수 있는 대상에 초점을 맞추고 인간의 이해에 중요하고 더욱이 기본적인 세계관을 다루는 좋은 주장들의 많은 부분을 제거함으로써, 세상을 인간의 거주(및 하나님의 현존과 섭리 의식)에 근본적으로 낯선 곳으로 만드는 방식으로 관점을 좁힘으로써 달성되었다. 그리스의 현대 철학자인 크리스토스 얀나라스는 그의 저서 『신앙의 요소들』(*Elements of Faith*)에서 "부정의 태도"(apophatic attitude)에 관해 이렇게 말한다.

> 부정의 태도는 기독교 신학이 교의의 해석에서 전통적인 논리의 언어와 도식적인 개념들보다 시의 언어와 이미지들을 훨씬 더 많이 사용하도록 이끈다. 모든 이해의 전통적인 논리는 인간에게 확실한 지식이라는 그릇된 인식을 심어주기 십상이다. 지성을 통해 습득된 지식은 이미 지성에 의해 소진되었고 완전히 소유되었는데도 말이다. 반면에 시는 그것이 사용하는 상징들과 이미지들을 통해 언제나 단어들 안에서 나온 의미와 단어들 너머에 있는 의미를 보여주는데, 이 개념은 보편적인 경험에 좀 더 상

응하고 대녀의 개념들에는 덜 상응한다.[2]

참으로 그랬으면 좋겠다! 슬프게도 다른 많은 신학과 마찬가지로 정교회 신학 역시 논리와 개념들로 너무 많이 무장되었고 시에 대해서는 너무 닫혀 있다. 다시 와일리의 입장을 살펴보자면, 그녀가 신학의 대상이어야 한다고 생각하는 것에 대한 나의 근본적인 유보에도 불구하고, 로너건의 "초월적인 방법"으로부터 타락과 원죄의 이해에 대한 "재구성"을 추출해 내려는 그녀의 노력에는 이 책의 다른 어디에서도 발견되지 않는 진정한 사색과 놀라움이 좀 더 많이 존재한다.

　와일리는 모든 죄가 그것으로부터 발생하는 "근원적인 죄" 개념을 통해 원죄에 접근하는데, 그녀는 그것을 특권과 동일시하며 갈라디아서 3:28을 인용한다(그녀는 학자들이 그 구절을 "세례 예식에서 사용된 문구의 단편"이라고 생각한다고 말하는데, 나는 그 인식이 앞 절―"누구든지 그리스도와 합하기 위하여 세례를 받은 자는 그리스도로 옷 입었느니라"―에서 실마리를 얻었다고 생각한다). 근원적인 죄는 단순히 개인적인 잘못이라기보다는 어떤 의미에서는 모든 사회에 깊이 뿌리를 내리고 있으며, 우리의 사회적 소속 관계는 특권에 기반을 둔 관계 안에서 표현된다. 우리는 그리스도 안에서 세례를 통해 바로 이 근원적인 죄로부터 구원을 받았다. 이 글을 읽고 (내게는 매우 매력적이지만 신기한 내용이다) 나는 기원후 177년에 일어난 리옹과 비엔느의 그리스도인들의 순교 기사의 여주인공인 노예 소

2_ Christos Yannaras, *Elements of Faith: An Introduction to Orthodox Theology* (Edinburgh: T&T Clark, 1991), 17.

녀 블란디나가 생각났다. 이 기사는 소아시아에 있는 이 그리스도인들의 친구들과 친척들에게 보내는 편지에 등장하는데, 이 이야기는 성 이레나이우스에 의해 쓰였고 에우세비오스의 『교회사』(*Church History*[*EH* V. 1])에 보존되었을 가능성이 매우 크다. 블란디나는 일관성 있게 **겐나이오스, 에우게네스**(γενναῖος, εὐγενής, 고상한, 가문이 좋은)로 묘사된다. 말뚝에 매달려 그 지역의 야생 동물들에게 노출된 그녀는 "십자가 모양으로 매달린" 것으로 보였고 고난을 당하는 동료 그리스도인들은 "그들의 자매 안에서 자기들을 위해 십자가 처형을 당한 사람"을 보았다. 이 노예 소녀가 그리스도를 위해 죽고 그리스도와 연합하여 죽은 데서 특권을 구현한 로마 말기 사회의 분열이 철폐되었다. "더 이상 노예나 자유인이 없고…더 이상 남자나 여자도 없다."

　나는 이것은 좀 더 상징적인 이해의 수준이라고 생각한다. 와일리에게 있어서 과학적 이해는 로너건의 초월적인 방법을 통해 드러나는데, 거기서 죄는 "사랑 없음의 급진적인 측면"으로 여겨지고 근원적인 죄, 즉 원죄는 "지속된 비진정성"으로 생각된다. 와일리는 자아 초월에서 "진정한 존재"를 발견한다. 나는 무엇이 인간 됨인가, 무엇이 근본적으로 그 상태를 좌절시키는가, 그리고 그 좌절을 극복하기 위해 무엇이 요구되는가에 관한 분석을 발견하기 위해 로너건에게 의존할 필요가 있다고 생각하지 않는다. 신성함이라는 영웅적인 미덕 자체는 (**미덕**이라는 단어 자체가 암시하듯이) 업적이 아니라 선물이다. 그것을 받을 수 있는 역량—그리스도께 사랑받고 그 사랑에 반응하는 은사—도 마찬가지다. 와일리는 "복음은 개인이 세상으로부터 구원되는 메시지가 아니라 세상의 기본적인 구조까지 변화되는 메시지"라고 말한 월터 윙크를 인용한다(나는 그녀가 세상의 구조라는 말을 통해 사회 구조를 의미한다고 생각한다. 비록 우주의 구조를 배제하지 않을 수도 있지만 말이다).

창세기 3장과 원죄 모두에 대한 마두에미의 설명은 이런 접근법들과 현저하게 대조된다. 그는 확고하게 아우구스티누스-개혁주의, 원죄책 그리고 모든 것에 대해 방어한다. 그는 바울이 창세기 3장을 실제 역사로 읽었다고 생각하며 창세기의 첫 열한 장이 일종의 상징적인 역사이고 실제 성경의 역사는 창세기 12장에 기록된 아브라함의 이야기로부터 시작한다는 견해를 일축한다. 마두에미에게 있어서 타락은 완전히 실제적이지만 부정적으로만 간주되지 않아야 한다. 사실 그는 타락이 복음의 산파라고 말하며, "희망으로 가득 찬 진리"인 창조세계의 원래의 선함을 가정한다. 마두에미가 전통적인 아우구스티누스-개혁주의 관점으로 여기는 것의 한 가지 측면은 타락이 우주적인 것으로 여겨진다는 점이다. 나는 이 견해에 대해 회의적이다. 나는 아우구스티누스가 우주적 타락 개념에 대해 고려하지 않았고, 인간과 우주 사이의 통일성에 관한 그의 의식은 어느 정도 모호해졌다고 생각한다. 인간과 우주 사이의 통일성 개념은 그리스 교부 전통에서 플라톤의 유산의 일부였다. 아우구스티누스가 이 점을 파악하지 못한 것은 타락과 원죄 개념 문제에서 다소 떨어진 맥락에서, 즉 그의 시간 개념의 맥락에서 이해될 수 있다. 플라톤의 전통에서 시간은 우주적이었다. 시간은 천체들의 순환 운동에 나타난, 영원의 움직이는 이미지였다. 아우구스티누스가 『고백록』(*Confessions*)에서 시간의 본질을 고려했을 때, 그에게 있어서 시간은 우주적인 것으로 이해되지 않고 다소 내부적인 것―영혼의 팽창, 확장(*distentio animi*)―이다(*Conf.* 11.26.33). 우주적인 개념을 잃은 또는 그것을 모호하게 한 아우구스티누스는 원죄의 의미를 안에서 발견해야만 했다. 그의 사고에서 원죄는 영혼에 속하는 어떤 것으로서 영혼으로부터 영혼으로 전해지는 것이 된다(비록 아우구스티누스가 이것이 어떻게 일어날 수 있는지는 몰랐지만 말이다. 영혼 유전설이 간단한 설명을 제공했을 수도 있지만 그것은 물질주의적인 영혼 개념과 결합한 것으로 보이는데 아우구스티누스는 그 개념을 포기했고, 영혼 창조설은 아무런 설명을 제공하지 못했다). 이 직관은 아우구스티누스에게 매우 깊이 뿌리박고 있으며 그의 생애의 이른 시기에 형성되었다. 펠라기우스 논쟁이 아우구스티누스로 하여금 아마도 혼란스럽게 보인 것을 명확히 설명하도록 강요했을 수도 있지만, 죄가 개인 각자의 존재의 시작으로 거슬러 올라갈 수 있다는 개념은 그가 펠라기우스를 만나기 훨씬 전에 발견된다. 『고백록』의 시작 부분에서 그는 품 안에 있는 아기들의 요란한 질투에 대한 짜증을 나타내는데(내 경험상 그것은 독신 남성에게 유별난 것이 아니다)(참조. *Conf.* 1.7.11), 이것은 그에게 있어 가장 작은 유아들에게조차 존재하는 원죄의 증거였다. 나는 마두에미가 죄의 우주적인 차원을 인정하는 것을 환영하지만, 그것이 라틴어를 사용하는 아우구스티누스주의 전통에 얼마나 고유한 것인지 자신이 없다. 마두에미가 자신이 속한 진영의 전통을 견고하게 방어하는 데는 후련하고 심지어 유쾌하게 하는 뭔가가 있으며, 그는 현대성을 수용하느라 그 전통을 수정하는 것에 반대하는 여러 좋은 이유들을 제시한다. 실로, 혹자가 요즘의 지성인들에게서 너무도 자주 당연하게 여겨지는 물리학적 또는 생물학적 환원주의에 동화하려고 시도할 경우 마니교로 전락할 위험이 있다. 아우구스티누스-개혁주의를 방어하는 그의 몇 가지 전략—원죄책과 전가된 의 사이에 그가 도출하는 평행 관계—은 역

효과를 내는 것으로 보인다. 즉 그런 평행 관계는 원죄책을 정당화하기보다 전가된 의 개념에 더 많은 피해를 주는 것으로 보인다.

나는 서방 교회의 타락 및 원죄 교리와 씨름한 것이 유익한 노력이었고 그런 대화를 통해 자극되지 않았더라면 간과되었을 많은 통찰을 낳은 데 찬탄하면서도, 이 노력들이 참으로 원죄 개념을 방어하고 "재구성"하기 위한 것이었는지 궁금하다. 크리스프는 우리가 "원죄의 아류"(original sin lite)로 부를 만한 것을 제시하는 반면, 마두에미는 원죄로 인식될 만한 교리를 확언한다. 크리스프의 교리는 믿을 만할 수도 있지만 그것이 원죄 교리인가? 마두에미의 교리는 확실히 원죄로 인식될 수 있지만, 그가 그 교리를 "현대의 세계관"―그것이 무엇을 의미하든 간에―의 맥락에서 유지할 수 있는가? 그것은 현대성이라는 유행을 따르는 견해들을 비판하기 위한 좋은 기반을 제공하지만 그런 견해를 깡그리 거절하는 것으로 충분한가?(그리고 마두에미가 그렇게 거절하는지 확실치 않다) 그린은 웨슬리주의 전통의 몇몇 자료들을 제공하는데, 우리는 그 점에 대해 감사할 수 있다. 원죄에 대한 전통적인 견해를 재구성하려는 와일리의 시도는 충분히 잘 작동할 수도 있지만, 그 목표는 아마도 모든 사람이 견딜 수 있는 수준보다 지적인 영역으로 더 깊이 들어감으로써 달성될 수 있을 것이다. 내가 다른 기고자들보다 나의 견해를 잘 제시했는지는 다른 사람들이 결정할 것이다.

10장
재개념화된 로마 가톨릭 관점의 답변
타사 와일리

기독교의 원죄 교리 이해에 관한 견해를 교환하는 일에 참여하는 것은 특권이다. 나는 우리가 물려받은 이 교리의 복잡한 여러 측면들 및 신비와 씨름할 기회를 준 이 책의 편집자들과, 이 주제를 명료하게 설명하기 위해 노력한 동료 기고자들에게 감사한다.

동료 기고자들의 글들을 읽고서 나는 우리가 오늘날 생명력이 있고 신뢰할 만한 원죄 개념을 제시하기 위해서는 근저의 다섯 가지 문제들을 다룰 필요가 있다는 생각이 들었다. 나의 논평은 다른 기고자들을 비판하기 위함이 아니라 고려할 문제들을 제기하고, 나 자신의 기고문에서 내가 지지한 관점을 다듬으며, 우리가 그 교리에 들어 있는 전통적인 핵심 요소들의 몇가지 문제가 되는 성격을 인식할 것을 촉구하기 위함이다.[1]

1_ 이 대목에서 나는 내 저서 *Original Sin: Origins, Developments, Contemporary Meanings* (Mahwah, NJ: Paulist Press, 2002)에서 탐구된 통찰에 의존하며 그것을 발전시킨다.

하나의 이론이 아니라 두 개의 이론이다

물려받은 원죄 교리는 사실은 두 개의 이론이 결합한 것이다. 그 두 이론은 최초의 죄가 무엇이었는가, 그 최초의 죄를 없앤 목적은 무엇이었는가, 그리고 죄 이후 우리에게 무엇이 남겨졌는가에 관해 견해를 달리한다. 우리는 그 이론들을 하나는 아우구스티누스의 이론으로서, 다른 하나는 안셀무스의 이론으로서 생각할 수도 있을 것이다.

아우구스티누스는 펠라기우스와의 논쟁 도중에 부상한 원죄 교리에 마지막 손질을 가했다. 그는 정욕(concupiscene, 즉 무질서한 욕구)이 원죄의 결과이고 죄로 이어지지만, 죄 자체는 아니라고 생각했다. 아우구스티누스가 종종 그렇게 오해되기는 하지만 정욕은 단지 성적인 욕망만이 아니다. 원죄의 참된 원천은 아담의 불순종이라는 죄이지만, 한 사람의 죄가 어떻게 보편적일 수 있는가? 아우구스티누스는 이 죄를 온 인류에게 전달하는 수단은 성교라고 말했다. 그는 자신이 그랬던 것처럼 욕망(lust)이 섹스에 동기를 부여한다고 생각했다. 그는 욕망은 결혼 관계 안에서도 악이고, 따라서 정욕이 원죄의 전달에 관여한다고 주장했다.[2]

아우구스티누스의 창세기 이해에서 아담은 스스로 선을 행할 능력을 상실했다. 따라서 그는 인간의 자유에 대한 하나님의 도움으로서 우리로 하여금 죄에 저항하고 선을 행할 수 있게 해주는 협력적 은혜 개념

2_ 놀랍게도, 아우구스티누스는 아마도 서로 사랑하는 부부 사이의 섹스에 관해 말하고 있다. 아우구스티누스가 활동했던 기원후 5세기의 세상에서는 많은 이유로 결혼했지만, 확실히 서로 좋아하는 것도 결혼 사유 중 하나였다.

을 개발했다.

카르타고 공의회(418년)와 오랑주 공의회(529)는 이 문제에 관해 아우구스티누스의 권위를 받아들였다. 하지만 원죄는 1545년 트리엔트 공의회에서야 가톨릭교회의 정의된 교의로 받아들여졌다. 트리엔트 공의회의 의도는 원죄에 대한 교회의 해법, 즉 세례를 통해 마르틴 루터의 믿음만에 의한 칭의 개념에 맞서는 것이었다. 루터는 원죄가 "내가 지니고 있는 깊은 근원적인 죄"[3] 또는 좀 더 강력하게는 우리의 급진적인 자기 중심성이라고 생각했다. 정욕이 결코 없어지지 않기 때문에 원죄에 대한 해결책은 없다.

아우구스티누스는 통상적인 대화의 기술적인(descriptive) 언어를 사용해서 생각하고 글을 썼으며 형이상학적인 용어는 조금만 사용했다. 루터는 아우구스티누스와 페트루스 롬바르두스의 원죄 개념을 따랐고 그것을 토마스 아퀴나스의 개념보다 선호했다. 롬바르두스 역시 원죄를 정욕과 동일시했다.

이에 반하여, 12세기에 안셀무스는 동료 스콜라 철학자들의 형이상학적인 언어를 전용해서 원죄를 설명하거나 이해했다. 그의 원죄 이론은 아우구스티누스의 이론을 근본부터 뒤엎었다. 그는 중세의 **자연**과 **초자연**의 구분을 이용해서 원죄를 아우구스티누스처럼 주로 도덕적인 문제만으로 생각하지 않고, 그리스도의 구속이 없다면 인간이 영원히 하나님으로부터 분리되는 존재론적인 문제이기도 한 것으로 생각했

3_ Martin Luther, *Lectures on Romans*, in *Luther's Works*, ed. Hilton C. Oswald (St. Louis, MO: Concordia, 1972), 특히 25:299-307.

다. 원죄는 아우구스티누스가 말한 악을 향하는 경향—어떤 것—이 아니라 원의라는 초자연적인 은사의 상실이다. 그것은 결핍이었다. 원의라는 초자연적인 은사가 이제 더 이상 우리의 본성의 구성 요소가 아니게 되어서, 아담은 더 이상 그것이 선하기 때문에 선을 택하거나 행할 수 없게 되었다. 아담은 죄를 짓기 전에는 원의라는 은사 덕분에 그렇게 할 수 있었다. 원죄 이후 그는 "자연 상태로 내버려졌고" 하나님의 은혜의 도움이 없이는 악만을 선택할 수 있게 되었다.

아우구스티누스에게는 타락이 핵심이었지만, 안셀무스에게는 하나님과 함께하는 인간의 초자연적인 운명이 핵심이었다. 구속이 그것을 회복한다. 안셀무스는 중세의 가치들을 통해 죄를 정의했다. 사람은 하나님께 영광을 돌려야 한다. 따라서 죄는 불순종이다.

토마스 아퀴나스는 원죄의 두 이론을 하나로 결합하는 종합을 이뤄냈다. 그는 아리스토텔레스의 범주들을 사용해서 원죄에 대한 안셀무스의 부정적인 개념을 원죄(원의)의 형상인(formal cause)이라고 불렀고, 아우구스티누스의 정욕 또는 악을 향하는 성향을 질료인(material cause)이라고 불렀다. 그는 인간의 마음속에 있는 하나님께 대한 자유롭고 자발적인 반대가 동력인(agential cause)이고, 전달의 방법(즉 성교)이 도구인(instrumental cause)이라고 적시한다.

하나의 본성, 두 개의 관점

트리엔트 공의회(1545-63년) 이후 가톨릭과 개신교는 대개 인간 됨 또는 인간의 본성에 대한 그들의 관점을 통해 구분되어왔다. 그런 견해는 신학적 인류학으로 불린다. 우리는 대대로 이러한 신학적 인류학들이 돌에 새겨진 것처럼 행동하지만 그것들은 "합리적"이거나 "적합한" 것으로 보이는 아이디어들에 대한 선택들이다. 개신교는 아담이 죄를 지은 이후 인간의 본성이 타락했다고, 즉 부패했다고 보는 것으로 유명하다. 가톨릭은 인간의 본성이 원죄로 말미암아 상처를 입었다고 가르쳐왔다. 당시 개신교의 반응은 가톨릭이 펠라기우스주의에 가깝다는 것이었고—이것은 가장 인기 있는 비방이었다—가톨릭은 개신교가 죄를 거의 불가피한 것으로 보는 위험한 지경에 도달했다고 보았다.

우리의 신학적 인류학은 우리가 인간과 인간의 삶의 목적을 이해하는 방식과 일치한다. 예컨대 우리의 목적이 인생을 통과하여 "다른 쪽으로" 가는 것이고 우리의 목적지가 하늘이라면, 우리가 **어떤 것**도 하리라고 기대되지 않기 때문에 우리가 무엇을 하든 관계가 없다. 하지만 우리가 주로 우주에서 하나님의 통치를 세워나감에 있어서 하나님과 공동 창조자라면 어떻게 되는가? 그럴 경우 우리에게 많은 것이 기대될 것이다! 우선 자연이 우리가 공동 창조자가 될 **가능성**을 포함해야 한다. 신학적으로, 우리가 현대의 언어로 우리의 인류학적 통찰들을 명확히 표현하기 위해서는 우리가 과학자들이 어떻게 생각하는지도 이해해야 한다. 이는 우리가 과학적인 세상에서 살고 있기 때문이다. 우리의 동시대인들은 좀 더 나은 대우를 받을 자격이 있기 때문에 우리는 순진한 근대 이전의 신학적 개념들을 포기해야 할 것이다.

16세기에 하나님의 **형상**(image)이라는 용어와 하나님의 **모양**(likeness)이라는 용어 사이에 차이가 있는지, 그리고 그 차이가 무엇일지에 관한 갈등이 있었는데, 이 갈등에서 타고난 인간의 능력 문제가 논란이 되었다. 가톨릭은 자연과 초자연의 구분을 사용해서 하나님의 형상은 인간에게 속하고 죄를 지은 뒤에도 유지된다는 입장을 취했다. 마르틴 루터는 이미 초자연의 범주를 거절하고, 아담이 자연에 본질적이지 않은 뭔가를 상실한 것처럼 보인다고 말했다. 장 칼뱅은 이 점에서 루터와 갈라서고 인간이 죄를 지은 후에도 여전히 하나님의 형상을 유지한다고 말했다.

예수회의 버나드 로너건은 이 관심사들과 통찰들을 현대의 틀로 바꿔서 원죄를 우리가 진정성을 지속할 능력이 없는 것이라고 말한다. 여러 이유로 우리의 의식적인 작동을 방해하는 요인들이 (가령 편견을 통해) 우리의 이해를 편향시키고 우리는 차츰 진정성이 없어지게 된다. 게다가 우리는 인종차별이나 성차별 같은 편견들로 깊이 왜곡된 세상에 태어났다. 이것이 무엇을 의미하는가? 이상적인 세상에서라면 우리는 우리 주위의 필요와 문제들에 충분히 주의를 기울이고, 통찰력 있게 그 문제들을 다루고, 방해가 되는 편견들과 다른 요인들을 합리적으로 제거하고, 책임 있게 대안들을 고려하여 선택을 내릴 것이다. 하지만 실제로는 우리가 이런 일들을 이따금 수행할 수도 있지만 인간은 주의를 기울이지 않고, 마음이 닫혀 있으며, 비합리적이고, 책임감이 없을 때가 그 반대일 때보다 많다. 이로 말미암아 세상은 로너건이 "사회적 불합리"로 묘사한 것으로 특징지어지는 곳이 된다.

따라서 우리는 에덴 동산을 언급하지 않고서도 인간의 상태, 작인 (agecy), 진정성, 그리고 역사적 진보와 쇠퇴를 묘사할 수 있다.

형이상학과 인간

우리는 형이상적인 용어들에 관해 아무것도 생각하지 않으면서도 일상적으로 그 용어들을 사용한다. **이성**과 **의지**가 좋은 예다. 우리는 **이성**이 무슨 의미인지 안다고 생각하지만, 종종 이성의 산물과 이성 자체를 혼동한다(초등학교의 예를 사용하자면 덧셈과 뺄셈). **이성**은 추상적인 단어다. 이성이라는 말 대신 이해하기, 통찰, 형성하기에 관해 말한다면 우리가 우리의 의식을 직접적으로 반영하는 경험적인 말들을 사용하고 있는 셈일 것이다. 그 말들은 더 이상 추상적이지 않을 것이다. 또는 우리는 **의지**라는 말이 무슨 뜻인지 안다고 생각한다. 그러나 그것은 선택하고 결정하고 책임 있게 행동하는 구체적인 경험을 포괄하는 추상적인 단어이기 때문에 "우리의 의지가 어디에 있는가?"라는 질문을 받으면 우리는 그것을 "발견"할 수 없을 것이다. 선택, 결정, 행동이라는 단어들은 경험적이고 구체적이다. 그 단어들은 확인될 수 있다. 나는 책임이 있게 행동하는가? 나는 어떤 대안들로부터 선택하는가? 나는 어떤 결정을 내렸는가? 이런 질문들은 내 의식에 직접적으로 관련된 실재이기 때문에 나는 이 질문들 각각을 확인할 수 있다. 우리는 원죄라는 언어에 대해 좀 더 충분하게 이런 이동을 할 필요가 있다.

중세 신학은 형이상학적이었다. 따라서 종교적 경험을 표현하는 신학의 용어들은 추상적이었다. 우리는 종교적 경험에 대한 경험적이고 구체적인 용어들과 관계들을 필요로 한다.

원죄의 경우가 명확히 해 주듯이 우리는 인간이라는 사실의 선물들과 도전들과 우리가 빠지기 쉬운 왜곡들을 좀 더 명확하게 밝혀주는 새로운 인류학을 필요로 한다. 카를 마르크스는 지식이 사회적으로 및 역사적으로 위치할 것이라는 점을 이해했다. 아이디어들은 언제나 관심을 통해 형성된다. 우리가 그것으로부터 논쟁의 여지가 없는 **바로 그 진리**를 파악할 수 있는 초월적인 관점은 없다. 우리가 보는 것은 **누군가의** 진리 또는 선이다. 우리는 자신의 이익 또는 집단의 이익이 무엇이 옳고 정당한지에 관한 우리의 이해를 얼마나 왜곡하는지를 망각한다.

예컨대 인간이라는 존재에 대한 우리의 설명에서 우리는 특히 아리스토텔레스 이전에 존재했지만 그로 말미암아 주입된 성별의 이원론을 대체할 필요가 있다. 남성과 여성은 적절하게 인간이 되기 위한 능력의 존재 또는 부재를 통해 쉽게 구분되었다. 요컨대 아리스토텔레스에게 있어 남성은 그 모든 것을 지녔고 여성은 지니지 않았다.

인류학적 조합에 계급이 더해지면 이야기가 좀 더 복잡해진다. 노예제도는 계급 역학의 좋은 예다. 17세기와 18세기 미국 남부의 노예제도를 생각해보라. 노예제도는 경제적 자원의 하나였고 부를 축적함에 있어서 매우 중요한 요소였다. 그러나 농장 노예제에 대한 묘사에서 그것은 "노예들을 돌보는 것", "그들에게 살 곳을 주는 것" 등으로 기술되었다. 노예의 주인들은 노예들이 사슬에 묶이고, 나체로 행진하고, 낙인이 찍히고, 매를 맞고, 그들의 가족에게서 떨어져 팔리는 노예 시장들에 관해 말하지 않았다. 주인들은 노예들의 봉기와 학살 가능성 때문에 무서워 죽을 지경이었다. 그들은 성경에 의존해서 노예 제도를 정당화했다. 예컨대 베드로전서 1장은 다음과 같이 말한다.

사환들아, 범사에 두려워함으로 주인들에게 순종하되 선하고 관용하는

자들에게만 아니라 또한 까다로운 자들에게도 그리하라. 부당하게 고난을 받아도 하나님을 생각함으로 슬픔을 참으면 이는 아름다우나 죄가 있어 매를 맞고 참으면 무슨 칭찬이 있으리요? 그러나 선을 행함으로 고난을 받고 참으면 이는 하나님 앞에 아름다우니라. 이를 위하여 너희가 부르심을 받았으니, 그리스도도 너희를 위하여 고난을 받으사 너희에게 본을 끼쳐 그 자취를 따라오게 하려 하셨느니라(벧전 2:18-21).

이것은 죄의 이데올로기다. 서술자는 초월적인 관점에서 하나님으로부터 온 것처럼 말한다. 그는—주인이 친절하든 엄하든 간에—주인에 대한 순종이 하나님 앞에서 옳다고 암시한다. 이어서 복잡한 추론을 통해 저자는 고난을 정당화하려고 하는데, 이는 부당한 고난을 정당화하는 것으로 보인다. 이것은 신약성경에 기록된 몇몇 "가정 규칙(household code) 텍스트" 중 하나다. 노예들은 그들의 주인들에게 "주께 하듯이" 순종하라는 권고를 받는다(골 3:22-25).

동산과 역사성

창세기 2-3장은 고대의 창조 이야기와 뒤이은 추방 이야기로 구성된다. 추방 이야기는 여러 가지 원인론의 힌트를 제공한다. 적어도 세 가지 질문이 "답변된다." 왜 우리가 뱀을 미워하는가? 왜 여성이 남성에게 복종하는가? 왜 여성이 매우 큰 산고를 겪는가?

고대 세계에는 이 이야기에 병행하는 이야기들이 있는데 그 이야기들의 압도적인 주제는 여성이 악의 창시자라는 것이다. 기독교 전통에서 이 이야기를 사용한 것이 여성에게 재앙적인 영향을 주었다. 그 이야기는 먼저 여성의 죄에 대한 벌로 하나님이 여성을 남성에게 복종하게 만드셨다―남성의 특권―고 말한다. 요한네스 크리소스토모스는 "그 여성은 한번 가르쳤고, 모든 것을 망쳤다"고 간략하게 말했다.[4] 아우구스티누스는 죄가 없었더라도 여성이 남성에게 복종했을 것이라고 생각했다.

디모데전서를 바꿔서 말하자면 여성이 "나중에 창조되었고 먼저 죄를 지었다." 히브리 성경학자인 필리스 트리블은 창조 이야기를 조사한다.[5] 그녀는 야웨 하나님이 먼저 "아담"이 아니라 "인간"을 창조하셨다고 말한다. 아담은 남성의 본명이 아니라 성별을 구분하지 않는 지구의 생물을 가리킨다. 성별의 차이를 나타내는 단어들은 **두** 명의 인간이 창조될 때까지는 사용되지 않는다.

초기 교회는 당시의 가부장제에 적응했다. 1세기에 짧은 기간 동안 바울이 세운 교회들에서 여성들이 적극적으로 관여하고 세례가 진정한 평등의 원칙으로 작용한 후, 초기 교부 시대에는 남성의 특권이 확고하게 회복되었다.

로즈메리 래드퍼드 류터는 가부장제의 성별 측면을 "성차별의 원죄"로 부른다. 가부장제는 여성을 희생시키는 역사적 시스템이다. 가부장제는 역사 안에 성별 이원론을 새겨 넣었다. 교회에서는 종종 여성이

4_ Homily 9 on 1 Timothy.
5_ 그녀의 논문 "A Love Story Gone Awry," in *God and the Rhetoric of Sexuality* (Philadelphia: Fortress Press, 1978), 72-143을 보라.

인간으로서 하나님의 형상을 완전히 소유한다는 것을 부인해왔다. 신약성경에는 여성의 행동을 규율하는 몇몇 텍스트들이 존재한다. 그런 텍스트들은 이런 식으로 언급한다. "아내들이여, 자기 남편에게 복종하기를 주께 하듯 하라. 이는 남편이 아내의 머리 됨이 그리스도께서 교회의 머리 됨과 같음이니, 그가 바로 몸의 구주시니라. 그러므로 교회가 그리스도에게 하듯 아내들도 범사에 자기 남편에게 복종할지니라"(엡 5:22-24).

(창 3장과 중세의 질서에 대한 사랑의 영향으로) 기독교의 죄의 신학에서 죄는 불순종과 동일하다는 아이디어에서 벗어나기 어려웠는데, 이 아이디어는 실제 죄에 대해서는 잘 통하지만 사회적인 죄나 체계적인 죄 또는 원죄에는 잘 통하지 않는다.

그러나 순종은 차치하고, 몇몇 그리스도인들에게는 창세기 2-3장이 역사적 내러티브(즉 우리에게 **실제로** 일어난 내용을 말해주는 내러티브)라고 생각하기를 포기하기가 더 어려웠다. 하지만 창세기 2-3장은 과거에도 역사적 기사가 아니었고 지금도 역사적 기사가 아니며 앞으로도 결코 역사적 기사가 아닐 것이다. 우리는 이야기 속의 두 인물로부터 뭔가를 물려받을 수 없다.

역사적 아담은 개신교의 원죄 교리보다 가톨릭의 원죄 교리에 더 중요했다. 16세기 루터의 시대에 아무도 그 이야기의 역사성에 의문을 제기하지 않았지만, 개신교 진영에서는 역사적 아담이 덜 중요했다. 한 가지 이유는 개신교 전통이 원죄가 야기하고 칭의가 그것을 해결하는 "문제"를 인식하는 방식 때문이다. 가톨릭에 있어서 원죄는 도덕적인 문제와 존재론적인 문제의 결합이었고, 따라서 가톨릭은 토마스 아퀴나스가 아우구스티누스와 안셀무스의 두 이론을 하나의 설명으로 통합한 방식을 승인했다. 개신교인들(예컨대 루터)에게 있어서 원죄는 존재론적-종교적 문제였다. 현대 신학자인 칼 바르트는 존재론적인 측면을 "사람이 죄다"라고 간결하게 표현했다. 아무것도 부패를 벗어나지 못한다. 루터는 종교적인 문제를 인류가 그것을 통해 하나님과 갈등 관계에 있는 **불신앙**의 문제로 보았다. 역사적 아담의 중요성이라는 원래의 문제로 돌아오자면, 가톨릭에 있어서 역사적 아담은 점차 더 많은 문제를 제기했다. 궁극적으로 가톨릭은 성경 자체의 역사적 신빙성 주장의 정당성을 보존하기 위해 아담과 하와의 역사성을 방어하는 입장에 놓였다.

발전과 배타성

창세기 2-3장에 기록된 이야기는 훗날 유대교 전통에서 더 이상 발전하지 않는다. 그 이야기는 단지 성경 안에서 죄와 구속의 극적인 내러티브를 시작하는 기능을 하지만, 그것은 유대교 전통에서 중요한 이야기가 아니다. 아담과 하와의 이야기는 후대 히브리 성경의 어느 곳에도 등장하지 않는다. 그 이야기는 정경이 아닌 소수의 문헌에만 나타난다. 그 이야기에서 주요 이슈는 죄의 기원이 아니라 죽음의 기원이다. 초기 기독교와 교부 시대에 창세기는 죄에 관한 문제보다 "왜 모든 사람에게 그리스도의 용서가 필요한가?"라는 기독론적 질문에 답하는 데 더 도움이 되었다. 후대의 그리스도인들에게 있어서 창세기는 "우리가 왜 선하지 않은가?"라는 존재론적인 질문도 극적으로 표현했다.

우리는 이 이야기에 역사적 사실은 전혀 존재하지 않는다는 점을 확실히 해야 한다. 이것은 처음부터 끝까지 극적인 내러티브다. 등장 인물은 하나님, 여성, 남성, 말하는 뱀뿐이다. 동물들의 이름을 지음, 열매를 먹음, 하나님과 대면함, 아내가 남편에게 종속됨, 그들이 동산에서 추방됨 같은 몇 가지 극적인 행동들이 존재한다. 놀랍게도 그리스도인들은 몇천 년 동안 뱀과의 대화 등 이상한 점을 얼버무렸고 그것을 인간의 기원에 대한 신뢰할 만한 역사적 기사로 여겼다.

더욱이, 그리스도인들은 "타락" 이야기로서의 아담과 하와 이야기에 익숙해졌다. 그러나 이 기술은 그 이야기 자체의 일부가 아니다. 그것은 그 이야기의 **해석**이다.

현대에 찰스 다윈의 저서가 나오기 전까지는 창세기 2-3장의 내러티브에 큰 어려움이 없었다. **자연 선택**과 **진화** 같은 용어들이 일상화되고 나자 창세기에 기록된 그 이야기는 이상하고 귀에 거슬리는 이야기가 되었다. 그 안의 모든 것이 틀렸다. 그것은 우리의 우주 나이에 대한 이해와 부합하지 않는다. 최초의 사람은 최초이기에는 너무 세련되었다. 두 번째 창조 이야기의 하나님에게는 전지라는 신적 특징이 없다. 하나님의 [아담에게] 적합한 짝 탐색은 실패하고 갱신되어야 했다. 창조 이야기의 어디에도 좀 더 현대적인 질문인 "그것이 어떻게 일어났는가?"가 나와 있지 않다.

신학자들이 과학자들보다 우수하다고 생각되었던 시기가 있었다. 그들의 저술이 "과학의 여왕"이었다. 『가톨릭 교의 기초』(*Fundamentals of Catholic Dogma*, 1955)의 저자인 루트비히 오트는 확실히 그렇게 생각했다. 비록 그가 그렇게 생각하기에는 이미 다소 늦었지만 말이다. 그는 성경 해석에 대한 교회의 통제―그리고 그것으로부터 도출된 교리들―가 절대적이라고 생각했다. 그에 따르면 "아담의 죄가 원죄와 구속 교의의 토대이기 때문에 그 이야기들을 본질적인 사실들로 간주하는 창세기 기사의 역사적 정확성은 반박될 수 없다."[6]

그리고 마지막으로, 물려받은 교리는 배타적인 교리다. 유대교 전통에는 원죄에 상응하는 신앙 주장이 없다. 다른 어떤 종교 전통에도 그런 주장이 없다. 그것은 기독교에 독특하다. 원죄 교리의 뿌리는 죄에 관한 질문에 놓여 있다기보다 "예수께서 구원하신다"는 기독론적 선포에 놓여 있다. 그것은 교회의 진술이기도 했다. 그 진술은 원죄는 모든 사람의 문제라고 선언했다. 아무도 원죄를 피하지 못한다. 원죄에 대한 해결책―유일한 해결책―은 교회의 세례다. 따라서 다른 종교는 구원할 힘이 없고 구원은 교회의 배타적인 특권이 된다.

우리가 기독교의 원죄 교리가 참으로 인간 됨, 인간의 능력과 무능력, 그리고 하나님과 우리 사이의 관계의 핵심적인 측면들을 가리킨다고 믿고 그것을 책임 있게 이해하고 신뢰할 만하게 제시하려면, 이런 도전들을 정면으로 직면해야 한다. 우리는 전통적인 이론들에 존재하는 긴장들과 반대들을 계속 해결되지 않은 채로 놔둘 수 없다. 우리는 더 이상 상징적인 내러티브에 대한 역사적 독법에 의존할 수 없다. 우리는 성적 편견과 다른 이원론들에 편향된 신학적 인류학에 계속 의존할 수

6_ Ludwig Ott, *Fundamentals of Catholic Dogma*, trans. Patrick Lynch, 5th ed. (St. Louis, MO: B. Herder Book Company, 1962), 106.

없다. 우리는 사람들의 실제 경험으로부터 실제 경험에 말하는 실제적인 틀이 아니라 형이상학적인 틀에 더 이상 의존할 수 없다. 그리고 우리는 우리가 지금 살고 있는, 편만한 진화적 틀이 우리에게 근본적으로 새로운 인류학과 신학을 요구하지 않는 것처럼 가장할 수 없다.

원죄와 타락에 관한 논쟁

죄의 기원과 확산에 대한 5가지 관점

Copyright ⓒ 새물결플러스 2023

1쇄 발행 2023년 7월 27일

지은이 한스 마두에미, 올리버 크리스프, 조엘 B. 그린, 앤드루 라우스, 타사 와일리
옮긴이 노동래
펴낸이 김요한
펴낸곳 새물결플러스

편 집 왕희광 정인철 노재현 이형일 나유영 노동래
디자인 황진주 김은경
마케팅 박성민 이원혁
총 무 김명화 이성순
영 상 최정호 곽상원
아카데미 차상희

홈페이지 www.holywaveplus.com
이메일 hwpbooks@hwpbooks.com
출판등록 2008년 8월 21일 제2008-24호
주 소 (우) 04114 서울시 마포구 신촌로28가길 29
전 화 02) 2652-3161
팩 스 02) 2652-3191

ISBN 979-11-6129-260-1 93230

책값은 뒤표지에 있습니다.